让阳光照着他们，

让雨水淋着他们，

不久你的种子就会长大了。

成长确实是无法一蹴可及的，

它需要一点时间与空间，需要一点引导与等待。

赵镜中

阅读教育基石计划

提升

阅读力的教与学

赵镜中先生语文教学论集

赵镜中 ◎ 著
吴敏而 ◎ 主编

现代教育出版社
Modern Education Press

序 展开教室里多面向的阅读教学

——谈赵镜中先生的阅读教学理念

赵镜中先生是我认识的小学语文研究者中最具专业敏感的学者之一。他既是语文教育理论的研究者，又是语文教师的培训者，面对千变万化的理论和千差万别的教学现场，他有自己确定的理论架构。在这个众声喧哗的时代，知识的真相越来越难以辨清，加上教育过程本身的复杂性，下判断和做结论变得越来越困难，如果没有专业信仰，很容易随波逐流。赵镜中先生有自己的教育观和儿童观，这些观念未必来自他的原创，更多是来自他在哲学（他是哲学博士）、文学（他讲故事和写诗都很好）方面的深厚素养，也来自他长期沉浸在课堂中对学生语文学习规律的观察和感知（他的语文课常让人耳目一新）。凭借这样的专业敏感，他常能发现教师在课堂上习以为常的行为，例如，很多教师提问后马上就让学生举手，不给学生思考的时间。他也能回答很"刁钻"的提问，直指问题核心，例如，有一次一位老师说："班额太大，难以开展合作学习。"他的回答是，人数多的班级才最应该进行合作学习，因为单纯的"师生对话"，只会让课堂秩序更难管理。

赵镜中先生生前一直频繁往来两岸，对两岸的语文教学有颇多观察与思考。不论是语文教研大会的演讲，还是一线的课堂，他的重点都在阅读教学的改革上。赵镜中先生生前，我与他交流互动甚多，于他的阅读教学理念和实践略有了解，以此文总结一二。

一、开放的阅读理念

　　很难用一两句话概括出镜中先生秉持的阅读理念，他也不会只吸纳某一种理念。其阅读观念的形成一方面来自他的阅读，一方面来自他对自己阅读历程的领会。我以为，镜中先生有如下核心阅读理念：第一，阅读是学生在未来必备的能力，阅读力是未来国家的竞争力。赵镜中先生曾经深度参与并推动了台湾地区自 2000 年开始的"儿童阅读运动"。这场运动使得阅读的重要性前所未有地深入人心，从社会到学校，从社区到家庭，阅读一时间成为讨论的热点话题。在全国第七届青年教师阅读教学观摩活动的演讲中，赵镜中先生传递给语文老师的信息是，"阅读，是进入文明社会的一个敲门砖，讲实际一点，它可能是人们求生存、解决生活难题的一个非常重要的手段和工具"。第二，阅读能力是学生自我建构起来的。关于阅读教学观，一直都有"全语言取向"和"技能取向"两种：前者强调语言学习的整体性，反对把语言切割成小的片段，以"知识"的名义讲授给学生；后者强调语言学习的渐进性，学生需要练习一些各自独立的技能，才能掌握语言。赵镜中先生虽然在公开场合里讲两种取向都很重要，都不可缺少，可我觉得他内心更倾向"全语言"的教学观，或者说他觉得在目前语文教学的语境中，最需要推行的是"全语言"的教学观念。他甚至认为，学生阅读能力的获得，很难讲是老师在课堂上教会的，更可能是学生在大量的阅读实践中自我发展出来的。第三，尊重孩子的阅读兴趣。赵镜中先生不是"儿童本位论"者，他出于对孩子的爱，坚信"兴趣是最好的老师"，无论是阅读材料的选择还是阅读方法的引导，他都希望老师们把"兴趣"放在重要的位置。他一直不满中国台湾地区的学生在国际阅读素养进展研究（PIRLS）测试中，在"阅读兴趣"一项排名靠后，他觉得这比分数的排名更让人着急。在大陆的观课或讲座中，他也常常提到"兴趣"二字，嘱咐老师要小心呵护。

二、多元的阅读材料

阅读课程资源不应只局限于教材，"教课文不等于教阅读"，这在赵镜中先生那里是应有之义。由此，他在多个场合都呼吁教师"要解除教科书的魔咒"，大胆地把各种资源，特别是童书资源引进课堂，在教室里呈现图画书教学、小说教学、童诗教学等丰富活跃的场面。近年来，赵镜中先生和我一直在大陆推动以童书教学为主体的"班级读书会"，就是想改变教师过度依赖课文教学，教学过于沉闷的局面。自然，在这个过程中，有老师犹豫、徘徊、疑惑，有老师担心影响考试、校长和家长不理解，赵镜中先生总是鼓励他们要大胆创新、大胆实践。在台湾，他也曾编写、出版《打开绘本学语文》《打开童思学童诗》两书，亲自做教学设计，指导童书教学。这些教学设计绝非只是提供一个教学模板，而是旨在帮助老师打开思路，活化教学。

提倡多元的阅读材料，并不是轻忽教材的教学。赵镜中先生深知华文地区的教师普遍都倚重教材，他认为编写一套好的教材，既能弥补学生阅读上的不足，又能带动语文课程的改革。这项工作赵镜中先生早在20世纪90年代初期就着手进行，他和吴敏而博士主编的台湾"语文实验教材"，皇皇37册，是我读过的最具突破性的语文教材，因为这套实验教材"无论是在文章的选取上，版面体例的规划上，语文教学活动的设计上，都与传统的教材有着非常大的区别"（赵镜中：《阅读教学的现状与改革》）。这套融合了语言心理学、社会语言学、认知科学等多个学科前沿思想的教材，已经编写出版十几年了（市面上大概很难找到了），至今我们仍能从中读出当年改革者们的热情和勇气。

或许，在赵镜中先生看来，用什么样的阅读材料来带领教学并不是最重要的，关键是教师的授课能力。赵镜中先生频繁往来海峡两岸，他有时反而愿意用大陆的教材来进行教学，让教师用熟悉的材料教出新鲜感。例如，他亲自上的人教版的《鲸》，指导范姜翠玉老师上的《巨人的花园》，都以其巧妙的设计、朴实的风格，给大陆老师很多启发。

三、有效的教学策略

何为有效的教学？何为无效或低效的教学？这些是近年来小学语文界讨论的热点。赵镜中先生听过两岸老师的许多节课，他对这个问题的思考也更加深入。他不喜欢模式化的教学，不喜欢表演性的教学，不喜欢无趣的教学，他一直希望教师对自己的教学"习性"保持敏感，做课程的反思者而不是埋头教教材。

在他看来，"教育即信任"，无效教学模式常常源自教师不相信"所有孩子都能自我学习，每个孩子都有自己的学习方式和学习风格"。他常常到一线教学，做出来给老师看。他在课堂上表现出来的真实、自然、机趣、幽默，让许多老师觉得既好学又难学。在课堂上，赵镜中先生常常提倡一些有效的教学策略：

1. **探究式学习。**学习是一个探索的过程，学生是知识的探索者。可是，教师常常以教学时间等客观条件为由，觉得还是单向的知识传授来得方便快捷。这种情况在视"学生为道具"的公开课上表现尤甚。赵镜中先生的课堂，有时会让听者觉得太"浪费"时间，例如在上群文阅读《爱的世界》一课时，他在学生的讨论上从不吝惜时间，而自己的指导语言少之又少，可是，这样的课堂让学生得到了充分的学习机会。

2. **讨论教学。**在赵镜中先生看来，讲给学生的价值观，在经历一个怀疑、讨论、接受的过程后，学生的印象会更加深刻，而单纯地灌输和说教，只会让学生反感，甚至会走向教育的反面。没有讨论的课堂是沉闷的课堂。赵镜中先生在课堂上最怕的就是学生观点一致、"异口同声"，所以，有时他会故意做那个唯一的"反对者"，让学生进行逆向思考。有的教师的课堂之所以无法进行讨论教学，在他看来，重要的原因是教师没有提出有思考价值的问题。

3. **阅读策略的教学。**在全国第七届青年教师阅读教学观摩活动的演讲中，赵镜中先生强调的重点内容即是阅读策略。涵盖了预测、图像化思考、推论、联结等内容的阅读策略，对大陆教师来说是陌生的。可是，这是重要的阅读能力，中文阅读者也需要熟练这些策略。配合各种阅读策略，教师要设计出有趣的教学活动。

4. 思考技巧的传授。 赵镜中先生曾对儿童哲学研究颇深，也曾担任过台湾毛毛虫儿童哲学基金会的董事长。他一直认为，语文课要传授给学生思考的技巧。在传授思考技巧时，有两个环节必须改进：一是教师要改善课堂提问的质量，引导学生进行高层次的思考；二是教师要鼓励学生学会提问，帮助学生练习如何提出一个好问题。赵镜中老师的课堂中，常会出现妙趣横生的"师生对话"。例如，在上《记忆传授人》时，他先让学生讨论"理想国"，看上去很难的问题却激发出了学生强烈的兴趣。

赵镜中先生在 2011 年遽然长逝，留给老师们无限的思念，也留下一面阅读教学的"镜中之镜"，让后来者学习、借鉴、思考。他的语文教学核心价值是"创新"，核心理念是在教室里展开多面向的阅读教学。他一直强调老师不要被各种困难束缚住手脚，要为十年后的中国培养人才。他曾经留下这样的诗句鼓励老师们大胆创新、大胆前行："曾经 / 你是我追寻的方向, / 曾经 / 我是你梦想的寄托, / 但是 / 当眼神勇敢交汇 / 思绪用力碰撞, / 却发现 / 原来我们好近 / 原来我们好熟 / 原来敞开门 / 天光云影 / 是那么地多姿多彩。"

王林

人民教育出版社编审

修订于 2023 年 9 月 30 日

原序一 永远的怀念

"光阴如白驹穿隙。"赵镜中先生离开我们竟有百余天了。去年 10 月在银川，我们约请先生赴新疆传播语文教学经验，他高兴地应允，那情景犹如发生在昨日。镜中先生在大陆影响深广。凡刚刚听说先生过世的人，都惊诧地问我："是真的吗？"凡知道确有其事的人，都无不惋惜地说："太可惜了，怎么会呢！"

一

本世纪初，赵镜中先生、吴敏而女士创办了台湾小学语文教育学会。从此，学会就成了把海峡两岸暨香港、澳门语文教师联系在一起的纽带。从 2002 年起，每年举办一届小学语文教学观摩交流活动，已经成功举行了九届。这中间，台湾小学语文教育学会主办了两届。一届在 2005 年 12 月，由台北市私立学校承办，大陆有 66 人出席；一届于 2009 年 12 月，在台湾东海大学举行，由东海大学附小承办，大陆有 180 余人参加。这两次活动，由于以镜中先生为首的台湾小语会同人的精心策划，由于承办单位悉心安排、热情接待，活动内容丰富，代表获益良多。大陆代表通过看课互动、座谈交流、参观学校等，开阔了眼界，更感受到了真诚、友善的同胞之情。通过这两届活动，我们也领略了镜中先生的人缘、人脉和极强的组织协调能力。

二

赵镜中先生集编、教、研于一身，而且样样干得出色。这无论在台湾还是在大陆，都是不多见的。

我想，支撑镜中先生做好编写教材、教课培训、教研工作的，是热爱，是责任、抱负，是教育理想。

20 世纪 90 年代，他和吴敏而博士等人，主持编写了一套系列化的"语文实验教材"，其中有许多创意、许多亮点。他们用自己的智慧，重构台湾小学语文的课程内容，诠释小学语文应该教什么、学什么以及可以怎样教、怎样学。

在教研方面，镜中先生一方面依托语文实验教材，进行教材和师资培训，历时八载；一方面以副研究员和学会理事长的双重角色，指导教学研究，推进儿童阅读，不遗余力。台湾语文教学观念的深刻变革，教师专业的稳步成长，教学实践的明显变化，儿童阅读的稳步推进……凡此种种，镜中先生倾注了大量心血，才催生了台湾教学改革的朵朵奇葩。

三

编写语文教材，是我的本行。我深知其难。赵镜中先生迎难而上，主动地担起了编写台湾语文实验教材的重任，且取得了成功。这套教材在众多小学语文教材中脱颖而出，具有多方面的特色。譬如，丰富了选文类型，除了常有的精读、略读、独立阅读课文之外，新设了侧重培养听力的听话课文，侧重培养说的能力的说话课文，侧重培养读作能力的读写课文，彰显并拓宽了教材选文的功能与价值。再如，在专题设置上，心中装着学生，用儿童的视角，以儿童的生理、心理发展规律为依据，努力贴近儿童生活，密切联系儿童的经验世界和想象世界，呈现了从认识自我到认识自然、认识社会的过程，展现了儿童心智成长的历程。再如，在知识的呈现上，注重联系语境，融入情境，使语文知识变得有趣、有境，儿童乐于接受，易于理解和运用。又如，教材是教本更是学本，重视种种阅读能力的培养，加强阅读方法、策略的指导，根据不同的阅读目的，指导学生用不同的方式方法阅读，而且这种指导不是概念化的，而是具体的，有层次、分步骤的。学生借助教材中的导学、助学系统，拾级而上，螺旋上升地形成以阅读能力为主的学习语文的能力。这套语文实验教材，给大陆的教材编者耳目一新的感觉，使我们受到许多启迪。

四

赵镜中先生自任台湾小学语文教育学会理事长以来，工作更加繁忙。即便如此，他不顾旅途劳顿，常常穿梭于海峡两岸暨香港、澳门之间，对大陆小语会和各地教研部门，几乎是有求必应，或举办讲座，或上课评课，或下校辅导，竭尽全力地宣讲、践行先进的教学理念，对大陆的语文教学实践起到了可资借鉴的作用，对大陆儿童阅读的开展起到了引领和助推的作用。赵镜中先生不仅属于台湾语文界，而且属于大陆小语界。我们将永远铭记和感恩他对大陆小学语文教学的贡献！

特别是在阅读教学上，大陆教师从镜中先生身上学到了很多。他或用深入浅出的讲座，或用发人深省的教学，向大陆教师诠释为什么教阅读，阅读教学教什么以及该怎样教。大陆教师逐渐明确了阅读教学不是教课文，而是教阅读；不光要分析文本内容、建构意义，还要实现知识、能力的自我建构。阅读教学一定要扭转教师的强势，让学于生，一定要改变千篇一律的以分析内容为主的教学模式，引领学生自读、真读，启发学生质疑问难，鼓励学生发表个人见解和真实感受，引导学生运用提问、探究、统整、反思等方法，实现自主学习、自我建构。

目前，赵镜中先生阅读教学的理念、主张，以及加强方法、策略指导的教学思路，已为大陆广大语文教师所熟知，得到广泛的认同，并且成为推进阅读教学改革的重要力量。

五

赵镜中先生为什么总是能够准确地为语文教学把脉，发现教学中存在的主要问题，并且能够务实地开出一剂剂治病的良方呢？

我想，这得益于他厚实的文学和中国文化的功底，得益于他开放的国际视野，得益于他对语文教学规律的把握和对教学实际的熟悉，更得益于他深厚的哲学学养。镜中先生曾就读于台湾辅仁大学哲学系，深造于辅仁大学哲学研究所。多年对古代儒家哲学的研究，给了先生大眼界、大胸怀、大智慧、大方法。比如："穷则变，变则通，通则久"的变通、改革、创新的思想；"执中"，中和、适度，不走极端，无过无不及的思维方式和全面地、一分为二地想问题做事情的思想方法；"君子和而不同"，看到不同又不排斥对方，追求和谐促进共同成长。我深深地感觉到，儒家的哲学思想已经融入先生的血液里，体现在他的思想和行动中。他学养高而不自傲，坚持教育理想又注意倾听不同的声音。先生对大陆的语文教学，既欣赏其所长，又痛心其所短，所谈公正、客观，并不断提出切实的改进建议。因此，先生的主张得到大陆语文界的广泛认同，先生的人格受到大陆同人的普遍敬仰。

先生的突然离去，是台湾语文教育界的一大损失，使大陆语文界失去了一位好导师、好朋友。如果真有来世，我们一定还做好朋友。那时候，我们既投身热爱的工作，又尽情地享受生活。我会陪你赴新疆，感受"大漠孤烟直，长河落日圆"的壮观；登泰山，吟诵"会当凌绝顶，一览众山小"的名句；游"三孔"，从至圣先师那里寻找更多做人处事的智慧；上峨眉，一起祈祷炎黄子孙幸福安宁，世界持久和平……

赵镜中先生，我想你，真的好想好想你！

崔峦

中国教育学会小学语文教育研究会会长

2011 年 5 月 30 日

原序二　昨夜星辰

又是筹办海峡两岸暨香港、澳门教学交流活动的时候了，从第一年在香港举办第一届教学观摩交流活动开始，认识了赵镜中博士，也就认识了一群充满教学热忱的来自台湾的朋友，然后是十年的相知相交，每届轮流在海峡两岸暨香港、澳门举行的交流活动成了我们互动的平台，谦厚但热情的镜中老师不单领导着台湾的老师们，因他的学养和眼界，也影响着其他老师。每年的相聚，台湾的老师们总让我们感受到那份对教学的投入和热忱，也看到镜中老师在背后的支持和指导，他为海峡两岸暨香港、澳门的教学无私地付出了精力和时间，他那运筹帷幄的理性和热情，永远在我们的心间。

这些年来，每年的春天我都把学校五年级的学生带到台湾去交流学习，镜中老师总是热心地为我安排，今年台北，明年台中，然后台南，为我联络好一些有特色的学校，他甚至放下工作，陪我们走访各学校，一起观察孩子们的表现，一同探究学习的奥秘。今年我自己拨电联络要去探访的学校，镜中老师的电话号码仍在脑中闪过，人已不在了，电话还会响起吗？没有了镜中老师的旅程，那研讨和探究的火花，仍会燃起吗？看着孩子们的反应，仍有人和我一起发出会心的微笑吗？

这些年来，镜中老师除了领导台湾小语会，还奔走于海峡两岸暨香港、澳门间推动阅读，探寻更佳的教学方法，甚至亲身上阵演示教法，他的讲演有力并充实，大家都深受感动。在这样繁忙的工作之外，他还勤于写作，给我们留下宝贵的文字，给我们打开探求知识宝库的钥匙，提供实用并有效的教学策略，这是他的心血，他的宝贵经验。得知这些年来与他并肩作战的好友们为他的文字结集成册，我很高兴，同时很欣慰，能为其写序，这是我的极大荣幸。镜中老师，我们答应，沿着你星光的指引，我们会继续努力前行，你就放下心来吧！

刘筱玲

香港语文教育研究学会会长

2011 年 12 月 1 日

原序三　理性与浪漫的结合

赵镜中是位哲学家，也是位诗人。

哲学的他，是理性的，思维敏锐，善辩且具有说服力。在工作中，他认真地发挥所能，自我要求甚高。他指望工作伙伴也同样机敏和理性，所以要求极为严格。更进一步地，他认为教育制度和语文教育也应该是逻辑的、结构的、有系统的。可惜，智者的认定和普罗现实总有相当距离，这一点带给他烦恼，令他懊恼。

诗人的他，被现实的矛盾强烈吸引住，他思索不合理、不可能的事态，闯荡客观世界的讽刺性，结果发现了不少幽默和乐趣。作为朋友，尤其是一个像大孩子的朋友，他穿裙子庆祝动工典礼消遣自己，领着小孩设计逗趣的整人行动，制造无厘头行为，创造爆笑画面，是他感性浪漫的一面。

理性与浪漫本是矛盾的，在哲学诗人的身上却显得格外迷人，因为把两条不相干的线紧紧缠绕在一起不就是儿童文学吗！镜中热爱的儿童哲学和语文教育里，儿童文学占着非常重要的地位。

在语文教育方面，镜中严厉批判一般范文式的课文：想象力不够，说教味十足，约束了儿童天生的思考和反省能力。他竭力推荐用儿童文学当教材，来唤起儿童的想象力和思辨力，从而增强儿童对语文学习的兴趣。他在选用故事和童诗方面有独特的眼光，由他引导学生阅读，都能激发特定的思考技能，促进哲学思维的探究。

镜中总能看到一条明亮的教学大道，一条从儿童文学通往语文学习的大道，路途上充满逻辑思维和探究的空间。有些学者和教师不仅看不到这条美妙的道路，还带着学生走向枯燥乏味的岔路，使他纳闷不解。于是，他连说带逗地诱导人去尝试，自己走进教室试教实践理念，不遗余力地走遍台湾和大陆做动人心弦的讲演，撰写文章阐明理念和立场。本论文集便是他采用浪漫文学做理性教育工作的代表。

"横眉冷对千夫指，俯首甘为孺子牛"是镜中常用来说笑的话，用它来描述镜中，很理性又很浪漫，不是吗？

敏而

台湾小学语文教育学会理事长

2011 年 12 月 13 日

目录

第一章

童书如何进入教学现场

童书如何进入教学现场这个议题的提出，触动的不只是学生一学期要读几本课外书、图书馆如何推广阅读活动等表象问题，它所探究的应是更深层的教师教学习性，以及大环境中对学习、对知识的种种迷思和改善之道。

一、三种迷思

- ·对教材的迷思——教材由教学的媒介异化为教学的主体。
- ·对学习的迷思——单一模式与单一智慧的优先性，对学生学习能力的不放心。
- ·对知识的迷思——知识的结构化、系统化，窒息了知识的随机性与活用性。

以上这些迷思观念，外显为行为表现时，会产生以下这些学校教育及课堂教学上的迷思行为。

（一）课内阅读与课外阅读的明显分割

课内阅读指的是教科书的阅读学习，学生学习以此为主，评量测验以此为准。课外阅读则是教科书读完后行有余力才进行的补充阅读。而教师镇日为赶进度而苦，何来时间进行扩充阅读。因此学生在学校的学习，鲜少扩充至教科书以外的材料。

（二）单一文本与多元文本的相互排斥

将教科书的内容当成学生学习的全部。一方面教科书的呈现多采用正面表述方式，易形成单一认知；另一方面教科书的编撰过度重视知识的传授，忽视学习策略与方法的提示，造成学生学习时缺乏多元参照与主动的探究。加以教师教学时又过度重视测验答案的一致，使得原本应是丰富多元的文本，终沦为单一的典范。

（三）知识复制与知识建构的效能对立

评量学习效果的重点放在对教师教学内容的复制上，因此在教学过程中重视的是短期的复制效能。对学生主动建构知识体系的耗时与不确定性缺乏耐性，导致学生欠缺操弄知识的经验与机会，在过度强调陈述性知识、忽视程序性知识的教学景况下，学生成为"背多分"或"讲光抄"[1]。

由以上三项迷思观念与行为所形塑出来的教师教学心智习性，自然不利于童书进入教学现场。

---

[1] 编者注："背多分"，谐音作曲家贝多芬（1770—1827），意指"背的东西越多，拿到的分数就越高"；"讲光抄"谐音台湾喜剧演员蒋光超（1924—2000），指学生习惯被动听讲，光抄笔记，而不能积极有效地进行批判性思考。

二、迷思观念的澄清

如果企盼童书能够进入教学现场，活化教师的教学与学生的学习，那有关以上的种种迷思，必须做适度的澄清，调整教师与家长的某些心智习性：

· 教材的功能与选择的澄清：教材是学习的媒介，而非学习的典范。
· 学习的动机与意义的澄清：学习是发现意义（强调自主性与多样性），而非被动接受。
· 知识的结构与应用的澄清：知识是有机的、演化的，应满足生活的需要，而非单纯地满足智性的需求。

由以上三种观念与行为所形塑出来的教师教学心智习性，自然有利于童书进入教学现场。此种习性将具体表现为：

（1）与教学的结合——学习阅读与阅读学习的合一。
通过对童书的大量阅读，一方面发展学生各种阅读技能，一方面帮助学生获得新知。
（2）与环境的结合——阅读环境与环境阅读的融合。
通过阅读氛围的营造，一方面培养学生乐于阅读的习性，一方面也拓展学生阅读的视野，使学生善于获取信息。
（3）与评量的结合——学习过程与学习结果的并重。
评量的重点在学生能否主动地阅读、多样地阅读。一方面重视学生通过阅读建构出实用的知识体系，一方面关心学生在阅读过程中发展出不同的阅读策略。

三、童书如何进入教学现场

有关童书进入教学现场的实务运作，可从阅读环境的营造、阅读活动的规划两方面着手。

（一）阅读环境的营造

阅读环境与氛围的营造，对提升阅读的兴趣有决定性的影响。是故，如何善用班级教室有限的空间，规划出舒适而又方便的阅读环境，是对教师空间规划能力与根本教学理念的考验。

阅读环境的营造可从两个方向来思考：空间的规划与书籍的陈设。关于空间的规划，班级教室可以区隔出若干具有不同功能的角落，通过适当的动线安排与美化（如插一盆花、铺上桌巾），将使原本呆板的教室成为具多功能而又舒适的阅读环境。书籍陈设应以方便学生取用为原则，并可依不同的目的、功能将书籍做适当分类，吸引读者选取阅读。

准此原则，有关阅读环境的营造，有以下几点具体建议：

（1）班级图书来源：

· 教师自己长期搜集的书；

· 学生每月提供给班级共享的书；

· 图书馆借用的书。

（2）出版书讯及计算机网络的建置。

推荐给学生的优良读物或新书资讯。

（3）主题区的设置。

除一般书的陈设外，又可依作家、画家或配合教学主题、概念设置主题区，陈列图书、录音带，或做新书介绍。

（4）读者剧场的设立。

为向阅读者提供发表、对谈的机会，可不定时地设立读者剧场，让读者以各种方式呈现、表达自己的观点与想法。

（5）学生作品展示区。

建立教室是学生表演舞台的观念，充分利用教室空间，提供学生展示自己的作品或创作成果的平台。（不必要整齐划一，避免家徒四壁的空旷。）

（二）阅读活动的规划

阅读的目的大抵可分为三类：知识性阅读、实用性阅读、消遣性阅读。因阅读的目的不同，所以阅读的方式与要求也不同。童书涉及的范围要广，能满足知识性、实用性或消遣性阅读的需求。

课堂的阅读活动不应只是为知识而阅读，更重要的是培养学生养成阅读的习惯，学会阅读的技能，成为一位真正的阅读者。因此阅读教学活动可从文学性、生活性与跨学科性三方面来综合思考：

（1）休闲或文学趣味的阅读；

（2）文学要素或特征的阅读讨论；

（3）文学创作与再创作；

（4）作者、绘者、专题或专书的阅读讨论；

（5）文学与其他学科的联结或支援；

（6）突发议题的阅读讨论。

以上阅读教学活动进行的方式可以是全班讨论，也可以是小组讨论，或是以班级读书会的方式进行。对于作品的回应方式可以采取多元的形式呈现，如戏剧、绘画、舞蹈、海报、再创作等。

四、结语

今日，儿童读物已成为出版市场的新宠，但儿童读物（特别是儿童文学作品）在教学现场的使用，却似乎不及民间社会来得扎实与活泼。在教学上，儿童文学作品往往还是局限在传统课文教学模式的思考范畴内打转，因此招致"用绘本或故事来教学，只是一种花哨的活动，有趣、好玩但学不到什么"的嘲讽。当然这样的批评并不见得公允，但多少反映了两个值得思考的问题：一是教师对语文教学的目标仍相当地混沌不清；一是儿童文学除了它吸引人的插图及有趣的故事外，在语文教学上它的功能及意义是什么。如何通过适切的教学，使学生更喜欢阅读，对作品也能有更深入的理解，其实是儿童文学进入教学现场后，伴随着教学创新的冲击，必须认真思考的问题。

2000 年发表于《童书演奏》，2007 年发表于《小学教学参考·语文版》第 6 期。

第二章

语文统整教学的"统整"在哪里？

一、前言

时序迈入 21 世纪，台湾教育主管部门正挥动教育改革的大旗，推动一波波的教改活动，标举教育的目的是在培养学生带得走的能力，而不是背不动的书包；教育的意义是要训练学生能独立且成功地面对未来生活的挑战。整体说来，教改的方向是正确的、进步的。但是，当我们认真去检视攸关教育成败的官方制定的课程标准或纲要时，以下这些规定又让我们感到无限的忧心：注音符号教材的编辑，需配合综合教学法……；生字和课文字数应就难易程度适当分配，力求合理……；第一、二阶段教材之单元设计以阅读教材为核心，兼顾聆听、说话、作文、识字及写字等教材的联络教学，以符合混合教学的需要……我们的语文教育学者，似乎仍然在用过往的价值体系、教学模式来思考现今的教育问题，漠视一个新时代（后工业时代或称之为知识社会）的悄然来临。

不容否认，工业社会与后工业社会（知识社会）无论是在社会形态、价值系统、成就要求上，都显现出很大的差异。例如：工业时代的学校，配合工业生产形式，较不重视学生自主性的学习与活动，认为那是一种无效率的学习模式。因此，强制大家使用统一的教材，学一样的内容。用齐一的标准和齐一的动作，完成同样的工作（丁凡译，1999）。而所采用的教学模式也是仿效工业加工生产的模式，强调系统知识的重要性，并将系统知识分解为一个个小单元，让学生不断反复练习，以达到所谓精熟的状况。

然而，随着后工业时代（知识社会）来临，越来越多的迹象显示，学校的学习状况（指课程内容与教学方式）已不符合新时代所要求的创新、应用与开放的精神。如果我们的教育改革还是停留在旧瓶装新酒、换汤不换药的表面效度改变上，那面对 21 世纪知识社会的挑战，我们将很难全身而退。因此，我们必须沉重地呼吁，只有当教育人员对未来社会进行宏观的了解，认识到未来社会可能是个什么样子的社会，需要什么样的人，才有可能进行有意义的教改讨论。

本文即在如是基础上，对语文教学进行一次较宏观的检讨与思考，尝试为语文统整教学找寻立论基础并坚定统整教学的精神与特色。

二、语文教学的现况与挑战

思维的转变，或是风气的形成，往往有迹可循，有它的背景因素。新思想、新风气并不一定就是全新的发现，它可能早就存在而为人所普遍感知到，但由于时空背景的不同，而为大多数人所忽略以致湮没不彰。但当时机成熟，新思维、新风气自然水到渠成，蔚然成风。语文统整教学可能就是这样一种教学的新思维，它事实上存在于每一个人的成长经验中（试想婴幼儿在成长学习的过程中，何尝有课程、教材及专业教师的教学，但大部分的儿童都学会了口语。儿童口语的习得是在一个真实、完整的语言环境中，统整学习来的），但却长久遭人遗忘——我们遗忘了自己是怎样学会语文的，而舍本逐末地去寻求更有效的学习方式。以下将从语文教学现况分析及知识社会对语文教学的挑战两方面，来论述语文教学的新趋势和统整教学的必要性。

（一）语文教学的现况分析

1. 语文教学的内容

现行一般课堂中语文教学着重语文知识、技能的练习，所采行的多半是拆解式、分布式的学习，重点在学生能熟记这些语文知识、技能。教学的内容大致可分为：

- ·识字教学：随文识字、注音识字、提前读写。
- ·阅读教学：通读课文，讲解生字、新词，逐段阅读分析课文，划分段落，归纳段意，概括课文主旨大意，归纳文章的写作特点。
- ·说话教学：看图说话、发表生活经验、设计情境练习说话、报告、演讲、戏剧表演。
- ·写作教学：先说后写、我手写我口、组词、造句、组段连篇、看图作文、仿作、助作、共作、创作。

听、说、读、写相关的语文知识、技能确实是语文教学的主要内涵之一。然而须注意的是，这些知识、技能并非是独立存在的，而是有其使用情境与背景意义的，如果忽略这些情境与意义，只是孤立地学习语文知识与技能，事实上并不能真正培养出学生使用语文的能力。

2. 一般语文教学的流程

由于目前语文教学中教师对教材的依赖程度依然很深，所以传统的教材教学流程，仍然是课堂中教学的主要活动。相关的教学活动都是围绕着课文进行，一般传统课文教学的教学流程大致如下：

（1）课前预习；

（2）概览课文；

（3）大意探讨；

（4）生字新词练习；

（5）内容深究；

（6）形式深究；

（7）延伸讨论；

（8）仿作练习。

如是固定的课文教学流程，在语文学习上可能产生的偏失包含：（1）教学程序过于呆板；（2）教学形式过于枯燥；（3）学生主动学习能力降低；（4）忽视教材的局限性，使教学更为困难；等等。影响所及，即学生学习兴趣的低落及学习效果不彰。更重要的是，因为教材与教学流程的固定化，学生对语文的创造力与应用能力明显低落。

3. 现行语文学习的生态环境

语文在生活中会发生作用，正是因为人需要表达，想要了解新事物。在学校里的语文课程，也应让学生为了自己的生活和学习的需要而使用语文。但现行学校语文学习似乎脱离了这样的基本需求，而倾向以专家系统规划设计的课程与学习方式来进行教学。这样的语文学习生态环境，可能呈现出以下不利于语文学习发展的现象：

（1）孤立、贫乏的语文教室。

学生被拘囿在成人为儿童量身打造的课程、教材与教学环境之中。语文学习的内容与外在世界脱节，教室成为语文的孤岛。为了便于成人操弄语文，儿童被放置在一个由专家规划的语文系统中，剥夺了儿童借由语文与外在世界接触的机会。教室里只有同侪间横向的关系，缺乏与社会互动的联系。

（2）设计、包装的语文课程。

在教室中孩子背负沉重而无趣的学习重担，面对的是抽象而生冷的知识与技能的学习，以及高成就的期待和摧毁性的评量。不仅学习内容、时间由成人规划，甚至连学习的方法、进度也被成人设限（参见前列课程纲要内容）。殊不知孩子的成长，必须累积大量的经验，才足以应付社会的挑战。对学习时间、学习内容的过度切割、分段、限制、包装，将会伤害孩子本能的学习能力。

（3）分割、限制的语文学习。

成人以专业的观点，将语文学习分割成不连贯、零碎的部分，让儿童囫囵吞下这些零碎的知识，儿童无法整体学习与日常生活相关的语文，语文因此变成一堆无意义的符号。又由于对标准性的坚持，使儿童特有的冒险、探索精神消失无形。

（二）知识社会对语文教学的挑战

跨入 21 世纪，我们的社会正经历一场广泛而深刻的变革，我们要面对的是一个伴随着微电子、计算机、电信、生物科技等新兴科技的彼此结合，以及相关基础科学的突飞猛进，所造就出的以知识为基石的社会。相较于工业社会以土地、黄金、石油、工厂为主要资源，新世纪的资源，不再是有形的，代之而起的是无形的资源——知识的产生、应用与开发。也就是说知识已取代土地及能源的地位，成为社会发展的基础（李振昌译，2001；齐思贤译，2000）。换句话说，知识社会已随着科技发展的脚步悄然而至。

不论我们接受或是排斥，知识已成为扮演驱动社会变化的主要角色，知识社会的来临正以切身而紧迫的方式，向我们提出一系列的挑战，迫使我们必须重新去思考：如何定义知识？如何看待知识？如何管理知识？更重要的是，如何有效地学习与创新知识？在这样的时代，关系到社会知识基础建设的教育就更显重要。而知识社会中，两个主要的枢纽能力——学习与创新，都需要从教育的根本着手改变。明显地，传统的教育方式已很难适应新社会的要求。在工业时代，成功是有明确指标的，因此教育系统必须从小灌输这些指标，使孩子走上成功的路。人们不把犯错视为学习的机会，极力避免孩子摸索、尝试，以专家归纳所谓的有效学习模式进行教学，以提高孩子的成功率。后工业时代教育的目标则完全不同。生存不再是个问题，面对社会不断更新、转变，组织与创新成为后工业时代社会与教育所注重的能力（丁凡译，1999）。

信息快速传递、知识加速累积、重视知识的创新与管理、强调终身学习等，是知识社会的主要特征。这些特征对社会所产生的强烈冲击，也迫使我们必须认真思考：面对未来的社会，生存所要求的基本能力是什么？从而确立新世纪教育的重心方向。联合国教科文组织在《教育——财富蕴藏其中》（*Learning:The Treasure Within*）中即提出了未来教育的四大支柱：学会认知、学会做事、学会共同生活、学会生存（UNESCO，1996）。这四大教育支柱可说是未来教育的内涵和目标的重要指标。归结知识社会的特征，并参照四大教育支柱的精神，可以合理地推测出未来社会所要求的基本能力大致有：

（1）终身学习的能力；（2）协同合作的能力；
（3）管理知识的能力；（4）发明创新的能力；
（5）解决问题的能力；（6）有效沟通的能力。

随着后工业时代科技的发展，知识快速传递、加速累积等现象愈来愈明显，无可避免地对教育产生了强烈的冲击，例如：学校（教师）功能、地位改变，学校、教师不再是知识唯一的来源；学生学习形态也有所调整，学习形式由课堂教学转变为远距教学，学习方式由传统的听讲学习转变为强调实作的学习，学习内容也由重视知识的记忆转为着重能力的发展；等等。

知识社会的来临，对语文教育也造成了相当大的冲击，更可从以下几个方面观察到：

（1）由于通信科技的发达，造成口语交谈重于书面沟通。

（2）强调功能性（实用性）的读写，不耐长篇大论。

（3）随视讯呈现形式的改变，网状阅读取代线性阅读（如视窗）。

（4）强调语文的创发性（如新词汇的产生）。

（5）重视信息取得与组织的能力。

这些现象有些已具体而微地浮现在社会里或教室中，不断地挑战着传统的语文教学理念。例如：计算机输入法与笔顺笔画教学，多媒体教学与单篇课文教学，新语汇的创发与标准词语。

总括来说，新世纪语文教学的取向应是以培养语文能力为中心的教与学。语文能力不只是知识与技能，也是在知识学习和技能培养的基础上，能进一步组织、运用并发展智力的能力（施仲谋，1996）。因此，教师必须重新思考什么样的条件（环境、教学方式等）才适合这样的语文能力的发展。

三、语文统整教学的理念

要怎么收获，便需怎么栽。21 世纪知识社会来临所要求的大众基本能力，成为现今教育主要的教学目标。为了达到这些目标，培养学生相关的基本能力，学校教育的教学方式势必要有所调整。例如，终身学习是知识社会的一项特质，也是新世纪大众必备的一项能力，但是如果学生在学习的过程中对学习产生了排斥、厌恶的感觉，或害怕学习，那如何能要求学生保持终身学习的意愿？又如发明创新的能力，如果在学习的过程中过度重视标准性、齐一性，不鼓励学生尝试新的可能，那要求学生具有创造发明能力不啻是缘木求鱼。再说解决问题的能力，如果课堂教学的内容都是一些零碎的知识，或由专家为学生量身打造的虚假情境，学生一旦离开教室，面对真实的生活，又如何可能具有解决问题的能力？

由是可知，随着新时代的来临，传统的教学模式必须要有所调整，以适应社会的需求与挑战。但这样的调整（例如从分布练习到统整学习）不一定是全新理念的建构，它所应用到的学习理念与做法，其实回归到真实的语文场域中，或是多观照朴素的经验，也许就能寻到一些蛛丝马迹。以下将从语文本身的意义与功能以及经验性的观察，来论述语文统整教学的必要性。

（一）语文是整体的

语言是无法从社会情境中或真实的使用情况下抽离出来的，如果语文脱离了使用情境，那语文将变得不易理解了。例如口语沟通的过程，不单是语音的发声，还包括了说话和听话的人，他们的目的和意图，以及沟通的场所、社会背景等非常复杂的因素考量。当我们说话时，每一个字的意义均不只是它字面的意义，还包括它的声音、说话时的表情和肢体动作等等。同一种声音配合不同的肢体动作，可以代表完全不同的意义。如果我们单独地看待整体语言的一部分，往往会产生误解。读写活动和口语沟通一样复杂，只是在读写活动中通常只有读者或作者一方在场，所以书面文字更需要依赖文章本身所提供的线索，来帮助读者或作者建立理解的情境。

传统语文教学认为学生先得学会发音才能开始说话，先得学会认字、识词才能开始阅读，先得学会笔顺、笔画才能开始书写。然则，在语言发展的过程中，我们往往是先注意到使用语文的目的（要表达些什么？想要了解什么？），然后才因着使用的目的，去思考各种可能的表现形式（Weaver，1990；Edelsky，Altwerger，& Flores，1991）。

有的人认为口头语言比书面语言容易学，所以学生在学校里学习书面语文常遭遇困难。事实上，书面语文并不比口头语文难学，而两种语言的学习方法也没有不同，只是如果硬将书面语文拆解成字、词、句、文法等细节来教学的话，那反倒把原本容易的事变得困难了。

所以说，人类语文的产生本就是有意义的、完整的，语文学习也应是由整体开始，因功能而启动，然后才逐渐进入局部细节，思考表达形式。因此，想让学生语文学习变得容易，就必须帮助学习者从整体出发，再去注意语言的细节（李连珠译，1998）。

（二）语文学习应重视功能与意义

人创造出语文，以这些原本无意义的符号（字音与字形）来呈现思想，表征经验、感觉、情绪和需要。每一个人从出生的那一天起，就在试着解读别人、了解别人，也试图用各种符号表达自己，让别人了解我们。语文成为人与人之间主要的沟通工具，也是人类求生存的工具之一，其动力完全来自人对沟通的需要。人类社会借由语文来累积学习经验，不同的社群、文化通过语文逐渐建立起自己的价值观、生命观及世界观。所以当我们掌握一种语言时，同时也掌握了该语言所代表的文化意涵，语言是人进入所属文化、社会的通行证。

语言和其他符号一样，都是文化团体的社会历史产物，这是社会里每一分子合作努力所创造出来的结果。因此，语文必然是存在于社会文化的情境中的。而语文最中心的目的，从它萌发的那一刹那开始，就是为了沟通、社会接触和影响周围的个人（谷瑞勉译，1999）。

语言的主要功能在沟通，但每一个人对某一个词都会形成他自己的意义。而且这个意义并非一成不变，而是会随时修正、改变的。一个符号被大家共同使用，并不代表这个符号在每个人心中具有同样的意义。所谓意义泛指一个词代表的定义、暗喻、联想和价值。例如，有人愿意让你搭便车，载你一程，对你说："我可以载你去，我有一部奔驰。"在这里"奔驰"一词的意义就有不同的解释。当人跟人试图沟通时，必须不断地在脑海里重新解读每一个词语所代表的意义，并判断对方是否也赋予了它们同样的意涵。维高斯基指出：一个词从句子中获得它的意涵，句子从段落中获得它的意涵，段落从书中获得它的意涵，而书则从作者全部著作中获得意涵（Vygotsky，1986）。但是，沟通不是每次都能成功，沟通失败的主因即在于未能正确解读语意，以及语文之外的符号。

语文虽然具有浓烈的社会功能色彩，但也具有相当的个人特性，每个人的说话方式、腔调不尽相同，书写的习惯、风格也不同。事实上，语文的发展一直在于表达与沟通，这两项社会与个人的需求是拉扯前进的。尽管个人可以创造表达所需要的语文符号，但如果这些语文符号只属于我自己，它们就无法满足我们与他人沟通的需要。所以语文要达到社会沟通的目的，必须在使用的情境中有一完整的系统、规则，并得到大家的认同。这些系统、规则是无法完全靠模仿、背诵学会的，必须让孩子从真实的经验中归纳、推断出来。

由是可知，语文不可能脱离功能与意义而存在，因此语文教学也应让学生了解到这层关系。此外，语文除了社会沟通的功能外，还可以为个人提供的功能包括：

- 在学习中获取信息；
- 解决生活中的问题；
- 利用语文来传递信息；
- 进行有效的社会互动；
- 满足个人的兴趣。

（三）学习语文与用语文学习是同时并进的

学生在学习语文的同时，也通过语文学习其他的事物。如果课堂里的语文学习只把注意力放在"为教语文而教语文"，或是枝节零碎的语文小片段的教学上，那语文学习将变得困难（李连珠译，1998）。事实上，儿童学习语文时，他们并不打算去获取一组语言学的规则，他们不想熟记文法，也不在乎字词的标准、优美，他们想做的只是学习沟通意义（获取信息和传递信息）。为了让学生成为一位真正的语文使用者，学校的课程设计也应适度地授权给学生，让学生成为自己学习过程中的主人，一方面利用语文学习自己想学的内容，一方面在学习的过程中发展相关的语文能力。

在语文学习的过程中，并不存在哪些语文技巧应先发展，哪些语文技巧应后发展的问题，亦即无所谓的次序性。一般所谓的先学认字再学阅读，先学阅读再借由阅读学习新知识，或先学写字再学写文章的说法，其实是一种错误的观点，这两者事实上是同时发生的，所以应进行统整的教学。

简言之，无论是从意义的观点或是从沟通的观点来看，均不应该把语文的学习独立于借语文来与生活、社会接触的实用功能之外。换个角度说，个人语文能力的发展正是因着借助语文与社会发生关联，借助语文学习新知的过程，一步一步建立起对语文有效运用的能力的。语文对其他学科学习的帮助，可从两方面来看：一是提供学习资源，丰富学科内容，引发学习兴趣，深化学习效果（属阅读层面）；一是借助语文来呈现思想、表述知识内容（属说、写层面）。所以学习语文和用语文学习实是一体的两面。此固然肇因于语文本身特有的性质——语文是沟通的主要工具，但另一方面从学习的观点来看，有意义的学习必然是有目的、有动机的，学生为了学习某项新知或技能，必须用到语文这项工具，在学习新知的过程中，对于语文这项工具的性质、技巧，自然也会精熟。所以语文学习不一定只有在语文课中才能进行，在其他学科的教学活动中，亦包含语文的学习与应用。

四、语文统整教学的"统整"内涵

在探讨语文统整教学的内涵前，有必要对学习的概念做一澄清。学习，在传统的观念里，往往被看作个人心智发展的一个过程，只具有工具性的意义，不代表任何文化的内涵。这样的观点明显忽略了社会文化的因素，事实上，学习本身即一种文化情境，学习者是在一个完整而活泼的文化情境脉络中进行学习的（蔡敏玲、陈正乾译，1997；Edelsky, Altwerger, & Flores, 1991）。因此文化与个人的心智及认知发展有绝对的关系。在学习过程中，文化合宜的行为将被学习者内化，但学习者在此历程中，并不只是文化内容的复制者。因为文化情境的脉络并非固定不变的，所以学习者在学习的历程中通过人际的互动，会不断地形成新的内容与形式。

此外，从人类的学习现象来看，学习本就是整体的、生活的，人类大部分的学习是以解决生活中的问题为出发点，而生活中的问题是复杂的，因此在解决问题的过程中，必须能运用不同领域的知识与经验以达成目标，知识领域的划分在此是没有意义的。据此观之，现行的教学方式在学习的引导上，似乎过度重视教学者教导的角色，以及学习内容的分科性、局部性和标准性，却忽略了学习的文化性、学习者的主体性及学习者建构学习历程的参与性。

语文是沟通、学习的工具，也是文学、文化的表现。语文的学习越自然、越生活化，越容易学得好（李连珠译，1998）。但现行课程无论是教材或是教学，都过于僵化，脱离了真实语文的功能与情境。所以，在设计教学时，应把握统整的精神，设法让语文学习回归到自然、真实的社会文化环境中，一方面让孩子找到语文学习的动机与乐趣，一方面也为学生提供更生活、更实用、更有趣的学习内容。

是故，语文的统整教学，并不仅是把听、说、读、写的语言形式统整在一起就叫作统整了。重要的是要把语文学习回归到语文的功能性、社会性上，换言之，就是要把语文还原到真实的语言使用情境与功能上，而不是演绎式地把语言拆成听、说、读、写等活动，分部练习后再统整为一。这样的统整教学具有以下几层意义：

- 听说读写的技能操作是自然发生的，自然联结的。
- 学习语文和借由语文学习新知识，二者是同时发生的。
- 学习的过程是解决问题尝试错误的过程，无所谓准备度的问题。
- 学习的出发点是学习者的需要（实用或情感上）。
- 学习的内容是跨学科的。

至于语文统整教学的具体内涵，以下将就语文发展和语文学习的观点加以说明。

（一）统整听、说、读、写的教学

从语文本身来看，语文学习统整是必要的。语文能力是由一些独立而又关联的能力构成的（不论是以听、说、读、写四种技能来架构语文能力，或是以审美、认知、规范来标志语文整体能力，抑或是以知识、技能、思维来描绘语文能力），大家基本上都承认语文能力是一整体性能力。

语文既然是整体不可分割的，那听、说、读、写等语文的表现形式，也应整体地看待。从真实的社会语文活动来看，听、说、读、写程序上是混合的，而且会因着不同的语文使用情境、需要而有所选择，选择权在使用者身上。因此，在教学上不应单独地区别或处理，而应创造丰富多元的语文使用机会。一方面从实际操作的活动中，丰富学习者在听、说、读、写方面的能力；另一方面则借以培养学习者灵活选择语文表现形式的能力，以有效地达成沟通（或解决问题）的目的，从而帮助学生发展整体的语文能力。

（二）以语文能力统整语文知识、技能

统整教学的设计，是为了帮助学生发展整体的知识、技能和学习能力，以补救分解式教学的零散学习。故而，统整教学的设计应从整体的观点来思考，关注的是整体能力的发展，而不是知识、技能的记忆。就此观之，统整教学的目标在于：

- 在日常生活及学习活动中，发展学生有关语文功能的知识。
- 发展学生使用书面语言和口语的能力，借以传递他们自己的观点，以及自主地获取所需的信息。
- 发展学生运用书面语言和口语来解决日常生活问题的能力。包含：运用语文学习学校中其他学科，扩展个人的校外生活，与社会良好地互动，发展个人

的兴趣等，从而培养儿童使用书面语言和口语的自信与意愿。

（三）以语文统整生活和学习

语文必须在使用中发展，而不能仅依靠语文课程的教学来达成语文学习的目标。语言的发展需要可供讨论、阅读和书写的题材或事物，因为这些才能引发孩子的学习兴趣。生活中的事件是语文学习发展的良好条件，可以让孩子将语文与社会活动做适当的联结。因此，教师应鼓励学生多利用语文来管理、组织日常生活作息，多利用语文来表达自己的感觉与需要（李连珠，2000）。在学科学习上，由于语文是探究任何一门学科的基本工具，语文能力的不足往往会限制学习的广度与深度。所以，在学科教学的过程中应能适时地组织可能的听、说、读、写活动，将语文学习与各学科的学习相结合。

因此，教师在建构语文课程时，可以主题（包含概念、事件或问题）的形式作为学生探究的核心，同时也以主题来联系其他领域的学习。如此，一方面可以扩展学生对主题的相关视野，一方面也能增加语文在各领域学科或不同情况下使用的机会，让学生更充分地掌握语文的功能性与实用性。

（四）以意义来统整教学活动

统整教学基本上应是以学生为中心的教学，学生应有权利、有机会参与课程的建构，也就是说课程内容必须是对学生有意义的，是他们所关心的、感兴趣的。在活动进行的过程中，学生有学习的自主权和选择权。也就是说，学生有权选择自己感兴趣的主题、内容来学习，有权决定用何种语文形式来呈现自己的观点（李连珠，2000）。所以，以意义来统整教学活动有两层含义：一是指课程内容对学生有意义，具有个人或社会目的；一是指学习材料是完整有意义的，不应是分解、零碎的（赵镜中，2001）。

五、语文统整教学示例探讨

以下所呈现的是双峰小学的范姜翠玉老师带领五年乙班的学生对《哈利·波特》这本畅销小说所进行的一次语文统整教学的示例探讨。以一本小说作为教学的主轴，在现今的语文教学环境里可算是一大难题，它可能面对的挑战包含：对学生阅读能力与习惯的挑战，对教师课程规划的挑战，对学校统一学习进度要求的挑战，更重要的是对学校、家长、教师之语文教学信念的挑战。

从这样的一次统整教学的尝试过程里，我们可以更贴近地观察到课程、教学、教师、学生在一个完整而有意义的语文统整教学活动中，各自的角色、功能以及学习与成长。在这样的一次统整教学里，我们也可以发现一些课程设计上的精神特色。

（一）设计的基本理念

· *故事、小说是整理经验、知识的典范，深受孩子喜爱，是带动学习的良好素材。*

- 语文教学应重视孩子的语言经验。语文作为沟通、学习的工具，可结合听、说、读、写的语言经验进行统整学习。而统整课程应将学习还给生活，以生活经验为中心来进行统整课程的设计。
- 尝试示范一种在教室里可以进行的小说阅读模式，累积不同的阅读经验，深化阅读能力。（大量阅读是识字的好方法，从阅读中学字词义与字形，能巩固字音、字形与字义的联结。小说阅读对理解与赏析能力的提升有实质帮助。）
- 语文教学的重点在于帮助学生借由语文学习新知识。因此在教学设计时，应多利用学生已有能力来帮助学生学习新的知识。
- 相信学生学习的热忱与创造力，学生有权参与学习活动的设计与建构。

（二）教材的改变

一般语文教材主要是指语文教科书和习作，但广义的教材除此以外尚应包含课外阅读教材、语文补充教材，为语文教学所制作的挂图、影带、录音带，以及计算机辅助教材，等等。随着科技的发展、教学观念的改变，在可预见的未来，语文教材的种类也会越来越多。但吊诡的是，从目前的情况来看，不论是学校教师或家长均狭隘地将语文教材界定在语文教科书上（赵镜中，2000）。

将教材狭义地定位为教科书，是从教材为中心的教学观点来看待教材，教学还是在以教科书为核心的范围内打转。但是，如果从统整教学的观点来看，教材的意义就广泛多了，教材会随学习的需要而有所调整、选取。因此，教材的取用就变得很多样、很随机，也很生活化。教材的种类、形态也变得多元而真实。只要是与主题有关的、学生有兴趣的，或是生活中常出现的文字作品，都可以作为学习的材料。而教师也应从"教教材"的迷思中解放出来，回归到"用教材教、用教材学"的学习本位上。所以范姜翠玉老师以受学生喜爱的畅销小说作为语文教学的材料，在教材的使用上是一项新的尝试、突破。在此，教材不只脱去了它标准范文的外袍，也脱去了字词量、文长等的限制。

（三）以意义为中心的统整教学设计

理想的统整教学设计，首先应思考学生学习的内在和外在条件，再进行活动的设计。所考虑的因素应包含：

（1）学生的先备经验、知识。

（2）教师在此课程中想带领学生学习的知识、技能、策略。

（3）学生想学的内容是什么。

学生先前已习得的知识、技能构成学习的必要内在条件，这些内在条件通过转化过程会对学习发挥相当程度的作用。例如：学系鞋带的儿童并不是从零开始学习，而是已经知道如何捏住鞋带，如何将两根带子绕成圈，等等。再者，不同的学习结果，所需要的外在条件（刺激或练习等）也不相同。因此在学生进入学习情境之前，必须仔细思考这些内在、外在条件，尤其需要依据学生学习前、后的能力来进行计划（Gagné，1985）。

此外，学生必须知觉到意义，教学才有意义。有时候学生也许对意义的理解与需求并不那么明显，也跟教师有所出入，但这并不表示进行教学设计以及实际教学时可漠视这一环节。动机是触发学习的力量，也是延续学习的因素，更是学习效果的保证。所以在教学前、教学中、教学后，都需要帮助学生建立教学主题与学习动机之间的关联。

评估学生的动机可以用询问、师生讨论、问卷调查等方式。联结学习内容与学生动机的思考方向有（刘锡麒等译，1999）：

（1）如何将主题与学生的过去、现在、未来的经验联结起来。

（2）有什么活动可以自然带出学习的内容？

（3）有什么文章或新闻报道指出有关主题的应用？

（4）有什么案例说明相关主题的使用？

（四）功能性的语文活动

统整教学非常重视功能性的学习，所谓的功能性指的是语文在个人与社会中所产生的互动、沟通等实际作用或目的。换句话说，语文的学习活动应是搭配着沟通、理解、娱乐、解决问题等真实目的而进行的。所以在这样的统整教学活动中，自然会出现诸如文学特质的讨论、阅读形式与阅读理解的练习、语文与生活的联系、读写结合的操作等活动。在这样的活动中，内容（各种知识内容）与形式（语文的形式）是并重的，语文学习是通过真实而有意义的活动来完成的，而通过语文也使各学科内容更丰富。

（五）统整教学的评量

由于统整教学与一般分解式教学的精神与目的不同，故对于学生学习的评量方向，应不同于一般教学。以下几个方向可供参考：

（1）知识体系：（知识是整体的）能否批判分析知识的内涵及其来源。

（2）人际互动：（社会互动中学习）是否能从社会互动中学习，建立良好的互动模式。

（3）解题能力：（知识是活用的）能否应用知识，解决问题。

（4）思考弹性：（跨越学科的限制）能否接受各种可能性，具有创新能力。

（六）教学示例介绍

以下是教师以《哈利·波特》一书进行统整教学的反省记录：

《哈利·波特》的旋风已经在台湾吹了一阵子，逛书店的时候，顺手挑了一本带回家慢慢看。大概花了四五天的时间把故事看完，觉得蛮有趣的，心里想也许班上的孩子也会想读一读这个故事。可是，看着这么厚的一本书，我不禁有点担心学生有没有胆量去挑战这么一本全是文字的小说。我心里不停地盘算，要怎么引起他们的兴趣，使孩子们愿意去读这么一本厚书。最后我决定先跟家长谈一谈，配合五年级上学期每月一书的活动，挑选《哈利·波特》这本书作为这个月的阅读书籍，看看家长的反应。

家长们的反应呈两极化，赞成与担心的家长都有。家长担心的是故事前两章太闷了，怕孩子觉得无趣而看不下去。也担心大人都不见得看得懂，孩子可能更看不懂。于是我把预计的做法告诉他们——前两章念给他们听，用听故事的方式提起他们的兴趣，削减孩子自己阅读的困扰。听完这个说明，家长半信半疑地接受了这个尝试。

跟往常一样，上课时，学生拿出语文课本准备上课，而我则拿起了《哈利·波特》，跟孩子们说："这堂课老师来说故事，说《哈利·波特》的故事。"听完，有一两个孩子立刻回答说看过了，有个孩子则告诉我从哪儿开始读比较有趣，大部分的孩子则是期待老师这次的改变。

于是，我开始了一次奇妙的读故事经历。每天我利用一堂课的时间，读《哈利·波特》给学生听。虽然故事我已经看过，但是读出来给别人听却有另一番感受，故事好像变得更有趣，更立体了。我发现读故事的人对故事的诠释，通过语言、肢体、表情，可以使故事更生动，仿佛那就是自己的故事。孩子的反应也让我蛮有成就感的，读完第一章后，他们开始问我什么时候读第二章。读完第二章，他们问我什么时候他们可以自己阅读（班上已为每位同学购买了一本《哈利·波特》，但是还没发给他们）。既然已经挑起了学生的兴趣，他们也提出了要求，于是我就将这本书发给了大家，让学生自行阅读。

每天我要学生回家读两章。第二天到学校，全班挑一章来轮读，这样做的目的是希望全班能拥有共同的话题，同时也能照顾到一些阅读能力较弱的孩子。轮读是一种不同于以往朗读课文的读书方式，老师起个头，想读的人就可以接着读，不想读了就停下来，其他人就接着前面的人继续读下去。这种读法想停就停，想读就读，很自由，不会让人有压力，但却有凝聚注意力的功效。

轮读完后接着是全班讨论，因为担心学生读不懂，通常我会准备一些自己觉得重要的问题拿出来讨论，一方面测测学生的阅读理解，一方面也是真想和他们谈谈这些问题。可是让我感到有点难过的是，学生好像对我的问题并不是那么有兴趣，他们有自己关心的话题想谈。我终于放弃了，随他们去吧！我发现他们对于故事角色比较有兴趣，他们想和大家分享对某个人的感受，如皮皮鬼的顽皮、马份[1]的坏，孩子们乐于举例来证实自己的看法。当我退出主导的角色后，反而有时间从他们的对话中去留意个别学生在阅读理解能力上的表现，帮助我确定如何协助他们。

---

[1] 编者注：课例中涉及的人名、物名翻译与人民文学出版社"哈利·波特"系列译名对应关系如下（以出现先后为序）：马份—马尔福，分类帽—分院帽，史莱哲林—斯莱特林，葛来分多—格兰芬多，赫夫帕夫—赫奇帕奇，意若思镜—厄里斯魔镜，霍格华兹—霍格沃茨，九又四分之三月台—9¾站台，邓不利多—邓布利多。

在阅读的过程中，他们也想体验故事中的情节——戴戴分类帽，看看自己会被分到哪个学院。于是，我请他们先谈一谈每个学院需要哪些特质的学生，我将学生的说法板书在黑板上，接着我请他们以卡通人物为例，试着分分看。博源提到卡通小丸子里的滕木，他认为滕木最适合史莱哲林，因为他会为了逃避音乐考试而欺骗老师说"肚子痛不能来上学"，很奸诈。有人则举柯南为例，认为他很机智，有正义感，所以适合葛来分多，至于小丸子和《哆啦Ａ梦》里的大雄，则太懒惰了，没有一所学院适合他们。谈完了卡通人物，他们又想谈谈学校的老师，学生们一致认为校长应进赫夫帕夫，理由是校长只要拿起麦克风都会讲很久，每次都这样。另外，每次遇到校长，校长总是面带微笑，这些都需要毅力，校长拥有这项特质适合进赫夫帕夫。那一堂课就在学生的评论中结束了。

除此之外，我还设计了另外两项活动：意若思镜及人物群像单。故事里，意若思镜所反映出来的，不多不少恰好是人们心里最深的渴望，我也想通过这个活动了解学生们渴望的事，于是我发下活动单请他们填写。除了玩电脑这个渴望外，没有一个是相同的。有人从意若思镜看到一个长得很像自己的大学生，手上还拿着奖杯及奖金，而且是漫画冠军奖杯，因为这是他的梦想，他很有自信呢！有人看到自己的祖先钓到一条大鱼，因为他觉得自己的钓鱼兴趣是由祖先遗传下来的。有人则看到一个有活力的老女人，手上抱着一只叫毛毛的狗，四周还站满了她的家人和朋友们。这是因为她很爱自己的家人、朋友，更爱小狗毛毛，所以她希望就算自己老了，这些人也都一直陪着她。还有人看到自己在意若思镜前呼呼大睡，因为平时哥哥姐姐陪着他，而现在只有他一个人，又因为他天天睡眠不足需要休息，所以会看到自己在意若思镜前呼呼大睡。这些答案，在平时的讨论中是不是能自然流露？我没有把握，但因着故事所营造出来的气氛，却能让学生自然而然地写出心中的渴望，让我更进一步地了解他们，对我来说是很重要的收获。

至于人物群像单的部分，由于书中插图甚少，对于角色留有很大的想象空间，而小说对于人物的描述除了形容词外，还会有足够的细节铺陈，让人更全面地去认识该角色。学生可以通过这个活动培养归纳整理的能力，同时也体验到要丰富角色、让角色更立体就需要提供事例的写作技巧。

每天的阅读以及课堂讨论仍进行着，为了让这一次的阅读经验更完整，我接受了一本书的建议——相信孩子的创造力与想象力，让孩子参与活动的开发，由他们来决定阅读完后可以进行的活动。于是我发下了"点子募集单"，收集孩子们的想法。孩子们的点子五花八门：有人想全班到英国一游，会会 J.K. 罗琳。有人想办个宴会，将教室变成霍格华兹学院，制作全口味饼干，调全颜色水彩……还有人想装扮成巫师，做自己的魔法书。面对这些五花八门的点子，我不禁钦叹孩子想象力的丰富。最后，我们全班共同选出最受欢迎的五个点子——把教室变成霍格华兹学院、制作霍格华兹特快车、设计九又四分之三月台、开一个宴会、戴分类帽分学院。决定好之后，我们赫然发现这些点子，正好可以变成一个宴会的流程，大家都很兴奋。接下来我们开始分工为这些活动做准备：有人设计九又四分之三月台；有人设计学院标志；有人则把教室装置成霍格华兹学院；有人制作分类帽，还有人制作霍格华兹特快车。每个人开始忙碌起来。

终于大事已定，只剩下宴会当天该带些什么的讨论与准备了。在讨论要带的食物时，孩子会主动地提出书里宴会有哪些食物，哪些食物是可以直接取得的，哪些食物是可以用变通的方式处理的。如书中有各式各样的马铃薯制品，而我们没有，孩子们则提出以"以一代全"的方式处理——用薯片代替所有的马铃薯制品。此外，为了不让宴会流于吃吃喝喝草草结束，我还请每位学生针对故事的角色、事件或地方，设计一些谜面，让大家猜猜看。

在这个动态的活动结束之后，想让孩子们进行静态且又能练习写作的活动，于是，我请他们写续集——哈利·波特的暑假生活或是编一则和哈利·波特在一起发生的事，也可以写"哇！学校变成了霍格华兹"的想象性故事。在这次的写作活动中，不少孩子愿意写长文，甚至把自己幻化成书中的主角，在故事中经历一些有趣的冒险，有个孩子还会主动在故事的小高潮处附上生动的插图，想必是因为之前有趣的活动带动他们更乐于释放自己的想象。有个孩子问我为什么要写续集，当我开着玩笑回答说，也许我们可以寄给罗琳，提供她编写续集的参考时，孩子的反应居然是："早知道这样，我就写好一点。"

这是不是意味着如果作文能带给学生更真实的目的、更直接的功用，他们写作的兴致会更高呢？

为了让这个活动有一个回顾的机会，我请孩子们各自整理在整个过程中所写的活动单，再加上自己对于整个活动的感受，编辑成一本自己的"哈利·波特书"。等书编辑好了，我希望同学们能交换阅读彼此的作品，并提供反馈。我认为写作的目的是表情达意，对一位作者而言，如果作品无法引起广泛的阅读与讨论，写作动机自然不强。再者，如果作者的叙写观点、手法不能得到读者的认同，甚至无法理解，表情达意的功能就无法完成，所以在写作的过程中，适时地借助读者的回应来协助作者修改叙写手法及观点，对提升写作能力是很有帮助的。

也因为这样，孩子们充分地意识到作者与读者的关系，他们知道这本书是有读者的，不会孤零零地躺在老师的桌上等着被评分，因此在制作这本书时，他们会将平时阅读课外读物的经验放进来。

书的内容有：

（1）序或跋——为读者提供自己在整个活动中以及制作本书时的感受。如博源写着：

> 这是一本花了5个小时做出来的书，里面有各式各样的学习单和哈利·波特的续集，这是一本好书，希望你会喜欢！（因为我已经尽全力了）
>
> 在《哈利·波特》中我找到了许多东西，分别是愉快、欢乐和一些不同的快乐，这种快乐让我在看《哈利·波特》就算落后9个单元的情况下，依然感觉不到任何沮丧与哀伤，这也许是我的错觉，但这种快乐慢慢轻轻地拉我进了魔法学校。

（2）目录（有些学生会加上一些包装，试图提供想象吸引读者）。

（3）书名页。如博源的"书名页"写着：

好玩的事情

趣味的空间

特别的学校

唯有这本书

才能满足你！

（4）版权页。

这本书制作完成后，同学们每天轮流带一本"哈利 · 波特书"回家欣赏，同时提供一些反馈，可以是衷心的赞美，也可以是善意的建议。在这个活动中我发现学生很关心旁人给了什么回应，有人读完心中窃喜，有人则不以为然。而学生所做的回应，可分为以下几类：

· 提出错误之处。

· 提出疑问。

· 建议——内容或编辑上的建议。

· 优点——内容、用心度、编辑的长处以及对作者人格的正向肯定。如：

廷安：

小魔法书真的很精致，我是和大家一样希望你可以加点内容（我也做一本但不是魔法书，是读者签章、家长的话、作者的话、老师的话那些东西！），分类帽那里除了节俭，你还有很多优点啊（为什么不写出来？）。告诉你喔！封面设计真的很不错（特别是小书），很吸引我去看喔！（吸人气）再告诉你，你的小书里面是废纸和废纸粘在一起的吧？我还以为有字，结果打开来看……失望极了！所以我求你加字——

邓不利多画得很不错喔！你斗篷那一张是否有改过？我记得原本好像不是这样！（在我那本上回答我）

小洁
2000 年 12 月 22 日

若瑜：

你做得很好，而且字也很整齐，内容很丰富，不过"哈利·波特的暑假生活"中的"昆虫营"如果可以描写清楚点会更好！

GOOD! GOOD! I like it.

彦儒

在进行这个活动时，学生们很担心自己的作品是否能完好如初，他们要求每一位同学在观看自己作品时，要小心呵护，甚至提出若损坏应赔偿的想法，这是第一次，他们如此珍视自己的作品。

从这次课程的实施过程，可以发现教师如何克服对教科书的依赖，如何帮助学生克服对长文阅读的恐惧，在活动进行中如何调整以教师为中心的教学，而改以学生为中心来思考，以及学生在统整、功能性的活动中所展现出的积极主动的学习态度。当然，这次的课程设计与实施，仍有它的局限和不足处，也有可以改进的空间。例如：可以再加强阅读者的阅读意识，让学生在阅读过程中随时记录自己的阅读观点；也可以配合故事的情节，统整其他学科领域的学习，结合听、说、读、写来进行，以发挥语文的实用功能；等等。

虽然这次教学有它不尽理想的地方，但我们还是清楚地看到，教师、学生在这次课程中对语文的关切，以及通过听、说、读、写的互动过程，学生强化了对语文形式、内容的掌握。而更可贵的是，在整个课程的进行过程中同学们的积极参与，教与学因此取得了一个和谐的平衡。

六、结语

传统语文教学主张借着模仿和对正确反应的增强，对不正确反应的处罚，来帮助孩子不断累积语文的知识、技能，教学就是事实的传递，学生必须依赖成人选择的教材和作业进行学习。但是一种更积极的主张，随着新时代的来临，逐渐受到重视，它强调语文的学习是"积极的孩子"和"积极的社会环境"合作并共同创造发展的过程，这种社会文化观点所描绘的就是一种统整的学习形态。而统整教学的设计应具有以下这些特点：

· 以人为主，而不以学科知识内容为主，能涵盖较完整的学习领域。

- 知识、技能是要活用的。课程里所采用或所教授的知识、技能，是用来说明和解决问题的，是为解决问题而形成的整体知识体系，而不是学科专家设计、挑选出来的学科知识体系。
- 学生参与建构、组织学习的内容。从学生的兴趣出发，提供有意义的学习。
- 知识、技能的获得可以是教授的，也可以是社会互动产生的。真实而多元的学习方式，能有效地发展学生的学习能力。

　　这种学习形态提供给学生的是一完整、真实又丰富的学习机会。在统整教学中学生不必耗费时间、精力在零碎、无趣而又无意义的学习活动上，语文学习是通过目的性的探究活动，经由实际的操作，逐渐建构出语文的相关知识体系与运用能力框架。同时，语文也是学习的媒介与工具，通过语文的帮助能让学习内容更丰富，也让语言的表征更多元，社会的沟通更顺畅。

2001 年发表于《教育研究月刊》第 87 期。

第三章

语文教学创新的思与行

一、教学的常与变——对创新的诠释

教学创新不是为了哗众取宠，标新立异，或是为改变而改变。创新是结合了教育的相关理念与学习的条件和环境，试图为学习找到更多有效且容易的途径所做的努力。当然，对学习者而言，每个人的学习曲线不尽相同，不同的教学法对不同的学生会产生不同的作用，不容易说哪一种教学法是最有效的、最佳的教学法（尝试去追求一个最佳的教学法，似乎是一种缘木求鱼的徒劳）。

创新是一个相对概念，并非无中生有，它往往是相对于常态、制式而言的。在此创新、常态、制式并没有价值高低的意味。常态不一定就是不好，而只是说常态、制式暗示了一种关系的固定模式，这样的固定模式假设了双方的必然隶属关系，例如伦理关系上所谓的父慈子孝，父子关系以一种慈孝的伦理形成必然的联系。但是这样的常态关系，往往无法面对新环境的挑战与新因素的改变，当关系的双方因环境或自身条件改变而有所调整时，即会造成旧有的常态结构无以应对自然崩解，而必须寻求改变。创新只是在常态尚未崩解前，在旧有的关系架构下，提出一些不同的可能性，使常态不至于陷入一种固定模式的窠臼。此外，就发展的观点来看，环境的改变是必然的，而顺应改变的创新也成为生物学上的必然。

依照维尔（P. B. Vaill）的说法，制式化的学习往往假设（王玉真译，1996）：

（1）学习者要追求的目标和相关的教材都够清楚明白，因此初学者只需期待教师提供清楚的学习素材与内容，而不必也不需浪费时间在旁枝末节上。（2）学习是道德责任，对不了解此一价值的学习者需要加以说服。为了确定学习者采纳了这些外来的目标，必要时将动用恐惧和处罚的手段。（3）学习目标存在于学习过程之外，不预期学习目标的内容、意义或价值会出现在过程中。

学习目标既已清楚罗列，因此进行学习的最佳方式应可以确定。这三项思维原则——目标导向、重视学习的责任以及寻求最有效率的学习方式，构成了制式学习的主要架构。在这样的架构下，学习环境的安排已预告了学习者的任务，就是按照专家的设计去学习，因为课程设计者和教师知道你该学些什么，以及怎么去学。

这种常态、制式的教学观点是否能适应新世纪的挑战呢？就语文教学来说，一方面，近年来随着对语文学习的一些不同研究，以及视讯媒体传输科技的快速发展，大大地冲击了常态的（或制式的）语文教学。例如社会互动理论强调语文的社会性及功能性意义（蔡敏玲、陈正乾译，1997）。读写萌发理论认为语言的学习与发展是一个持续的过程，受社会与文化的影响（黄瑞琴，1993）。建构主义的学习理论强调学习者积极参与建构的意义，而非被动地获得阅读和写作的技巧知识。全语言的教育观点则主张语言学习是借着融入丰富的语文环境，拥有寻找意义的机会，而不只是依靠教师直接教导的技巧，就会对语文本身和其功能产生知觉（李连珠译，1998）。这些理论研究改变了传统语文教学的焦点，重视语文的沟通和意义，传统语文教学重视的字、词、句型练习退居次要的角色。另一方面，随着科技及视讯媒体的发展，现代人在语文使用上展现出口语重于书写，功能性的语文重于文学性语文，网状阅读取代线性阅读，创新语言取代标准语言等现象（赵镜中，2001）。这些内外环境与条件的改变，促使传统语文教学必须有所创新，否则无法适应快速变化的社会要求。创新在这里至少具有两层教育哲学上的意义：就学生而言，在一个多媒体的时代，却要求学生像以往一样依赖一本书、一位教师，安静地坐在教室里，听教师口头的讲述与反复的操练，就寄望学生能学好语文，可说是相当不近情理的苛求，学生怎么坐得住、听得下、学得来？再者，就教师而言，放弃一成不变的教学模式，尝试结合新的教学理念和社会环境，为学生提供不同的学习途径，教学上的创新、探索成为教师职业伦理的原则与要求。

前已言及，创新只是相对于常态、制式而言，并不意味价值上的优劣。因此如何评断一个教学活动是否符合创新的意涵，是很难列出一些指标项目来检核的。一个教学活动是否具有创新的精神，最好是就此一教学活动在某一教学现场的实施相对地来看。如果要通则性地来说，那也只能是相较于一般性（或例行性）的情况而言。话虽如此，还是可以从教学目标及教学活动设计这两方面来对照传统的教学，借以评断该教学活动是否具有创新的精神。在一个教学活动中如果教学目标错误或是不具备学习的意义，那这个教学活动注定失败（所谓的失败是对学生而言，也就是说学生在这次的学习活动中并没有真正在学习）。教学目标的创新可能展现在对学习意义的重新思考上，例如"句型练习"与"能选择适当的方式来表达"，就这两个教学目标来看，后者相对较具创新的意味。因为句型练习这样的学习模式，假设了句型与表达之间的必然关联，同时也假设了熟悉句型后就具有清楚表达的能力。这样的假设有其一定的道理，但如果将其当成唯一的学习管道或方式，则易失于武断。所以当一般教师习惯于句型练习的教学时，如能转换另一观点来思考句型与表达的关系，就不失为一种创新的观点了。

我们再从教学活动设计的观点来省察创新的意涵。一方面，前已论及，随着科技及视讯媒体的发展，我们已生活在一个充满声光效果的环境里，网际网络及远距教学对传统的"学校"已造成强烈的冲击，知识不再必然存在于学校课堂中，也不再受限于单一的教科书。因此教学活动虽不必然要仿效影视游戏，但是若仍然停留在单向式传授、固定的教材、不变的教学流程，那要学生愿意学习、乐于学习将比登天还难。另一方面，有意义的学习是引发学生学习兴趣的重要因素，如果学生感觉到学习的意义，即便是较枯燥、较辛苦的学习，学习者也会不畏辛苦地去学习，甚至甘之如饴。所以就教学活动设计的层面来看创新，可以就活动是否生动活泼，适度结合声光科技或生活环境，以及活动本身是否吸引学生，让学生觉知到学习的意义，作为判别的依据。

依照上述两个判别标准，可以列出几项语文创新教学的特质，帮助教师思考创新教学对自己的意义是什么。

自律性学习——自律学习的教学模式，与传统教师要承担学生学习的全部责任的看法有所不同，学生必须学习自我监控、分析，以及设定目标、策略选择（林心茹译，1996）。在语文学习上教师可将自律学习的模式导入教学内容中，例如：在教文章理解及摘要时，提醒学生监控自己文章摘要使用的方法，或是设定并检示自己的阅读速度，以及理解的策略，等等。

有意义的学习——学习应以学习者为中心，学生有权利、有机会参与课程的建构，也就是说课程内容必须是对学生有意义的。在此"有意义"包含两层含义：一是指课程内容对学生有意义，具有个人或社会的目的；一是指学习材料是完整有意义的，不应是分解、零碎的（赵镜中，2001）。

统整性学习——语文能力是一种整体性能力，虽然语文能力是由一些独立但又关联的能力所构成的，但是在教学上不应单独地区别或处理，而应关注整体能力的发展。统整学习不只是语文知识技能的统整，更是以语文统整生活和学习。

功能性学习——语文的主要功能在沟通，语文是人与人之间主要的沟通工具，也是人类社会求生存的工具之一。学生在学习语文的同时，也通过语文学习其他事物，如果语文学习只把注意力放在"为教语文而教语文"，那语文学习将变得困难（李连珠译，1998）。

合作性学习——语文是社会历史的产物，语文必然存在于社会文化的情境中，不同的文化、社群通过语文逐渐建立起自己的价值观、生命观及世界观。语文虽然具有强烈的社会功能色彩，但也具有相当的个人特性。事实上，语文的发展一直在表达与沟通这两项个人与社会的需求上拉扯前进，所以语文的学习必须强调它的合作性（谷瑞勉译，1999）。

二、教学案例分享——创新教学各说各话

以下将以童诗教学为例，提供一套教学案例，作为以上说明的范例，至于算不算创新教学则留待各位读者自行斟酌了。

（一）童诗教学的基本理念

1.诗是要朗读的，目的是要让学生慢慢感受到诗的节奏感和韵律感。平时要多读诗给学生听，才能累积经验。

2.诗的教学目的在于启发儿童诗人的眼光（可对比科学家的眼光）。

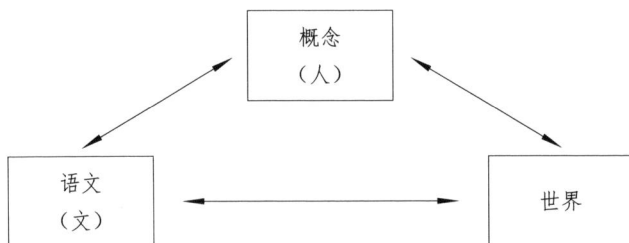

人经验世界，形成概念并通过语言来表达此概念，也借以指涉经验世界的事物。孩子在学习这三者互动的过程中，尝试建立起彼此的关系，由于不纯熟（社会化、教育不够），所以无意中会创造出一些奇特但却有趣（有诗味）的结果。因此，我们说孩子是天生的诗人，他们不是要做诗人，而是无意中表现出了诗人的特质，但这样的特质会随着知识（语文）经验的累积而逐渐消失。所以童诗教学重点在于保持孩子的这种特质，

但这中间似乎存在一种矛盾现象，孩子误打误撞地表现出了诗人的特质，但在受教育的过程中，语言、概念愈来愈精确，观念想法也越来越社会化，如何能再保有那童稚的特质呢？其实这正是童诗教学的精髓所在——一方面培养诗人的眼光（对事、物的敏感）；一方面培养对语言文字的驾驭能力。

3. 怎么做？

（1）大量阅读（读和诵），累积经验是前提。

（2）可以拆解出一些创作历程，让学生练习。

诗人	科学家
· 观察（带着情感） 如：时钟——它和你的关系给你的感受（形、色、用）	· 观察（带着理性） 如：时钟——材质、结构、功能……
· 想象（无规则、跳跃、时空错置、类比、隐喻……）	· 想象（预测、假设、替代、可能性……）
· 组织（自由联想、建立各种关系……）	· 组织（系统化、内在合理性……）
· 表述（渲染、想象、比喻、情感性的文字、玩文字游戏……）	· 表述（精确、量化的语言……）

（3）最困难的是，这些分解的能力都有了，但不一定就是位诗人，就好像受过科学训练的人，不一定就是科学家，只有融会贯通的人才有此能力。所以如何培养孩子成为一个愿意（乐意）而且有能力用诗的语言来抒发自己感受的人，才是童诗教学最后的目的。这就像有些人能用画笔、色彩或音乐来抒发情感一样，但是我们并不是要每个人都成为诗人，只是希望他能把写诗看成类似渴了就要喝水一样的自然、平常之事。要

达成这样的目标有以下两个要素要培养:

· 对生活事物的敏感, 可以用上面的分解方法来培养。

· 对于语文操弄的本事, 大胆地去玩语言与概念的游戏 (这可能是现在教学上欠缺的)。

（4）仿作要仿的是诗人创作时的心灵过程而不是诗的形式, 虽然表面上看好像还是在仿作, 但精神是不一样的。

（5）多读不同类型、题材的诗给孩子听, 解析诗人创作的心灵, 鼓励孩子常写、多写。

4. 诗的教学重点。

（1）趣味（节奏、内容、形象）→欣赏→理解→仿作。

· 欣赏先于理解; 理解先于仿作。

· 找出诗眼。

· 激发想象（以诗人的眼光看世界）。

· 解析诗人创作的历程→局部仿作。

· 诗的形式特征:

诗用新鲜或特殊的方法来写平凡的事物, 有助于想象力的发挥, 让人对事物产生新的感受和看法。

①诗是一行行写的, 有些行是完整的句子, 有些却可能不是句子。

②几行合起来就是一节, 两节之间会空一行, 一节的开始不必低两格。

③有些诗不用标点符号, 有些诗只用几个标点符号。

④诗的长短不拘, 有些诗很长, 有些诗很短。

· 诗句的特色:

①诗句重视的是声音、味道、颜色、形状和景象的描写,

并通过这样的描写带给读者美妙的画面。

②押韵、拟声字和字词的重复使用可以让诗句像一首歌。

③诗句重视节奏感，有时候节奏会增强字词的意思。

（2）各类诗的教学重点。

故事诗→精炼（跳跃、节奏）、文与诗的比较。

抒情诗→意象—比喻—联想、拟人、拟物。

想象诗→创意—联想、五感、重组。

（3）课堂教学的进行。

· 引导学生着重读这首诗的感觉，找到趣味点，不一定是
  主旨的把握。

· 想象、比喻的练习。

· 解析作者创作的历程与观点。

· 诗与文的对照。

· 诗的节奏感。

· 吟诵诗。

· 诗的形式（排列的方式）。

· 标点符号的功用。

· 观点的比较（诗人、一般人、科学家……）。

· 有时可要学生抄整首诗（用无格纸自由抄），思考整体
  的感受。

（二）教材

友谊诗五首（参见篇末"引用之课文"）。

（三）教学活动

步骤一

将五首诗分发给学生，请学生看看这些诗的题目，猜一猜这一次要谈什么主题。

初步讨论：我们读过哪些跟朋友有关的文章？这一次，我们要来看看诗人怎么看待友谊这件事，以及诗人怎么表达他和朋友的感情。

步骤二

单首诗的阅读与讨论（读诗的顺序不定，可自由安排）。

《我喜欢你》

（1）阅读前。

请学生说说"我喜欢你"这句话在生活中使用的情形，让学生领会"诗的语言"和日常语言及其他文类中的语言使用上的不同。

（2）阅读中。

①读《我喜欢你》给学生听。

②伙伴共读。

· 请学生两两一组，一起读这首诗。

· 读的方式可能有：每人两句或每人一段，由二人共同决定要用哪一种方式读。

（3）阅读后提问。

· 作者和他的朋友是不是好朋友？从哪里可以看出来？

提示 1：详列的生活事件。

提示 2：重复的句式。

· 读完这首诗，你有什么感觉？

· 作者的个性是怎样的？从哪里可以看出来？

《阿贵只有九岁》

（1）阅读前。

提问讨论：

· 题目说"阿贵只有九岁"，人可能只有九岁吗？

· 阿贵只有九岁是什么意思？

· 如果把"只有"换成"才""刚好""只是"或"将要"
  意思会改变吗？

· 猜猜看，"阿贵只有九岁"可能要告诉我们什么？

（2）阅读中。

①读《阿贵只有九岁》给学生听。

②请学生默读一遍。

（3）阅读后。

①提问讨论。

· 这首诗让你有什么样的感觉？是哪些句子给你这样的
  感觉？

· 阿贵和作者是不是好朋友？从哪里可以看出来？

②伙伴共读。

· 请学生两两一组共读《我喜欢你》和《阿贵只有九岁》
  这两首诗（可建议学生用不同于上次的方式共读）。

· 这两首诗，作者在表达的方式上有什么相同的地方？
  想一想，作者为什么要用这种方式表达？

《等待》

（1）阅读前。

练习表达：说一说自己等待的经验，以及当时的心情。

（2）阅读中。

读《等待》这首诗给学生听（可以读好几次），请学生注意听作者等待时是什么样的心情。

（3）阅读后。

①提问讨论。

· 哪些句子有"等待"的意思？你怎么看出来的？

· 作者等待友伴时是什么样的心情？从哪里可以看出来？

②小组替诗写故事。

提供以下三个问题，请学生思考，编成一个故事：

· 作者的朋友为什么还没有来？

· 作者的朋友可能来和作者玩吗？

· 如果作者的朋友来了，可能会发生什么事？

《打过架那天的夕阳》

（1）阅读前。

· 练习表达：有没有和朋友争吵的经验？当时是什么样的心情？

· 联想练习：夕阳会让你想到什么？

· 比喻练习：你会用什么颜色来形容快乐（悲伤、难过、愤怒……）的心情？你会用晴天、雨天、阴天或台风天来形容什么样的心情？

· 阅读预测：想一想，打架和夕阳有什么关系？

（2）阅读中。

①请学生默读这首诗，读完后，想一想要怎么朗读，才能表达诗的感情。

②邀请学生朗读这首诗，读完请大家谈一谈，刚刚那位同学是否充分传达了诗的感情。

③继续邀请同学朗读，并做以上的讨论。

（3）阅读后。

提问讨论：

· 你觉得作者有什么样的感觉？是愤怒、后悔、悲伤、难过……？

· 从哪些句子可以看出作者是那样的心情？

· 想一想，他们可能为了什么而吵架？

· 他们有可能和好吗？说一说你的理由。

《赠汪伦》

（1）阅读前。

· 读《赠汪伦》这首诗，想一想，在诗中，有哪些行为会让朋友感动？

· 练习表达：朋友做了什么事会让你感动？

（2）阅读中。

请学生阅读时注意古诗与现代诗在声韵和节奏上的不同，与之前读过的诗做比较。

（3）阅读后。

①大胆猜测。

鼓励学生猜测诗中词语的意思，指导学生透过上下文意来检验词意,例如:"将欲行"到底行了没有? 行了多远?
"忽闻岸上踏歌声"是听到声音没看到人,还是听到声
音也看到人?

②提问讨论。

· 这首诗的画面应该有多少人? 是哪些人? 哪几句话给
你这样的想法?

· 李白这时候在岸上,还是在船上?

· 船在岸边,还是在潭中?

· 李白和汪伦是不是好朋友? 从哪里可以看出来?

③写诗意。

· 用自己的话把诗中的内容或意思写下来。

· 把写好的作品读给同学听。

步骤三

群诗阅读与讨论。

(1)最……的一句诗。

①重读以上五首诗。

②想一想,哪些句子读起来让你有特别的感觉(难过、感动、
喜欢……),把它写下来。并写一写会让你有那种感觉
的理由,以及这些感觉和友情有什么关系。

③读句子给小组内的同学听,请他们说一说对这些句子的
感受或想法。

④把你的想法说给同学听。

⑤组内同学依次分享诗句。

(2)赏析与创作。

①重读以上五首诗。

②请学生用概念图的方式，整理这五首诗中所传达的有关朋友的想法。例如：这五首诗谈到友谊的不同面向，有快乐、有争执、有生离、有死别等。

③教师分析这五首诗在写作手法上的不同。

《我喜欢你》和《阿贵只有九岁》这两首诗通过列举许多和朋友一起做的琐碎小事，来凸显朋友间的深厚感情。

《等待》《打过架那天的夕阳》和《赠汪伦》是用比喻或象征的方式（如跷跷板、浪板、秋千、树叶、夕阳、潭水等），来表现与朋友相处时的不同感受。

请学生比较这些不同的表现方式的优缺点以及运用的时机是否恰当。

④请学生写下自己对朋友的想法，老师用放声思考的方式提示学生整理的方式，例如：先想想，关于朋友我要说的是什么？一段特殊的感情？一件有趣的事？一位难忘的朋友？……再决定用什么方式记下我对朋友的想法。

请学生用"朋友是（或像）……"的句子写下自己的想法，写在长条纸上，可以用比喻的方式写，也可以直接说。写完后张贴在黑板上。

⑤全班一起读同学写的诗句，想一想：这些句子可以怎么安排（如果太多可分成几类来讨论）？该怎么摆放读起来才好听，才有诗的意味？

⑥给摆好的句子写一个结尾，学生共同完成一首诗。

请学生自己完成一首关于友谊的诗（有些句子可参考同学举的例子），并给它配上插图。

引用之课文

我喜欢你

我喜欢你，
我知道我为什么喜欢你。
我喜欢你，
当我说鬼故事的时候，
你居然比我还紧张；
当我说笑话的时候，
你的笑声比我更响亮。
我喜欢你，
当我伤心的时候，
你会静静地陪在我身旁；
当我成功的时候，
你会高兴地为我鼓掌。
我喜欢你，
我们常常坐在石椅上谈天说笑，
也常常一起追赶跑跳。
我们常常躲在树丛里学猫叫，
也常常一起摘野花拔野草。
我喜欢你，
跟你在一起，
每件事情都变得特别有趣。
如果有一天，

你不喜欢我了，

日子一定会过得很寂寞。

我喜欢你，

无论春夏秋冬，

无论刮风下雨，

天天我都喜欢你。

阿贵只有九岁

阿贵只有九岁，

永远只有九岁，

因为昨天，

他死了——

阿贵是我的好朋友，

我们一起折纸飞机，

我们一起打棒球，

他没告诉我，

他得了治不好的病。

阿贵死了，

我真不敢相信，

阿贵只有九岁，

永远只有九岁，

我记得他的眼镜

从鼻梁滑下来的样子，

也记得他的耳朵

从帽子下钻出来的样子。
想起他在阳台看星星时的笑声，
想起他奔回本垒时的欢呼，
仿佛我的好朋友还在身边。
阿贵的爸爸，
把木盒子交给我，
那里面藏着我们的秘密。
再见啦！阿贵，
我会好好照顾我们的盒子，
想你的时候，
我会轻轻拉开盒盖，
听一听你那响亮的笑声。
就算我活到一百岁，
我也忘不了阿贵，
他只有九岁，
永远只有九岁——

等待

跷跷板的一边老是
降不下去；
浪板咿唔咿唔
单调地响着；
秋千静静地站在那儿
等待。

叶儿在地上追逐着，

嬉闹着。

我的友伴为什么还不来？

打过架那天的夕阳

打过架那天的夕阳，

为什么这样

红红而悲伤呢？

可是，

在天空燃烧的，

不是我们的愤怒；

在天空燃烧的，

是我们的友情啊！

赠汪伦

李白乘舟将欲行，

忽闻岸上踏歌声。

桃花潭水深千尺，

不及汪伦送我情。

2002 年发表于《研习资讯》19 卷第 1 期。

第四章

过程模式的写作教学

——如何帮助低成就的写作者成为一个好的写作者，是语文教育（写作教学）重要的目标之一

一、作家的写作过程

在一个春天的早晨，作家和他的朋友站在薄雾未散的日月潭湖畔，欣赏着早春的湖光山色。作家一句话也没说，只是用他敏锐的眼光和细腻的心思，静静地看着、听着、想着，朋友在旁，倒是说了一句"日月潭的早晨好美"。一个星期后，作家在报纸上发表了一篇名为《春天的早晨》的文章，写的正是那天的湖光山色，而他的朋友，始终只有一句"日月潭的早晨好美"。

创作历程可说是个黑箱作业，而人的心智活动又是如此的一本万殊，因此，给予两个人相同的刺激，经过心智黑箱的处理后，要求两人写出相同的文章，实是强人所难。只是为何有人能下笔成文，有的人却只能简短地说一句话而已，更有甚者连一点感觉都没有？为何会有这么大的差别呢？从教学的观点来看，如何帮助低成就的写作者成为一个好的写作者，是语文教育（写作教学）重要的目标之一。也许创作历程及心智活动的黑箱不易曝光，但从作家创作的外显行为还原着手，或能给予我们写作教学上的若干启发。

还原作家的写作历程，可知写作历程大致包含资料搜集、思维活动、叙写三个部分。在此，我们试着将它们的内涵呈现如下：

输入		输出
搜集、整理资料 客观的事件、现象 主观的心情、感受	思维活动 ↓ 想象 组织 结构 论证 建立关系	叙写 各种文体 各种语法修辞

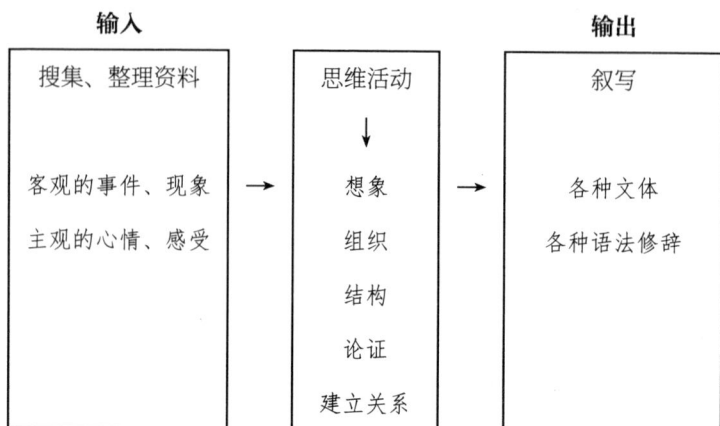

从这样的历程分析来看，当作家受到某种刺激或兴起了某种感受（不管是客观的事件、现象，抑或主观的心情、感受，甚或二者兼有）时，他创作的动机便被引发了。于是，他开始进行资料搜集与整理的工作，进一步把事件、现象或心情、感受，相关的资料、线索加以分类统整，深化创作动机。这一步骤有赖于敏锐的五感及充分的联想力，当然也包含利用各种信息及摘选资料的能力，方能完满。资料搜集充足后，接着就要开始心智思维的活动，在这个步骤中包含对资料的搜集，建立每个点的关系，想一些适切的譬喻或论证、组织结构整篇文章的架构等的心智活动，而后决定表现的形式——每一种文体都有其独特的表现方式，下笔时得多加考虑、运用。在叙写的过程中，即使是一位写作高手也往往无法一次完成，一篇好的作品通常会经过若干次的修改。修改的目的不外是更能表现创作者的想法，以及使读者更容易、更清楚地感受到创作者的意念。

在这样的过程中，有些部分可以通过练习，加强运作的能力，而且成效显著；有些部分则混淆不清，虽可通过练习加强，但成效不一，这似乎关系到各人的才情，但我们相信大量阅读与勤加练习仍会对写作有一定的助益。

通过以上的分析，可大略得知写作所含的若干历程。在每个历程中，我们发现需要不同的能力与策略。所以，在写作教学上即可针对过程中每一个步骤所需的能力与策略，让学生练习。

以上的分析纯就创作的历程来说明，忽略了创作的动机，或者说忽略了语文的功能性意义。何谓语文的功能性意义？简要说就是交际、沟通和抒发情感。换句话说，写作和说话都是沟通的一种方式，也都是一种发展的过程（由涂鸦到画符号到写作，由随意发音到有代表性、有意义的语汇），在这一连串的发展过程中，处于支配地位的乃是写作意识及说话意识（通俗地讲就是我有话要说、要写），作家多半是写作意识强的人。所以在写作教学上，不可忽略对写作意识的关照，帮助学生将他想要传达的信息传达出来，进而帮助他写得更清楚、更妥切。基于以上写作意识的关照，在实际的写作教学上，鼓励学生为实际的需要而写作，写出来的作品有真实的读者阅读，也就成为合理的要求。否则写作将沦为无目的的练习活动或口是心非的胡诌大赛，这也是当前写作教学上被严重忽略的一环。

顺此写作意识的合理要求——写作是为了沟通，作品应有真实的阅读者，所以，写作教学可以纳入合作学习和同侪订正的模式。事实上，一篇好的文章不是一蹴可及的，需要经过不断的修改。有的修改幅度较小，可能只是文字的调整；有的可能需要重新思考整个布局，从头开始。至于是否修改以及修改的幅度，一方面得视作者自己的反省判断，另一方面也需依赖读者的反馈。在这样的修订过程中，借着同侪之间的合作、帮助，可以提升彼此写作的层次，同侪除了可以协助检修、订正文句外，也可以一起构思内容，搜集资料，选取素材，模拟真实阅读者，发表评论。

二、过程写作模式

综合以上所述，我们可以将写作意识与写作历程做一结合，形构出一个写作教学的过程模式：

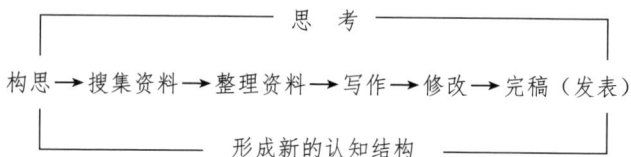

思　考

构思 → 搜集资料 → 整理资料 → 写作 → 修改 → 完稿（发表）

形成新的认知结构

就此模式，在教学上应注意以下四个重点。

（一）建立正确的写作观

写作最基本的目的在于表情达意，在于沟通。表什么情达什么意，如何表情达意，都得视对象不同而有不同的选择。以信件为例：写给小弟弟的信，文字可能要浅显些；写给老师的信，文字则可精要些，当然在态度上，除了亲切外，也得有一定的尊敬。这些都是因阅读对象不同所必须做的选择，因此，教师必须常提醒学生，写作是有对象的，作品必须是别人能读懂的（写作绝不是课堂功课，交差了事即可）。

（二）练习各种不同的搜集整理资料的方法

资料的丰富与否，往往会决定一篇文章的立论观点是否精辟，内容是否具有可读性。所以大部分时候，写作不应是即兴创作，在动笔之前常需要经过资料的搜集、分析、整理。因此写作教学中，应练习各种不同的搜集资料的方法，当然搜集资料的方法涉及学生的基本能力，在各年级可做不同方法的练习。

例如：低年级在写话（写作的雏形）的过程中所谓的搜集资料，应以想象及自己经验的整理为主。中高年级以后，则逐渐进行外在资料的搜集，如访谈，查百科、专书，做剪报、资料卡，等等。

（三）练习自我修改或同侪合作修改

修改的重点在于使读者懂得作者要传达的信息，确认信息的表达是否达到了沟通说理或抒情的目的，至于文句、词汇、错别字的修订则属次要，只需在完成作品前修完即可。

当然，在教学时教师可提供修订重点（如：是否用了形容词，标点符号对不对，对动作或个性的描述生动与否……），协助学生彼此交换阅读检视。

（四）誊清文稿

修改过程均属草稿，待修改完成后，誊入正式稿纸才算作品完成。

三、过程写作的课程设计

然而在进行过程中，因为每个年级的学生都有不同的经验与能力，教师必须区辨低、中、高年级的写作模式，拟订每个年级的写作目标、教学重点。在此，配合学生的基本能力，试拟各年级的写作目标如下：

基本能力	写作目标
一年级	
1. 刚入小学处于适应阶段 2. 具有基本（甚至是相当丰富）的口语能力 3. 的练习拼音识字	1. 写作前的准备（认识语言符号记录的功能） 2. 练习写话（我手写我口） 3. 大量阅读各式作品 4. 练习写简易作品（卡片、字条、信……）
二年级	
1. 学校生活渐入正轨 2. 能运用拼音读写 3. 认识部分汉字 4. 具有一些由口语到书面语的经验	1. 知道文章有不同类型与功能（如信、故事、剧本、报道、诗） 2. 知道文章大致的形式（分段、分行……） 3. 知道写作的大概历程 4. 练习简易的搜集资料方法 5. 练习有序的思考 6. 想象性与经验性的书写

基本能力	写作目标
三年级	
1. 进入中年级能力明显增强 2. 学习的领域内容均渐加深 3. 渐渐出现个别的能力、兴趣与喜好 4. 同侪影响加大，比较适宜与同学一起学习	1. 知道各类文章 2. 练习几种搜集资料的方法 3. 练习整理资料的方法 4. 练习利用整理出来的资料写作文章 5. 练习修改文章 6. 继续大量阅读，并增加阅读的类别
四年级	
1. 稳定合群 2. 独立性增强，能独立阅读 3. 开始发展欣赏能力 4. 开始了解别人的观点 5. 表达能力增强	1. 独立搜集资料 2. 灵活运用各种搜集、整理资料的方法 3. 辨别各类文章 4. 练习写各种不同类别的文章 5. 自己修改文章
五年级	
1. 进入高年级 2. 强调同侪团体 3. 独立思考能力增强 4. 词语更精确 5. 逐渐能依命题思考	1. 系统性、计划性地搜集、整理资料 2. 知道各种叙写方式（正叙、倒叙、穿插……） 3. 文章内容丰富，条理分明，描写细腻，说理清晰 4. 同侪相互修改文章

基本能力	写作目标
六年级	
1. 心思敏锐细腻 2. 寻求自己的技巧和能力 3. 有主见 4. 能独立做事 5. 可做命题式思考	1. 能针对一个小题目，执行完整的写作过程 2. 能说出文章的好坏并给出自己喜欢与否的理由

从这样的写作课程设计可以看出：

（1）写作是由写话开始的。

（2）写作的基本要求是沟通和表情达意，更高一个层次才是文艺创作。

（3）写作的原初动机应是有话要说。

（4）写作有一定的对象与目的。

（5）写作活动不一定是独立作业，可以借同侪帮助。

以下举几个例子来示范我们所建议的写作教学模式。

四、过程写作的教学

（一）过程写作的基本模式

1. 准备

（1）想一些题材，把它们列出来。

（2）想一想每一个题材可以写些什么。

（3）把不好写的、不想写的题材画掉，圈出要写的。

2. 写草稿

（1）想一些跟主题有关的事情。

（2）把这些事情写下来。

（3）写好了自己念一念，修一修。

3. 修改草稿

草稿写好了，需要修改，可以做三件事情：

（1）读给一个好朋友听，问问他有哪些地方不清楚，需要多说一些。

（2）照着朋友的想法，把文章修改一下。

（3）自己再读一读，修改一下字和标点符号。

4. 完成作品

为了给大家看写好的文章，可以做这些事情：

（1）不会写的字，问大人或是查字典。

（2）再把文章修改一下，抄到稿纸上。

（3）试着加 段当作结尾，文章会比较完整。

（4）加上题目。

（5）画两张插图，会比较好看。

（二）编一个有关解决困难的童话故事

1. 准备

（1）选出故事的角色。可以借用别的故事里的人物，也可以自己想象。

（2）列出人物的特色。

（3）决定故事的背景。

· 什么时候发生的？

· 什么地方发生的？

（4）设计故事的情节，可以用表格，也可以用思维导图的方式。

2. 写草稿

（1）先介绍人物和背景。

（2）"困难"是什么要交代清楚。

（3）写出好玩或有趣的解决方法。

（4）加上一些对话，故事会比较生动。

（5）别忘了写结尾。

3. 修改草稿

（1）把你的故事说给朋友和家人听（也可以录下来自己听）。每说一次故事，可以换一些细节试试看。

（2）精彩的故事，让读者有亲眼看到的感觉。

· 改写形容的句子，把它写得夸张一点。

· 改了一次还可以再改，越改越精彩。

4. 完成作品

（1）把修改后最满意的那份草稿抄下来。

（2）加上插画。

（3）给故事想一个题目。

（4）跟同学分享。

5. 肯定自己

（1）你对自己写的故事的哪一个部分最满意？

（2）在写作过程中，你最喜欢哪个阶段的工作？

（3）如果再写一个故事，你会做哪些改变？

（三）写一篇新闻报道

1. 准备

（1）想题材。

最近学校或班上发生了些什么事情？如果有你觉得值得报道的，把它们都写下来。

（2）选题材。

跟同学讨论你的题材。哪一项是大家最想读的？哪一项的资料最齐全、准确？选出你要报道的题材。

（3）针对题材整理出你已经知道的资料，依项目列出来。

（4）还有哪些资料是你不清楚的，先查清楚。

查资料的方法：访问相关的人，找相关的报道或书籍。

2. 写草稿

（1）先写：发生了什么事。

· 什么时间？

· 什么地点？

· 有哪些相关的人物？

（2）后写：事情的结果。

·事情发生的过程。

·事情发生的原因。

（3）记得用适当的词语来表示顺序，才能把事情报道清楚。

（4）加上标题：好的标题是用最少的字，写清整个事情的重点。

3. 修改草稿

（1）报道不能太长，看看有哪些细节是可以删除的，哪些需要多说一些。

（2）跟同学交换草稿阅读，找出每个人写得最精彩的地方。

4. 完成作品

（1）把修改后的文章抄到另外一张纸上。

（2）面向大家阅读。

（四）描写人物的爱好

1. 准备

（1）访问邻座的同学（也可以访问家人或邻居）。

访问前，把问题写下来，记得留空位记录答案。访问时，把答案记下来，注意特别的答案，随时追问。

（2）整理访问的资料。

想一想：资料中最有趣的是什么？最让你觉得惊讶的是什么？你可以在记录上打一个记号。

（3）选出你文章里可以用的资料（不必全部用）。

把选出的内容做分类，把同类的放在一起。

（4）想一想可以用哪些动词，把文章写得更生动。

2. 写草稿

（1）开头很重要，要能吸引读者继续看下去。

（2）把同类的内容放在同一段。

（3）你可以边写边看你做的笔记。

（4）记得加一些细节和例子。

（5）试着用不同的动词。

3. 修改草稿

（1）把草稿读给你访问的人听，问他资料中有没有错误，问他还要补充哪些内容。

（2）把草稿读给其他同学听，问他们哪些地方不清楚，问他们还想知道些什么。

（3）把他们的话都记下来。

（4）这些问题能帮助你修改稿子。

· 第一段有吸引力吗？

· 要不要多举些例子？

· 哪些句子可以移到另一段？

· 哪些句子删去会更好？

· 要不要调换段落的顺序？

（5）草稿修好了再检查一次。

· 有没有分段？

· 每段低两格吗？

· 有没有别人看不懂的句子？

· 有没有不完整的句子？

· 有没有写错的字、用错的字？

4. 完成作品

（1）把稿子重新抄写一次。

（2）可以问接受访问的人要些照片用来做插图。

1998 年发表于《研习资讯》15 卷第 1 期。

第五章

台湾小学语文教材编制之理论与实务探讨

一、绪论

（一）研究动机

台湾从 1996 年实施新课程标准（1993），开放小学教科书编制，由传统统编本改为审定本，并由学校教师自由选用。与此同时，教科书编制的理论与实务以及教材与教学等问题，在长久被忽视后又重新受到了关注。一方面，由于长久以来台湾学校教师对教科书的依赖并未随着教育环境的更迭而有所改变，当教科书由统一版本转变成可以由教师依学生水平、学校环境、教师能力等因素自由选择时，正考验了教师的教学观与教材观。另一方面，当各出版社网罗了相关的教育学者与实务教学者着手编制教材时，同样地也面临教学观与教材观的考验。

（二）研究目的

针对以上现象，本文试图从教材的定性分析、教材与教学、语文科教材编制的实务等问题着手，一方面澄清教材使用的功效与限制，一方面重构语文教材编制的理论与实务。

（三）研究对象

以台湾小学语文教材的编制与运用为探讨对象，并以相关机构研发的语文实验教材（1994—1999）为范例。

二、本论

（一）教材的定性分析

有关教材的概念，简要地说，凡根据教学大纲和教学需要而编写或制作的教学材料都可以称之为教材（张鸿苓，1993）。一般语文教材指的主要是语文教科书和习作，但广义的教材除此外尚应包含课外阅读教材、语文补充教材，为语文教学所制作的挂图、影带，以及计算机辅助教材，等等。随着科技的发展、教学观念的改变，可预见未来语文教材的种类也会越来越多。但吊诡的是，从目前的情况来看，不论是学校教师或家长均狭隘地将语文教材界定在语文教科书上，其中因素甚多，在此不多做论述。以下将就教材的一般描述说明入手，深入阐述，尝试梳理出教材的基本功能与特性，以有助于之后教材编制及教材功能限度之澄清，使教师在使用教材时更得心应手。

针对上述有关教材意涵的简要说明可再做深入探讨。

1. 教材是依据教学目标而编制的

教材的编制不是任意为之的，必然有所依据。而所依据的或为课程标准、教学大纲，或为教学上实际的需要。换言之，教材是依循一定的目标而编制的，这个目标可以是教育主管部门的规定，也可以是任何一间教室里教学上设定的目标，这就呈现出教材界定的广狭性。一般所谓的教材指的是依课程标准或教学大纲中所规定的教学目标而编制的教科书，当然，教学目标也可能是某一学会基于该学科教育的理念而拟订的。此处与教师自订的教学目标不同，也就是说，教师可以依据其授课的需要而编制教材，但此与课程标准中规划的教学目标是有所区别的，区别主要在于：一是整体的规划；一是局部的或针对单一课题的规划。但是，不论何种类型的教学目标，都不单是编制教材的依据，同时也是实施教学计划、评价教学质量和检核学生学习效果的依据。

2. 教材的编制内容应包含知识体系和能力体系

课程标准中所提示的教学目标是学校教学的指导原则，而教材则是落实此教学目标的最佳工具。因为课程标准中所列的教学目标多半是原则性的、概括性的、抽象性的，只有通过师生共同使用的教材，才能具体地将课程标准中所提示的学科性质、教学目标、教学内容及学生应发展的能力等要求实现。故此，教材的编制应包含作为学生知识体系学习所规划的学科概念、法则、理论以及与知识形成紧密相关的能力体系。此外要注意的是，因为教学是在课堂中展开的，故教材编制时，针对教学内容亦应考虑到在现况下学生的认知发展状况，重新结构学科的知识系统，以便学生能进行有效的学习。

3. 教材在编制上的对立性

教材一词本身具有双层含义：一是指教授的材料，这是针对教师进行课堂教学时所使用的材料而言。一是指学习的材料，这是就学生在进行学习时所借助的材料而言。

教材就此双层含义而言，本身是矛盾的与对抗的。作为教的材料，教师讲究的是知识结构、量的多寡等问题；作为学的材料，学生关心的可能是材料的趣味性、实用性的问题。而此对立性必须在编制教材时慎重考虑，以实现教材是教授及学习的共同材料，是教师与学生的中介的功能。

总结以上论述，笔者可以对教材的概念做适度的澄清与描述：

- 教材是依据教学目标而编制的。
- 教材内容应包含学科概念与知识的客观陈述。
- 教材除知识体系外，还应提供有助于各种能力发展的学习步骤、思维方法。
- 教材是教师教学主要的依据，教材为教师教学大体划定了内容，安排了程序和步骤，提示了教学方式和学习方法。
- 教材也是学生学习的主要媒介，教材的编制应与学生的心智能力发展配合。
- 教材作为教与学的共同材料，必须兼顾两者之间的相融性与对立性。

（二）教材与教学

教学过程的构成要素包含教学者、学习者、教学目标、教学内容、教学方法以及教学成效等。因此，教材的编制必须考虑到这些构成要素的关系与联系，以下分别论述。

1. 教学者、学习者与教材

教学是在教材、教师、学生这三个互动因素的构成中遂行的教育活动，在这个活动中，教师、学生是互为主客的双方，教材则是实现教与学的重要工具。就教师的角度而言，教师对教材的态度是"教教材"，还是"用教材教"？两种不同的教学观，对教材编制的要求就会不同。就学生而言，学习虽然是受导作用与自主性学习并存的过程，但同样存在着是"学教材"还是"用教材来学习"两种不同的学习观。

所谓"教教材"（或"学教材"）是把教材自身当成了学习的目的，所以对教材必须精熟，它假设所有应学习的知识、技能都已包含在教材中，教师的责任是将教材里的知识传授给学生，学生则以把教材读通、读熟为职责。

反之"用教材教"（或"用教材学"），教材本身只是学习的课题或媒介物，提示教师应当教授的项目、要点，而学生则通过教材的学习获得一定的知识、技能，以及学习的手段与方法。

两相比较，"用教材教（学）"似乎更妥帖地表现了在教学过程中教材的性格与功能，而这也正积极地反映了教材编制本身先天的不完备性。

2. 教学目标与教材

教材是全面实现学科教学目标的主要媒介，其编制必须建构出合理的学科学习体系，并以之设定不同阶段的教学目标。所谓合理的学科学习体系，是指该体系兼顾了学生的年龄、心智特征与学科逻辑顺序（在此允许不同学习体系的建构），而教学目标的设定应包含学科知识的传授和学习能力的培养。学科知识的传授是知识的累积；学习能力的培养则是知识建构能力的发展。具备学科知识并不代表具备实用的能力，学习能力应包含两个层面：一是运用学科知识技能的能力；一是学会学习的能力。

3. 教学内容与教材

教学目标是经由学科知识、技能的组织与教学活动的实施而完成的，这两者构成了学科的教学内容，教材的编制必须适切地呈现这两者。首先，在学科的内容上，教材中应放入的是基础性的知识。所谓基础性的知识，是那些最具迁移性、适切性、概括性，以及对了解和掌握学科最必要的知识。再者，良好的教材不单是呈现知识而已，还应呈现知识构作的历程，作为教学的活动参考，其中包括思维方式、操作过程、作业步骤等。

然而学生不可能以原封不动的形式学习教学内容（学科的知识），否则就是一种注入式教学，是单纯的观念灌输，学科的知识概念唯有通过具体的事实与现象才能掌握。因此，教学内容必须教材化（钟启泉，1996）。所谓教学内容的教材化，就是通过贴近学生经验的生活现象来融合或以学科知识和概念为媒介，使学生易于掌握教学内容。

要言之，教材内容应包括各种陈述和概念，各种原理和法则，以及操作过程和步骤。但由于考虑到学生的学习状态，教学内容必须适度地教材化，与学生的生活结合（此不同于生活教育或生活经验学习）。而不同的学科与生活的关系也不同，故结合的方式自有微妙的差异。经教材化的教学内容，本身可以具有唤起学生问题意识的功能，但这种功能还是必须在教学活动的过程中才能充分发挥。

三、教材编制的实务探讨

1991 年台湾教育主管部门委托相关教师研习会研究室选取部分学校进行小学语文科课程实验，实验的内容包含教材的编制、教学的改进及教师的改变等。本实验从 1994 年起正式进行教材教学实验，已满 6 年，实验教材一至六年级均已编制完成。本次实验在教材的编制上可说是最完整的实务经验之一。故本文将以这套实验教材（1994—1999）的编制实务经验对照上述理论，借以显出教材编制在理论与实务间的落差，为未来从事教材编制者提供可资参考的借鉴。

（一）编辑理念的研拟

本套实验教材的编制时间适值 1993 年台湾新课程标准的公布，因此在拟定编辑理念与教学大纲时，基本上遵照此套标准。此外，亦参照了大陆的教学大纲。

1993 年新课程标准中所列语文课程的总目标为：

（1）培养伦理观念、民主风度、科学精神，弘扬中华文化。

（2）扩充生活经验，陶镕思想情意，培养想象思考的能力、乐观进取的精神。

（3）认识语文的特质，培养热爱语文的情操和对自己所发表的语言文字负责的态度。

（4）具有使用标准汉语，充分表达思想情意的能力。

（5）具有认识常用标准汉字、阅读书报及欣赏文学的兴趣和能力，并能利用图书馆以帮助学习。

（6）具有表达思想情意的语体文写作能力与兴趣。

（7）具有正确的写字方法和良好的写字习惯，并能欣赏碑帖。

此总目标之第一、二项为小学各学科之共同目标，只是借语文科总其成。第三项培养热爱汉语的情操，是参考其他资料而定的。第四、五、六、七项则各为说、读、作、写的目标，而注音则并入说话的目标（古国顺，1995）。此外，课程标准也详细地提示各年段目标，仍是以说、读、作、写作为分项目标并呈现出层次性。

以说为例，低年级目标为：

（1）熟读注音符号，能读写每个字；

（2）培养听说汉语的能力与习惯。

中年级目标为：

（1）利用注音符号帮助识字，增进阅读能力；

（2）增进听说汉语的能力。

高年级则为：

使用标准汉语，充分表达思想情意。

由此次课程标准的内涵可看出，除一般性的强调说、读、作、写的要求外，还特别重视语文能力的培养。

1988 年教育部颁布的《九年制义务教育全日制小学语文教学大纲（初审稿）》中指出，小学语文教学的目的，是指导学生正确地理解和运用祖国的语言文字，使学生具有初步的听说读写能力；在听说读写训练的过程中，进行思想品德教育，发展学生的智力，培养良好的学习习惯。此大纲阐明了听、说、读、写的关系，以及听、说、读、写训练与思想教育的关系，也阐明了培养能力与发展智力的关系（戴宝云，1993）。

实验教材编辑小组在参考了全国各地及国外语文教学的趋势后，认为语文教育的目的在于培养学生的语文能力，使学生能用语文表情达意、扩充经验、陶冶性情、发展思维。而语文能力的培养必须经过大量阅读、反复练习、实际应用、自我修正的历程，才能达到精熟正确的阶段。

这样的语教观点是基于以下的信念而来的：

（1）语文学习是奠基于完整的生活经验中的；

（2）在真实而丰富的语文环境中才能真正学会语文；

（3）语文是社会互动的工具；

（4）语文学习是自然的；

（5）思维是语文的基础；

（6）教学的目的在于让学生学会如何学习；

（7）语文学习成功的因素在于对儿童有信心。

准此，乃拟定了编辑理念与教学大纲。

1. 低年级

低年级的儿童需要从口头语言的听和说，过渡到书面语言的读和写，在这一时期，学习的最大瓶颈就是字认得还不够多。因此，在教材的设计上要着重：

· 结合情境的教学。
  提供情境丰富的课文，引导学生从学习活动中充实生活经验，提高学生对阅读的兴趣与对语文的信心。
· 兼顾语文的实用性。
  强调语文在日常生活中运用思考的能力。
· 掌握语文的特性。
  中国文字有的常见、有的罕见，有的简单、有的复杂，语文学习里要介绍字的笔画结构和组合方式，建议学生先习写常用、常见和笔画结构简单的字；生活和谈话中常常出现但是不易习写的字，编入课文让学生认念。

2. 中年级

中年级语文教学的重点从学习阅读移到从阅读中学习，教材设计着重几个方面：

· 呈现生活经验中比较不常见的事物，让学生配合既有的经验和新学的文章，拓展知识的视野。
· 提供不同类型的文章，让学生熟悉不同写作方式的表达技巧。
· 介绍文学作品，提升文学欣赏能力，激发阅读兴趣。

3. 高年级

高年级学生语文已有相当的基础，应培养他们面对作品时能够整理文义，分析结构，体验技法，进而发展出丰富的思维，并有能力妥适地表达。教材的设计应着重以下几个方面：

· 以语文知识技能为经，学习活动为纬，进行整体性语文学习。

· 接触不同的观点，学习各式各样的表达方式，培养多元思考的能力。

· 通过对文章的理解，丰富学生的情意内涵，提升学生对文学的鉴赏能力，激发阅读兴趣。

这样的编辑理念其特色是：（1）强调学习过程重于知识的获得；（2）强调语文学习意义先于形式；（3）接受学生语文能力发展的独特性；（4）尊重教师专业自主；（5）主张教材应具有自明性，学生可以独立学习。

（二）教材编选的原则

1. 单元主题的设定

依据课程标准，语文教材采用单元组织方式编排。但单元的元素是什么，单元与单元之间如何联系，则并未界定清楚。前文述及教材内容应包含学科知识与概念，以及帮助能力发展的学习过程与思维方法。因此，在组构语文教材的单元时可以有下列几种取向（何文胜，1997）：

- 以主题内容作为组构单元的元素，如四季、欢乐的节庆等。
- 以文体作为组构单元的元素，如记叙文、诗歌等。
- 以语文知识、技能作为组构单元的元素，如句型、说明文结构。
- 以语文能力作为组构单元的元素，如阅读联想法、如何分段等。

这四种取向各有利弊，大多数语文教材均采用第一种方式，即以主题内容来组构单元，大陆的某些教材是采用第三、四种方式来组构单元的。

用主题内容来组构单元的优点是贴近儿童的生活经验，由于语文科教材的呈现方式以一篇一篇的文章为主，文章中对主题精彩的描述，容易引起儿童的兴趣。再者，不同的主题内容往往会带出属于这个主题的相关语汇、句型、篇章结构、思维方式等语文知识技能，方便教学设计。但用主题内容来组构单元也有其局限性。首先，囿于教材篇幅，一个单元能收纳的文章不多，对于学生深入了解单元主题内涵，进而扩展对该主题的视野无法提供有效的帮助。等而下之，若几篇文章的同质性过高，反而会降低学生的学习兴趣。其次，若以主题内容来组构单元，则单元的主题应有哪些，理据何在，以及如何以单元主题来配合语文知识技能的学习，这些问题是很难回答清楚的。而且，不论如何去编排主题，都很难提出一个合理的解释，来说明这样的主题是适合儿童的经验与发展的。

实验教材在编制过程中也考虑过这一问题，为吸引儿童能主动阅读教材，最后仍采取以主题内容组构单元的方式来编排。但针对上述疑虑，在教材编制上做了一些调整：

- 将每一单元主题收纳的文章扩大为九到十篇集结成一分册，一学期有三个单元，共有三分册。教材如此安排，一方面解决主题受限于文章篇数，而导致内容过窄或同质性过高的问题；一方面配合编辑理念，为学生提供大量阅读的机会。
- 在主题的选定上，将与儿童有关的生活经验区分为六大领域，虽然并不能提出充分的理据，指称这六大领域含括了儿童的主要生活经验，但是经由领域的划分，主题的安排就可以避免重复或遗漏。单元主题见下页。

为避免因单元主题内容的学习，造成语文能力偏失的情况，有必要针对语文能力结构出它的要项，帮助检核各册教材语文能力的练习重点。

值得一提的是，因为每一分册有一个主题，在教材的名称上能否以主题来命名——此有别于以往教材的做法，曾引起编委很大的争议。

2. 文章选取的原则

语文教育意指语言文字教育？或语言文章教育？抑或语言文学教育？争论已久，各家论述已多。（曾祥芹，1995）语文

年级		自然	社会	文化	语文	生活	感情
一	上	跳跃的生命《哞啦啦》	快乐的生活《天天不一样》		开始《开始》 发问《问问题》		
	下		忙碌的生活《忙碌的小镇》			成长与学习《七岁再见》	解决问题《黄狗生蛋》
二	上	旅游《飞行猪》		发明与创造《犀牛三明治》		家《秘密屋》	秘密《画鬼脸》
	下	变化《七十二变》	朋友《我喜欢你》				
三	上		礼物《记忆盒》	面具《面具》	符号与文字《三位怪先生》		希望《蝴蝶屋》
	下					挑战《走过就知道》	
四	上	谜《谁杀了大恐龙》					
	下			民俗与图案《盗灵芝》	作家《假期的脸》	时间《时间穿梭机》	关不住的爱《昆虫万岁》
五	上	动物的智慧《大脚丫》		谈美《我们一起去看天》	图书馆《我们一起去看天》	拜访《大脚丫》	冲突《我们一起去看天》
	下	绿手指《大野狼的告白》	好帮手《棒球小子》	好吃！好吃！《大野狼的告白》		十岁那年《棒球小子》	
六	上	大寻奇《他卖了一只鬼》	一念之间《他卖了一只鬼》	大千世界《他卖了一只鬼》			
	下				文学花园《美梦成真》	文学花园《美梦成真》	文学花园《美梦成真》

教材因学科特性关系，由一篇一篇文章组成。因此，选文成为语文教材编制的一项重要工作，此中涉及对语文教育的若干基本理念上的争议，如：教材中选用的文章是否为范文？抑或只是例文而已？选文时是否考虑意识形态的问题？选文长度是否有限制？选文时如何界定以儿童经验为中心？以范文或例文的争议为例，主张教材中的文章为范文者，在选文时字斟句酌，深恐文章有任何差错或不妥。从积极面来说，是要学生多接触优美的作品；从消极面来说，是担心造成学生错误的学习。（余应源，1996）这一主张者又往往是语言文学教育论的支持者，而在教学上则多持"教教材"的观点，实则这三者是互为表里的。但就这样的观点来编制教材可能的偏失在于：

（1）教材的内容为求美文可能会流于枯燥或远离儿童生活经验，引不起儿童的兴趣。

（2）语言的工具性功能可能无法兼顾，因为文学只是文章的一类，生活实用语文往往不是以文学形式呈现的。

（3）在选文上会产生很大的困难，文学作品美的判断常有仁智之见，不易取得共识，而且一般儿童读物多半不符合范文要求，文章来源是大问题，最后往往由编辑者动笔创作，而陷入一恶性循环的状况。（专业作家的作品无法使用，而由非专业人士的创作作为教材）

再就文章的长度是否应有所限制来说，有些专家学者认为阅读的基础在认字识词，所以教材中的文章须考虑它的生字量与总字数，生字不宜过多，总字数不宜过长，以免造成学生学习上的负担。因此，教材中的文章普遍偏短。然而事实上，短文在学习上有时反而更加困难，文短相关线索就少，理解上会比较辛苦；文长虽然生字较多，但相对的内容线索也较多，反倒容易理解。再者，文章之所以吸引人，乃在于文章中丰富而动人的描述，如果为顾及生字量的问题，而将一些情节或描述抽除，则文章将索然无味宛如大纲提要，这又如何能引起儿童的阅读兴趣？

对于以上种种争议几经讨论后，实验教材对文章的选取原则大致如下：

- 文类分配分布比例依照课程标准的规定。
- 文章内容排除单一意识形态，提供多元观点，并照顾到弱势团体以及时代趋势。
- 以儿童经验为中心。
- 除儿童文学作品外，教材中应包含各类生活实用语文的形式。
- 教材中的文章应力求文学性但非范文。
- 文章长度视各年级学生能力及文章本身需要调节，不做硬性规定，但须提示教师长文的教学目标和教学方式。

（三）文章编排方式

教材中文章编排方式不仅要考虑文类的分配比例、主题内容合不合适，还要考虑文章的功能，亦即文章在教学上的不同应用。

文类的分布分配如前述，依课程标准规定为原则编排，低年级以韵文、故事、记叙文为主，中年级则加入简易说明文、应用文，高年级再加入小说、剧本与议论文。

文章主题内容则依单元主题规划，力求观点的多元化。至于文章功能，则依不同年级规划出几种不同功能的课文提供教学参考。

1. 低年级——分为听说课文与读写课文

听说课文：

文章较长、用字较多、不列习写字，由教师念给学生听。它的功能在于帮助儿童达成下列目的：

- 培养听的理解力，提高思考能力。
- 扩充口语词汇，让学生认识更多口头常用但不一定会写的字词。
- 充实书面词汇的经验与知识。
- 从认得部分文字也能理解文章的经验中，增加儿童独立阅读的信心。

读写课文：

文章短、用字少，大多是朗朗上口易于记诵的韵文，也有短篇故事，它为儿童提供两种识字学习的途径：

- 从字音学识字，以对号入座的方式，在反复诵读中一字联结一音，经由字音增强对字形的认识。

· 从字义学识字，从上下文意中，在有意义的情境里，巩固字形的认识。

2. 中年级——分为略读课文与精读课文
略读课文：

新出现的文章形式，文章较长，词汇较丰富，不列习写字，可以作为交谈报告、课外阅读或文学赏析的材料，功能在于充实学生的词汇，练习不同的阅读方式与累积文学赏析的经验。

精读课文：

以较多书面语写成的文章或内涵丰富的文章，为学生提供作为积累字词、深入探讨及阅读技能实际操作的材料。

3. 高年级——分为例文与独立阅读课文
例文：

文浅易懂，在形式或内容上具有某种典范性，通过对例文的眉批和视窗说明，向学生示范文学赏析、阅读理解及写作技巧等语文知识与技能。

独立阅读课文：

小说或长文，作为学生课外阅读的材料，建立学生的阅读信心与习惯，实际操作各种阅读策略，提高阅读速度。

将教材中的文章依功能做不同的规划，目的是在提示教师与学生，每篇文章的教学可以有不同的重点而非千篇一律。此外，每册教材约使用 6 周，教师和学生可共同依教学目标、程度、喜好等因素，选择教学课数（约 5 至 7 课）与课别，不需每课都教，有些课文可作为课外阅读或独立阅读的材料。

（四）习写字的规划

从传统统编本教材到现今审定本教材，在每篇课文下面都列有该课的习写字。事实上，以这种形式列出习写字要求学生习写，在概念上是有争议的。因为习写的概念是针对不会写的字而说的，但是对于同一班级的学生而言，需要习写的字不尽相同，是否有必要全班共同习写相同的字，这是值得思考的。而且这样的安排会导致学生被动学习的习惯，因此，实验教材在习写字的规划上，以建议习写字的方式呈现，将具体的习写字交由任课教师及学生共同决定。实验教材不在每课下面列出习写字，而是将本册各课用字整理成一个用字总表，在总表中用不同颜色区别出建议习写字与认读字。建议习写字是依照常用度高、笔画数少及构词性强三个向度统计整理出来的，也就是以容易写而且最常用、最有用的字先习写，若是学生已经会写了则可以略过。除此之外，不是建议习写的字，但学生很感兴趣或者课文中重复出现，教师觉得很重要的都可以习写。这样的设计是希望学生养成独立学习、自我负责的习惯，所以，实验教材只在每一分册应习写多少字上做规范，而不要求大家习写共同的生字。又根据统计，海峡两岸小学 6 年大约共习写2500 字到 3000 字，而从常用字的研究发现，最常用的 2400 字在文章中的覆盖率高达 99%。（朱作仁，1991）至于哪些字应该先习写则不是那么重要，只要在小学毕业时能书写运用约3000 字即可。再者，字是书写单位，词才是意义单位，阅读理解、写作表达依靠的是词的概念，所以，实验教材到了高年级不再列整册字表，改以常用词表建议学生从词中学字。

（五）语文知识技能的练习

语文教育的目的在于培养学生的语文能力，但是语文能力如何界定则是众说纷纭。按张鸿苓（1993）的分析，语文能力目标可析解为语文基础知识、语文基本技能和思维能力。而语文基本技能是语文能力的主体，语文基础知识既是语文能力的基础，又是训练基本技能的理论指导。思维能力则是掌握语文基础知识和基本技能的必要条件。理论上语文能力的培养应定出目标序阶，方便在教材编制时一并思考，且将如何在教材中呈现这些知识、技能与思维活动作为教与学的参考依据。

因为思维本身是潜藏性的，必须借助语言和文字的理解表达进行练习，所以思维能力的培养可以结合文章教学，在听、说、读、写、作的活动中训练。至于语文知识与技能的学习序阶问题，由于实验教材的编制是采单元主题的方式进行，所以对语文知识、技能的安排无法照顾到知识、技能本身的序阶，只能依单元主题和文章性质、内容随文设定。如是安排，可能导致教学只重视文章知识的传授而非能力的培养，专注知识、技能的零散练习，而缺乏整体概念。

为弥补这方面的缺陷，编辑小组将小学部分须练习的语文知识、技能按低、中、高年级做大区段的划分，融入各册教材中。

1. 低年级

语文知识：以字的笔顺、笔画及形、音、义分类，以词性、句子结构为主。

语文技能：以听说沟通能力的练习为主，例如有条理说话、讨论的规则、问问题、回答问题的方式、口头报告、访问、听指示做事等。此外，也旁及读写的相关技能，如读出主题与细节、读故事说大意、画故事结构图、写信、写便条、写作准备等。

2. 中年级

语文知识：包括文字、语法、文体、修辞及文学等相关知识，例如文字的演变、认识部首、词的结构、认识量词、句子的分类、诗的特色及文章的结构等。

语文技能：以增进学生沟通和读写能力为目标，例如各种阅读方式的练习、工具书的使用、资料搜集的方法、描写的技巧、比喻的运用、写读书报告及写自传等。

3. 高年级

高年级将语文知识与技能搭配起来，进行整合知识、表现自我的整体性学习，以阅读策略的练习、读法的讲求和叙写技法的探讨为主，包含段落篇章的大意整理、赏析、叙写手法的练习及作家与作品的赏析等。

（六）教材体例的设计

教材不同于一般阅读材料的地方在于，教材是教师教学、学生学习相当重要的媒介，而且在某一段特定期间内使用的频率非常高，所以如何在教材的编排体例上力求清晰明朗，将教学的目标、内容、活动甚全精神，层次分明地呈现在使用者面前，是教材编制过程中另一个不容忽视的问题，这也就是前面所说——教材须具有自明性，方便学生学习。

实验教材在编辑体例上仍然是以低中高三年段不同的体例来设计，目的是配合不同年段的不同学习方式和学习重点。

1. 低年级

每一学期有三分册，每分册都由一个主题概念来贯穿各篇文章内容，每分册教材的编辑形式又分为三部分：

课文

每一分册收录 8 到 10 篇文章，按内容区分为二到三个小单元，在整个单元之前会有一个主题提示，提示这个单元的可能内涵，或阅读这册书时可以注意的地方。在单元之后又会有一个主题归纳，针对这个单元的内容形式做一个分类整理的示范。

语文练习

在每一个小单元之后，会列一些讨论的问题供说话教学之用，另外还会放入一些有关听、说、读、写的技能练习。

总复习

在教材最后，提供一块园地把本册出现的一些字词归纳统整，包含字音、字形、字义的分类，笔顺示范，图画辞典等，另附本册用字表，方便教师、学生检索。

2. 中年级

每一学期有三分册，每分册都由一个主题概念来贯穿各篇文章内容，每分册教材的编辑形式又分为两部分：

课文

每一分册收录 8 到 10 篇文章，按内容区分为二到三个小单元，在整个单元之前会有一个主题提示，提示这个单元的可能内涵，或阅读这册书时可以注意的地方。在单元之后又会有一个综合整理，针对单元里文章的内容或形式做综合性整理的示范，每个小单元之后会有一些讨论问题让学生做思考和文学讨论的练习。

专栏篇

将语文知识技能分成五个专栏来呈现：

学习篇——谈的是一些语文知识，帮助学生从已有的经验中整理出一些文法的概念。

写字篇——谈的主要是软硬笔写字的一些相关知识与赏析。

欣赏篇——主要是帮助学生进行文学赏析，提高学生在阅读时的文学素养。

技能篇——听说读写作等语文技能的操作练习。

应用篇——听说读写作等语文技能的实际应用。

书后另附本册用字表，方便教师、学生检索。

3. 高年级

每学期有两分册，每分册又有两本，一为文集，一为读本，两者有相同的单元主题，需搭配使用以发挥语文整体学习的效用。

文集

包含两到三个单元，每个单元选录约 10 篇文章，体裁、内容力求多样化，以此作为探讨单元主题概念及语文学习的基本材料，每个单元前后仍有主题提示、主题归纳或综合讨论。

读本

与文集有相同单元，每个单元均以语文知识技能为架构，配合主题情境设计有语文学习重点和扩充活动，并以两篇文章作为例文，以"眉批"和"视窗"介绍相关语文知识和背景，此外还有阅读练习，提供阅读的策略及要点。

实验教材按不同年段设计出三种编辑体例，看似复杂，但实际上，这正是在落实教材定性分析中所说的，教材是教师教学主要的依据，教材为教师教学大体划定了内容，安排了程序和步骤，提示了教学方式和学习方法。教材也是学生学习的主要媒介，教材的编制应与学生的发展配合。

实验教材的编制，历经了 6 年，其间参与的学者专家与在职教师约 30 人。在教育理论上常说课程是发展的，实则教材的编制过程也是一个发展的历程。因为实验教材的编制与学校实验教学几乎是同步进行的，所以，来自学校教师和学生的反馈，也成为编制过程中调控编辑理念的重要参考依据。

四、结语

语文教育的领域是宽广的，语文教育的内容是丰富的，语文教育的教学是多元的，语文教育的过程是发展的，这一切对语文教育理念的实践几乎全落在教材上。虽说教材是死的，教师是活的，教学的成功与否端看教师能否把握教学要领，但是毕竟人的因素变异性太大，如果能着手编制出一套优良的教材，中等之资的教师也能成为一位称职的语教老师。但由于长久以来，受限于统一教材的规定，编制教科书的工作只能让少数学者专家参与，久而久之，教材编制的相关研究乏人问津，教材的风貌也亦趋固定，缺乏变化。

本文只是一个实务案例，在整个编制的过程中对语教观念的差异甚至冲突，对学生学习途径看法的大相径庭，对教材功能的不同坚持，等等，都让编辑小组深深感受到，教材编制工作还有太多的盲点需要突破，希望经由本案例的公开，能引起学界对教材编制研究的重视，使未来语文教材的编制更趋完满，经由理想的教材让学生语文学得更好。

本文完成于 2003 年。

第六章

帮助学生成为一个
真正的阅读者

——兼论儿童文学在阅读教学中的运用

一、前言

在一个信息快速流通的社会里，每个人必须不断地阅读以获取最新的信息，来适应日新月异的生活环境。阅读能力的强弱已成为影响个人发展的关键因素。一个善于阅读的人，不论是在知识的储备、智能的发展、新知的摄取上都会高人一等。因此阅读教学可说是语文教育中最重要的一环。

所谓阅读，指的是从书面文字资料获取意义的过程；而阅读教学则是指学生在教师的指导下从阅读各类书面文字资料的实作中，逐步发展阅读能力的过程与活动。在阅读教学中帮助学生建立起阅读的策略，提升学生阅读的能力，比教会学生了解一篇课文的内容更重要。学生习得了阅读的策略和技巧，对巩固他们的阅读习惯，进而发展成一生的阅读兴趣有关键性的影响。

阅读教学中包含两个要素：一是阅读能力的发展，一是阅读教材的应用。本文目的即介绍影响阅读能力的多种因素，以及应用教材帮助学生提升阅读能力的方法。

二、阅读能力是什么

阅读能力一般来说主要指的是认读与理解能力，传统的语文教学者认为阅读就是认字和组合字、词或句的过程。学生在面对一篇文章的时候，要先能念出字音，了解字义，把字组成词语、句子才能了解文章的意义，因此，一个尚未能认识足够字量的学生基本上是难以阅读的。所以，阅读教学的重点应放在朗读、学写生字以及课文的讲解上。但是近年来，新的阅读研究提供了另一种不同的看法，新的阅读理论认为，阅读虽然需要认字，但主要还是一个推理猜测的过程，需要运用一些技巧和策略（洪月女译，1998）。也就是说，读者在面对文章时，会运用自己的生活经验和先备的语言知识去思考、推测他们会利用上下文的语境做猜测，帮助推断、记忆生字词语的意义；也会整理句子和段落的意义，从而理解全文。因此，一个能念许多字却掌握不到其意义的学生，并不是真正的阅读者。换言之，阅读的重点在于文章的理解，有效的阅读并不是精确地知觉、辨认文章中所有的文字，而是了解意义（吴敏而，1994）。

再者，阅读也不是一个被动的理解过程，而是积极主动的建构过程。古德曼（K. Goodman）教授即指出阅读其实是一个动态的历程，阅读时所获取的意义是读者与文章交易时建构出来的，读者从文章中所读懂的意义，取决于读者带到文章里来的意义。因此，影响阅读能力的因素不单纯是认字的问题，只要是能影响意义摘取的因素，都是影响阅读能力的因素。

三、影响阅读能力的因素

影响阅读能力的因素包含语言能力、先备知识、情绪因素、阅读技能等，以下分别论述。

（一）语言能力

对初学的阅读者而言，阅读是读者利用语言的三种系统——语音、语法、语意来了解书面文字的活动。语音是指有关字音的辨识，口头语言用声音的符号来传达信息，书面语言以文字来表达思想，形和音都是符号系统。阅读和聆听的能力均开始于大脑对可观察到的信号的感知，在阅读时，读者会运用语音系统的知识，以及文字系统和语音系统二者之间关系的知识，来帮助理解字义。语法则是有关句子和句型变换的使用规则，没有语法规则就无法用语言与人沟通，口语的语法系统能为读者提供线索，帮助读者理解文章的语法结构和意义。语意则包含字词的意义、概念和相关知识，阅读时必须把其带到文章中，才能从文章中读取意义。

要言之，阅读时读者会以原有的语音、语法、语意知识来帮助了解文章的意义。相关的语言能力越强（也就是说口语能力越强），读者对意义的掌握就会越好。一个熟练的读者在遇到较难理解的文章时，常会利用其语言经验把文章转换成口语形式来猜测其意义。所以语言能力在阅读理解上具有相当重要的地位，由于它调取的资料（语音、语法、语意）相当丰富，读者也可以多方面利用这些资料来进行识字、意义猜测或相关论述的推测。基本上，这三个系统在我们脑中结合得越紧密，越能帮助我们理解文章。

（二）先备知识

阅读能力的强弱和相关的语文知识、经验的丰富与否有相互的关系。当代的基模理论（Schema Theory）有力地说明了人类获得知识的过程（Rumelhart, 1984）。基模是人类知识的基本单位，基模的内容除了概念和知识本身外，还包括如何运用这项知识的资料。当进行阅读时，读者所持有的基模有助于处理文章中的信息，读者把触发到的基模结合起来，就形成了他对文章意义的理论和假设，如果假设得不到预期的印证，那假设就要加以修改。换句话说，文章中的线索会对读者引起一种可能的解释，这种解释为随后出现的句子所评价，一直到一种合理的解释被发现为止。所以，理解一篇文章就是发现了合适的基模。

阅读的过程就如古德曼所说的，包含了抽读、猜测、引证、修改等步骤。在这些过程中，读者对于他所接受到的文章信息——字、词汇、句型、语意乃至篇章结构、修辞、逻辑关系等资料，都有相应的基模来了解。如果读者缺乏所需的基模，就会产生误解或无法阅读。所以阅读时读者所持有的基模不论是内容基模（有关文章内容的知识）或是文章基模（有关文章结构的知识），均足以影响读者对文章的理解。

（三）情绪因素

情绪因素主要指的是兴趣和动机，兴趣在阅读中常表现为一种积极的态度，而动机则常伴随兴趣而来，阅读的兴趣可以直接转换为阅读动机，成为激发阅读的推动力。这两者对于提高阅读的注意力，激发阅读中的联想与创意，增强理解，具有不可忽视的影响力。一般影响阅读兴趣产生的因素有：（1）外在因素，包含阅读环境、阅读要求、阅读材料等因素；（2）内在因素，包含读者的年龄、文化程度、喜好、专长、需要等因素。现行的语文教学中，往往忽略了学生的情绪因素，例如：教材内容过度的无趣、制式的教学模式及评量方式，都让学生提不起学习兴趣，甚至视阅读为畏途。

（四）阅读技能

阅读活动为达到一定目的必须采用一些特殊的技能。阅读技能包括各种阅读方式（朗读、默读、精读、略读、速读）、思维技巧（分析、概括、想象、联想、推理、评价、判断）和一般的理解策略（如认字的策略——运用上下文猜测、分析字形部件猜音义、利用音义猜字形，理解的策略——利用文章的结构、逻辑关系、关键句及先备知识来帮助理解）。这些技能并不等于阅读能力，但是它对阅读能力的发展有促进作用，同时它也可以反映阅读能力发展的水平和个别差异，这些技能的自动化程度越高，越能有效地达成阅读理解。所谓自动化，就是不须意识也能做到的技巧。通常在某一时间内我们只能专注于一件事，例如：刚开始学习开车时，要一边操控方向盘一边踏离合器换挡，就会发生很大的困难，如果还要一边调整音响就更麻烦了。但是对一个熟练的驾驶人而言，这一切都已自动化了，不须思考就能操作顺利。在阅读时，从眼睛提供视觉刺激给大脑开始，到大脑建构出意义来，其间包含一系列复杂技能的操作，这种自动流程的顺利与否对阅读能力能否提升是很重要的。当读者能很迅速地浏览一篇文章时，代表他已具备很好的自动化程度了。

四、教材在阅读教学中的应用

（一）教材的内涵

根据研究，人类确实拥有学习语言和用语言来学习的能力。虽然口头语言复杂，但是儿童沉浸在一个需要用语言来生活的环境中，语言的学习却是那么的轻松。因此，我们可以这样说，当语言学习的重点不在语言本身，而在我们使用语言的目的时，语言的学习最为容易。同样的道理，在一个真实自然而又丰富的语文环境中，我们的语文自然能够学得好。

口语与阅读学习不同的是，口语学习需要实际运用的学习环境，而阅读学习则需要各类书面文字资料作为阅读对象。通过阅读各类书面文字资料的实作，才能逐步发展阅读能力，这涉及阅读教学中教材使用的问题。

如何善用教材来帮助学生提升阅读能力，并不是一件简单的事。优良的教材应该能利用学生的长处，顺着他们的习惯，帮助他们进入文字的世界。长久以来，学校里的阅读材料主要是教科书里的范文，是编辑者依语文教学的特定目标所编写的。事实上，教材的概念并不等于课堂使用的教科书概念，教材概念要比教科书宽泛得多。大陆学界曾有"语文教育"是"语言文字教育"，或"语言文学教育"，抑或是"语言文章学教育"的论辩（曾祥芹，1995），争论的观点只在文章意义界定的广狭上，并未注意到阅读活动的主体——阅读本身的目的与意义。从阅读的社会真实景况来看，阅读的动机、目的可以是多元的，可能是为了获得知识，可能是为了解决生活上的困难，也可能是为了消遣。因此，在教学上使用的教材也应是多元的，可以是一本书、一篇社论、一封书信，甚至一张广告单。

美国全国教育进步评量（NAEP）中有关阅读评量部分，测验设计的一个向度就是阅读目的，在此向度下分为为文学陶冶而读、为获得知识而读以及为执行工作而读三大类。而肯塔基州教学绩效信息系统（KIRIS）中有关阅读评量部分参照NAEP，将阅读目的分为四个类型：知识性、文学性、说服性、实用性。知识性阅读作品来自报纸杂志或百科全书；文学性阅读材料主要来自短篇故事、小说、诗歌、戏剧和短文，包括古典和现代作品；说服性作品来源于演说词、社论和评论、广告；实用性阅读材料来源于时刻表、说明书、产品保证书、申请书、消费手册等。（欧阳教等，1998）

由此可知，国外阅读教学非常重视"生活中的阅读"，强调阅读的目的性。因着目的不同，阅读的材料自然也不同。阅读除了为获得信息与知识外，另一项重要的功能就在于应付日常生活所需。所以，为了培养学生阅读的兴趣，除了让学生能有效地理解内容外，也需兼顾到阅读的实用性。

（二）教材的应用

不论是文学性的作品抑或是知识实用性的材料，在评估教材对学生阅读能力的培养上是否有助益时，仍需回到这些教材文章本身的一些基本特征来思考，这些特征包含了字词、句子、文章结构。唯有这样才能真正贴合教材与教学，达到提升学生阅读能力的目标。

1. 字词

字词学习的困难度不在于其笔画数的多寡或概念的深浅，而在于它的出现次数（出现次数越少越难认念）和抽象程度［心理学中有所谓的基层词语（basic level term）］。对儿童来说，较低层次的词语的学习比高一层次的词语的学习要容易多了，例如"桌子"就比"咖啡桌"或"家具"容易学习。再者，口头语言的经验对学习书面文字是有帮助的。在儿童正式进入书面文字阅读之前，他们已有相当丰富的口语经验，具备了大量词语的音义概念。这些先备的经验能帮助儿童在阅读时推测词义、辨识字形，所以在教材的选用上，为鼓励初学阅读（低年级）的学生自己尝试阅读，利用已知的知识经验练习有效地猜测、揣摩，从而磨炼阅读的技能，教学者应多为他们提供儿歌、童诗、故事一类的作品。借由儿歌、童诗句子短、押韵、取材生活化的特质，帮助学生利用对号入座的方式，经由听音—认字—识字—写字—用字的历程，将字词的形音结合起来，达到自动化书写能力的要求。此外，童话故事对于学生字词的辨识和词语的理解也是相当有效的教材。故事文字量大、词语丰富，学生不能像儿歌、童诗一样用对号入座的方式来理解词语，但故事本身情境脉络的线索以及关键词语的重复出现，都有利于学生去辨识、理解词语。

2. 句子

一般教学者对于教材难度的认定往往取决于句子的长度、句子结构的复杂性和字词难度等，但这似乎不是决定性的因素。有时候较复杂的句子比改写成短而简略的句子更容易理解，关键在于推测线索的多寡。读者在阅读时必须依靠他们既有的语言文法知识，利用作者所建立起来的语言线索，去决定句子的文法结构，读者只有建立自己的文法结构才能够理解意义。当然，书面语言和口头语言不尽相同，写出来的句子和说出来的句子也会有不同的结构。由于口头语言受环境的支配，可通过肢体语言来补充帮助表达意思，因此，在口头语言里，常会省略连接词、名词、主语等，但仍能达到沟通的目的。

文章则缺乏这些外在条件的支持，必须加强句子结构的完整性，方能达到清楚表达的目的。在教材的使用上，可以选取包含有长短句子的文章，使学生了解文字以表达意义为主，复杂的思想当然需要长一点的句子来说明。

至于在句型的练习上，童诗是可资利用的教材。童诗有长短错落的句子，句子的结构、形式同质性高，且常重复出现，能帮助学生熟悉句型结构。此外，在儿童读物中，有一种新的类型：可预测书（predictable books）。这一类型的书，内容、形式具有高度的可预测性（句型、词语或内容会重复出现），这也是帮助学生熟悉句型的好教材。

3. 文章结构

文章的结构是作者表现思想内容、显示文章主旨、展现人物风貌的一种主要手段。在阅读时，通过对文章结构的分析就可以厘清作者的思路，掌握文章的内容，从而提升阅读能力。

文章是由段落构成的，经由句和句的联系、段与段的关联构成一篇文章。每个句子有它主要表达的意思，每一段也有它的主题，学生需要学习去分析在一个主题内可能包含的丰富意涵，以及各主题间的逻辑关系。因为掌握主题、了解主题间的关系是理解能力的主要表现。主题的叙述方式构成了文章的结构，不同文体所呈现的内容及表达的方式各具特点，因此在文章结构的安排上也不相同。一般而言，文章的结构可以分为两大类：一是叙述性（narrative）的文章结构；一是说明性（expository）的文章结构。叙述性的文章结构，常由首发事件、角色内在的情绪反应、尝试过程、结果及反应等构成；说明性的文章结构则常以说明对象的性质、特点、功用等为说明内容，呈现的方式可分为因果关系、比较对照、时间关系、条例式的说明四种。

练习掌握主题可以提高阅读理解能力，而文章结构总是有规则可循的。因此，常接触各类文章就可对文章结构产生相应的基模。研究显示，学龄前的儿童已具有叙述性文章（故事）结构的知识，他们会利用这些架构来处理故事中的信息。因此，阅读教材应多提供相关的文章形式，如各类故事、寓言、小说、剧本等，帮助学生在已有经验的基础上，增进对叙述性文章结构的掌握。至于说明性的文章，学生初期的阅读经验较少，但这类文章却是日后生活中重要的信息来源，例如介绍各类知识的文章、操作手册、说明书等。或许说明性的文章本身趣味性不高，较难吸引学生主动阅读，但若能结合生活情境从实用的功能来设计教学，必能吸引学生乐于接触这种类型的文章，从而熟悉掌握说明性文章的结构。

五、结语

阅读能力是很复杂的，因此培养学生的阅读理解能力必须以阅读能力的构成因素为基础，配合不同的教材加以适当引导，把教材的信息和读者的认知基模连贯起来。一方面着重读者的兴趣，一方面强化技能策略的自动化，才能真正地提升学生的阅读能力，使学生成为一个不单具有良好的阅读技能，而且还能适应不同的阅读目的及材料，采取适当阅读策略的真正阅读者。

2003 年发表于《台湾地区儿童文学与小学语文教学研讨会论文集》。

第七章

文学要素的教学

一、前言

近几年来随着社会风气的开放，儿童图书译介、出版的发达，儿童阅读已蔚成风气。儿童阅读不只在家庭、社会开始生根发芽，伴随着教改风潮及教育典范的转移，儿童阅读的触角也开始向学校伸展。儿童阅读在学校的发展大概可以分成两条路线来观察：其中一条路线是儿童读物逐渐走进教学现场，带动的是教材多元化和教学改变。另一条路线则是由学校积极推动各项相关的阅读活动或竞赛，使阅读成为校园的重点活动。

本文所关注的重点在于：随着教材的多元化，课堂教学也应相应做出改变。当儿童读物走进教学现场，面对这些不同于传统教科书的教材，教师的教学重点以及教学方法似应有所调整，否则这一波的儿童阅读运动在学校的发展终将徒劳无功。

2000 年底，本人在编著《童书演奏》一书时，曾于序文中探讨儿童读物如何进入教学现场（赵镜中，2000），当时曾点出不利于儿童读物进入教学现场的三种迷思观念，也简要地提出阅读教学活动可从文学性、生活性与跨学科性三方面来思考设计。时至今日，儿童读物除了已成为出版市场的新宠外，也顺利地进入了校园。但儿童读物（特别是儿童文学作品）在教学现场的使用，却似乎不及民间社会来得扎实与活泼。在教学上，儿童文学作品往往还是局限在传统课文教学模式的思考范畴内打转，因此招致"用绘本或故事来教学，只是一种花哨的活动，有趣、好玩但学不到什么"的嘲讽。当然这样的批评并不见得公允，但多少反映了两个值得思考的问题：一是教师对语文教学的目标仍相当地混沌不清；一是儿童文学除了它吸引人的插图及有趣的故事外，在语文教学上它的功能及意义是什么。如何通过适切的教学，使学生更喜欢阅读，对作品也能有更深入的理解，其实是儿童文学进入教学现场后，伴随着教学创新的冲击，必须认真思考的问题。

如何让儿童文学作品进入教学现场后，不至于变质为另一本教科书的翻版，或是流于装点门面的摆饰，除了教师要对传统以字词教学为主的阅读工学（skills-technology）的教学理念重新调整外（李连珠译，1998），对儿童文学本身的特质的掌握，也是刻不容缓的工作。本人以为儿童文学作为语文教学的教材，具有以下两层意义与功能：一是借由对作品的深入探讨，使学生领会作品背后所包含的社会、文化及人生的意涵。一是借由对作品表现形式的掌握，进而发现作者的叙述艺术。而以上这两项功能与意义，通过文学要素的教学均能有效地达成，因此本论文试图阐明文学要素教学的亲近性与必要性，以澄清儿童文学作品作为教材的实际功效；同时也提供若干类型的教学活动，此乃是获得上述两项功能与意义的适当教学途径。

二、文学要素教学的意义

通过作家的眼、作家的笔，我们能看见每天生活现实背后更贴近生命本质的真实。举例来说：中国古书《列子》里有这么一段故事——《愚公移山》，故事讲的是一座大山挡住了一户人家的出入，于是老爷子（愚公）决定要把大山挖走，邻人有位智叟，就过来劝他不要白忙了。可是老爷子却很有骨气地说：只要我们这一家族世世代代挖下去，总有一天可以把山给挖平的。

让我们假想，如果我们就是生活在那个时代、那个村子里的人，那我们看见的、理解的会是什么呢？愚公、智叟不过就是那些好管闲事的街坊邻居，唠叨两句，还是各过各的日子。

但是通过作家的眼光，在《愚公移山》的故事里，你不仅看到了愚昧与智巧，你同时也看见了愚公的"愚"和智叟的"智"背后对世俗价值的讽刺，看见了人类为解决生活的困境所做的努力。文学使你看见这些原本你看不见的东西。

美国的儿童文学家罗北儿（A. Lobel）从这个故事看见了另一些"看不见的东西"，所以他写了另一个移山的故事——《明锣移山》（杨茂秀译，1996）。故事讲的还是移山，但是移山的方法却不同，主人翁明锣为了要移山，跑到村子里去请教聪明老人，老人提供了一些办法都没法把山搬走，最后老人教明锣跳移山的舞——先把左脚放在右脚后面；然后再把右脚放在左脚后面；接着再把左脚放在右脚后面。最后终于借着移山的舞把山给移走了。在这个故事里，我们看见了一种自欺欺人的愚昧（或是上智），同时却又隐约认出自己处事的原型——遇到麻烦的人，先是打他，不行就吓他，再不行就贿赂他，还是不行那就走为上策。这就是文学所提醒我们的：除了现实的生活世界外，还有另外一个可能更真实的世界存在。

文学的教学除了知识外，更重要的就是素养教育。知识使我们得以看见生活的世界，素养才能使我们看见那原本看不见的另一个世界。因此，儿童文学的教学，不是要把作品单纯地当成认知和语文技巧发展的资源，或是知识和文化传承的传递工具，而是希望通过教学丰富学生的文学经验，使学生成为一个有感受力的读者。为此，文学的教学应该重视读者的文学经验与回应，鼓励学生主动地介入阅读历程，协助他们发展自我特定的阅读态度与技巧。

当然，我们也希望学生能够意识到作品传达个别经验的方法，了解作家创作的风格，以及如何组织文字与事件，创造出动人的故事。所以，我们也需要教导学生发展出一套理解文学的语言和概念，如角色（character）、意象（image）、情节（plot）、主题（theme）、结构（structure）、场景（setting）等。诺德曼（P. Nodelman）认为适当的语言可以让文学讨论得以实现，并培养出对于讨论的热忱（刘凤芯译，2000）。

本论文锁定文学要素的教学，并非是要独立、个别地来探讨这些要素的教学，而是希望如诺德曼所说的，使学生通过对这些讨论文学语言的了解与学习，最终能发展出理解与欣赏文学的策略，愿意去感受和谈论文学的错综复杂性，进而更喜欢阅读文学。

事实上，角色、情节、场景和主题这些故事构成的要素，是孩子喜欢探讨故事的主要部分。在孩子进入课堂学习之前，这些故事的要素早就紧紧抓住了孩子的想象力。从孩子们日常的谈话、游戏，甚至行为表现中，很容易看到那些吸引他们的故事里的角色、事件和场景的影子。所以帮助孩子较有系统地整理、组织这些他们天生就感兴趣的故事要素，对发展他们进一步理解和喜爱文学是非常有效的途径。因此，故事要素的教学具有以下意义（Tarlow，1998；McCarthy，1997）：

（1）处理故事的构成要素，不仅能帮助学生发现故事中更丰富的内涵与意义，同时也能为学生提供有效的写作工具或窍门，帮助学生创作自己的故事。

（2）探讨故事中的角色、情节、场景和主题，能帮助学生发展他们的阅读技巧，例如：推测角色的感情，预测故事的事件，比较或对照场景的真实与虚构，以及超越故事要素的创造理解技巧。

（3）增进学生对文学作品的欣赏和喜好，经由深入探讨和发掘好作品的基本要素，使学生了解这些要素在一个故事中如何发展和建构，因而使故事变得丰富。

（4）提高学生对文学作品的讨论和批判能力，借由对文学要素一些专有名词的学习和了解(例如：角色、情节、场景、冲突、高潮、解放、纾解、意象、对话等)，使学生能发展出共通的词汇，来讨论或书写有关他们所阅读的作品；也能使学生直接聚焦在故事的某一特定层面，来谈论他们的心得。

三、阅读的心理基础

阅读心理学与阅读教学是息息相关的，如果能了解一般人在理解一篇文章时的心理规则，教师也就能较容易地掌握住阅读教学重点，知道如何去引导学生分析文章，从而了解文章的结构及主题。以下引用认知心理学中的"基模理论"及后设认知理论（Metacognition Theory）来说明学习者在阅读过程中如何获得理解。

（一）基模理论

基模理论是一种关于人的知识的理论。也就是说，它是关于知识是怎么被表征（representation）出来的，以及关于这种表征是如何以其特有的方式进行知识应用（统整及组织新旧知识）的理论（Rumelhart，1984）。依照基模理论，基模是人类知识结构的基本单位，人脑中每一个概念都有它的基模。

基模是由许多变量（variable）所构成的，基模的内部结构就如同剧本一样。当我们认为某一种情境是战争时，就会把情境中的人物、事件、对象等，与我们所具备的基模中的各种变量相联系。当我们把这些对象与基模中的变量相关联后，我们就可以决定，在何种程度上我们所看到的情境是和我们称之为战争的基模相一致的。所以基模也可以说是一套期望（a set of expectations）的组合。只要进入的信息符合那个期望，信息就可以被编入记忆中，基模中的变量就得以具体化（instantiated）。换言之，基模的核心作用即在于建构对于一个事件、一个客体或一种情况的解释。因此，基模作用可以用来说明人的理解过程。

此外，基模也可视同一种"理论"，"理论"可用来预测未被观察到的事件，并确定那些我们所没有观察到的事件的性质。当一个基模可以提供对于某种情境解释的时候，我们并不需要观察这情境的所有面向，这个基模就可以提供许多超出我们观察之外的东西。例如：如果我们认为看到的是一辆汽车，我们就会想到它有引擎、方向盘，有一切属于一辆车所该有的部分。

鲁墨哈特（Rumelhart，1977；引自张必隐，1992）提出了基模的六个主要特点：（1）基模具有变量；（2）基模可以被包含于另一个基模中；（3）基模可以在各种抽象的层次表征我们的知识；（4）基模所表征的是知识而不是定义；（5）基模的活动是一种主动的过程；（6）基模是一种认知的手段，其目的在于评价对于它所加工材料的适当性。

在进行文章阅读时，读者把经由读物内容所触发的基模结合起来，就形成了读者对该文章的理解和假设。就文章理解来说，阅读过程即是一个不断对那些可能假设的评价过程。换言之，理解一篇文章就是发现了合适的基模，这些合适的基模对于这篇文章做了适当说明。我们说一个读者读懂了某篇文章，就是说读者已经找到了一种假设（即基模），并且这种假设提供了对于文章各个方面一致的说明。

按照基模理论，一个读者不能正确地了解文章，至少有以下三种原因：

（1）读者可能并不具有适合该篇文章的基模，在这种情况下，读者就不可能了解文章的内容。

（2）读者具有适合该文章的基模，但是作者在文章中所提供的线索，不能使这种基模活动起来。在这种情况下，读者也不可能了解文章的意义，如果我们能够向读者提供更多的线索，读者就有可能了解该篇文章。

（3）读者可能发现关于文章的一致解释，但是这种解释并非作者的解释。在这种情况下，读者可以"了解"文章，但是他错误地了解了作者。

此外，用基模理论来说明认知过程，其中一个关键问题就是推论。安德森（Anderson & Pearson, 1984；引自张必隐, 1992）认为在阅读理解过程中，至少有四种类型的推论：

（1）选择何种基模的推论：为了理解一篇文章，读者必须利用从文章中所得到的线索去选择适当基模，这就需要进行推论。

（2）运用已经选择出的基模，去指导在这一基模中变量的具体化：在已经选择了一定的基模之后，还需要使这个基模中的各个变量具体化，这也需要进行推论——读者要决定文章中一个特定的人物或事件，应该满足何种特殊的变量。

（3）在已经选择了某种基模之后，运用"一般设定"（default values）的推论，去使重要的变量具体化：当读者在文章中发现缺少一些特定的、实质的信息的时候，就需要运用"一般设定"去满足那些特殊的变量。这在理解过程中是常有的事，因为作者一般都会认为，有相当一部分的知识是他和读者所共有的，所以通常作者写作时就会省略这一部分共有的知识。而读者必须使用推论来填补这一部分的空白，使特殊变量具体化。

（4）缺乏某种知识的推论：在理解过程中最后一种类型的推论，是基于缺乏某种知识而做出的推论，这种推论的进行基本上是在当询问者（教师）给予读者（学生）一个工作或要求他们做出这样的推论时，才会发生，相较于前三者是发生较少的类型。

总结来说，读者的基模乃是一种结构，它有利于从记忆中有计划地回忆文章中的信息，同时它也允许重新建构那些忘记了的或是并未学习过的成分。安德森指出基模理论对阅读与教学可以有以下启示：

（1）一个人的先备知识是他能够理解什么的主要决定因素，所以如果一个人知道的越少，那他所能理解的也就越少。

（2）一个人所具有的随意性知识，是使他在阅读时产生混淆、速度缓慢，以及做出不适合推论的主要原因，因为在阅读过程中，他无法掌握阅读材料中事件与事件之间的关系。

（3）不好的读者不可能在阅读中进行推论，而这种推论乃是把文章中所给予的信息，编织成首尾一贯、整体表征所必须要做的。

因此，在教学过程中，教师应不断丰富学生的相关知识，不但要使学生了解教科书里的知识，更需要使学生了解实际生活中的知识。在教学时，教师应重视内容各部分之间、各种事件之间、各种概念之间的关系，使学生能够得到系统化的知识。此外，教师也需要求学生对所学习的材料或内容进行思考与推论，以了解事物之间的内部关联。

（二）后设认知与阅读

后设认知指的是一个人对他自己思维或学习活动的认知的知识和控制。在后设认知的活动中包含两个部分：一是对于认知的知识；一是对认知的监控。这两个部分是紧密关联的。

所谓"对于认知的知识"，指的是一个人对于他自己的认知能力以及他与学习情境之间一致性的知识。这种知识是稳定的，且是在较晚期才发展出来的。例如一般人具有这样的认知知识：有组织的材料比杂乱无章的材料容易学习；包含熟悉的词语、概念的文章比较容易阅读；等等。对于儿童来说这种对于自己认知过程的知识，是在较晚期才发展出来的，但对儿童是否能有效地学习具有重要意义。

至于"对认知的监控"，它包括检查问题，计划下一步的行动，监控行动的有效性，检验、修改和评价学习活动的策略等内容。如果一个学习者可以在一定程度上意识到自己的认知过程，能够监控这种过程，并且能够有效察觉到在学习过程中出现的问题，那他将有可能采取补救的活动去解决这个问题。

就阅读而言，为了解意义而阅读是阅读的基本目的，而任何的理解意图都必须包含对理解的监控。当读者进行阅读的时候，他们会提出对于文章最合理解释的假设，并且用可以得到的信息来验证这些假设。当获得更多信息时，假设还可以被进一步修正。如果阅读过程中不能够发现有根据的假设，那理解就会受到损伤。就如同阅读能力差的读者，没有意识到阅读必须从文章中获得意义一样，他们只是把阅读当作一种译码的过程，他们只读出文章中的词，而不对文章内容进行积极主动的判断。

所以，一个有效的阅读活动，读者对于他的认知活动必须具有一定的监控。布朗（Brown，1980；引自张必隐，1992）提出了在阅读活动中六项主要的后设认知技能，包含：（1）澄清阅读目的；（2）识别出文章中重要的信息；（3）集中注意文章中的主要内容；（4）监控阅读的活动，并且决定理解是否发生；（5）运用自我提问的方法，去决定阅读目的是否已经达成；（6）当理解失败被发现后，采取补救的行动。

以下这些活动将有助于后设认知技能的发展。

1. 学习集中注意于主要概念

阅读的时候要集中注意于主要概念，以及辨认出文章中的基本组织特点和其中的关键成分。重读、阅读时边读边画重点、做笔记等是常用来协助掌握文章重要成分的活动。

2. 利用文章中的逻辑结构

如果文章是没有意义的，学生要学习它是极端困难的。如果能够觉察出文章中的逻辑结构，也就能够对文章进行更好的学习。

3. 阅读时自我提问

阅读时自我提问可以鼓励读者：（1）确定阅读目的；（2）辨认并突出阅读材料中的重点；（3）提出问题，这些问题需要理解了文章，才能给出正确的答案；（4）考虑到对问题的可能回答，这种自我提问的策略，能引导学生积极监控自己的学习活动，并且能使他们采取有策略的行动。

综合以上两种理论所述，可知阅读理解的历程是主动的、建构的，读者会引出推论，调整概念，也会忽略文章中不重要的信息。而后设认知在阅读过程中扮演着更重要的角色，经由对理解的监控将可确保阅读理解的成功，以及阅读的有效性。

四、文学要素的教学

一般文学理论将角色、情节、场景、主题、观点（point of view）、意象、结构、隐喻（metaphor）等看作文学文本的要素或特征，但诺德曼（刘凤芯译，2000）则认为"它们实际上是能力好的读者所具备回应文本之策略的诠释体系的重要元素"。换言之，这些要素也是方法，是阅读文本时建立一致性的方法、策略。读者对这些策略的个别和整体的理解，能够让读者发现文本当中的趣味和意义。这也是本论文在论述文学要素时的出发点，以下仅就角色、情节、场景、主题这四个要素（或称之为策略）加以说明。

（一）角色

1."角色"的意涵

对儿童而言，角色是进入文学最直接、最可接受的途径。角色是故事的核心和生命线，直接联系到读者。不论故事情节多令人兴奋，场景多么的奇异，主题多有意义，关心角色发生了什么事却常是真正推动我们深入故事的动力。当故事中的主角使我们忆起所认识的人或自己的某些特质，或者当主角的愿望、弱点、价值观，以及解决问题的方式和我们的观点产生共鸣时，我们就会目不转睛地盯着故事看下去，并且随着角色同喜同悲。

角色同时也是故事中最容易与读者自身经验相关的部分，在进行这种方式的阅读时，读者是假设文学作品反映真实的生命，故事中所提供的有关角色的信息，只算是冰山的一角，但是读者可以利用对于人们平时行为反应的了解，来进一步推测角色的形象、动机，甚至是结果。诺德曼（刘凤芯译，2000）指出，在作品中角色的发展方式有两类：一类是通过文本提供有关角色的充分信息，使读者能深入地了解角色。另一类是通过故事中的事件，逐渐改变角色，使角色更复杂。一般来说，作家在塑造角色时，大致会采取以下几种方式：（1）作者直接声明角色是怎么样的人；（2）作者让角色自己说话；（3）作者通过角色的想法或感觉，来显现角色的特性；（4）作者叙述角色的行动；（5）作者借由其他人的回应来描绘角色。

当我们讨论或回顾喜爱的书时，通常在脑海里首先浮现的是那些令人印象深刻的角色；引起阅读兴趣并使我们持续阅读的原因，也通常是那些令人赞赏的角色。因此，对学生而言，角色是自然且熟悉的文学要素，他们借着角色开始探索文学。

2. "角色"的教学

教学重点

· 从角色的行为来思考如何描述一个角色。

· 探索角色的兴趣、习性和价值观。

· 探讨故事中角色的改变。

· 能随着故事的发展来联系、建构对角色的认识。

· 能借由思考角色的行为、感情、想象、喜好和排斥等线索，来找寻角色的人格特质。

· 帮助学生通过视觉化的活动，来理解故事中的角色。

· 协助学生填补角色未公开的想法、感情和动机。

教学活动

· 做一个角色地图，收集对角色描述的词语，建立基本资料。小组合作一张角色情绪海报，介绍角色在不同情况下可能产生的感受或想法。替角色写一篇传记或做一本剪贴簿，内容包含角色喜爱的各种收藏品、个人嗜好、好朋友的相片、得奖作品等。

· 搜集故事中作者对主角不同的描写方式，包含直接描述、间接描述。比较不同类型故事中的角色（如民间故事、寓言、神话、幻想故事、真实故事等）在造型、思想、行为上的差异。帮助学生通过语言的活动（如戏剧表演、文字网等）清楚表达他们对角色的直觉理解。在班上组一个小组图像讨论会，这个讨论会的成员必须依故事画出一些图，用以展示故事中的事件顺序、角色脸部表情，并写出他们的对话或思考，然后跟全班分享他们所画的图。

（二）情节

1.“情节”的意涵

探索情节就是探索一个故事里发生了什么事情，以及为什么发生。如果关心角色能帮助学生引发对故事的兴趣，那好的情节发展则能维持他们对故事的兴趣。因为当我们集中兴趣于故事情节的发展时，就会不断注意接下来会发生的事，注意每一个事件从何发展而来，又将如何与先前已发生的事相关联。

归纳出最基本的故事结构，对学生掌握情节将有所帮助。一般故事的结构大致如下（Tarlow，1998）：

故事典型的开始是先介绍主角出场，同时呈现某一事件的萌发状态。这个事件将导引出某一种结果或是某一个问题需要被解决。

随着事件或问题的发展，一些阻碍的插曲开始出现。原本单纯的事件可能引发出复杂情况，主角开始逐步去解决他的问题，或是原本的问题演变出新的面貌。

接下来，问题在某些点上得到突破，呈现出解决的曙光。结果是主角解决了他们的问题，或是达成了他们的目标，或是因另一个事件的发生而改变了故事方向，并带来一个完满的结局。

在这样的故事结构中，情节就是故事中发生的一连串相关事件。在情节的开展与理解上，有一些关键的概念是必须被掌握的：

（1）开始：在故事"开始"的时候，能知道谁是主角。

（2）冲突：当"冲突"发生时，能认出主角所面对的困难是什么。

（3）纠纷：当主角试图去解决这个冲突时，引起了哪些"纠纷"。

（4）高潮：通常是一个事件，主角必须选择一种方式去解决冲突，"高潮"是故事中最刺激的事件。

（5）解决：问题获得"解决"，故事结束。

情节可说是文学最基本的要素——它使故事成为故事，研究情节所发展出的技巧和策略，例如预测、摘要、认识类型、因果关联等等，是阅读理解最重要的部分。情节也是文学要素中要求学生处理信息量最大的一种，帮助学生有系统地组织这些信息，是探索情节教学重要的部分。

2. "情节"的教学

教学重点

· 确认故事的起头，并注意到事件或问题萌发的线索。

· 能了解故事情节通常是一连串的因果关联。

· 能理解作者如何通过问题及问题的解决方式来发展故事情节。

· 能利用图表表现出故事中问题与解决的关系。

· 能将自己生活中的问题与经验和故事情节相关联来思考。

· 能确认故事中事件的顺序，并能掌握故事的高潮。

· 鼓励学生经由对角色、场景概念的建构来理解情节。

· 能辨认出问题解决的合理性。

教学活动

· 做一个情节梯，将故事中的重要事件填写在阶梯上，故事的高潮（也就是最重要的事件）写在最上一层。

· 利用情节梯中最后的事件，想象故事在这之后会发生什么，请学生写一段新的冒险。

· 设计四格或八格漫画（包含开始、冲突、纠纷、高潮、解决）来帮助学生更贴近情节的各个层面。

- 以个人经验来发展故事的情节（如"我"经历过最刺激的事件），可借由情节梯来帮忙，并以角色、场景来协助故事发展。
- 利用图表来分析故事中主角和反对力量之间的冲突。（主角想要……，是什么阻碍了主角想要的……）
- 通过"我想要做……"，"不，你不可以，因为……"的句型，请学生练习各种可能的冲突，并讨论哪一个冲突可以发展成一个好故事。
- 用数学方式呈现故事情节的发展模式：

  事件1＋事件2＋事件3＋重大事件4＝情节

  重大事件4＝重大事件＋重大决定＝高潮

  高潮＝冲突的解决

（三）场景

1. "场景"的意涵

场景是指故事发生的时间和地点，场景对文学作品中角色思想与行为的影响，就如同真实生活中环境对一个人思想、行为的影响一样。一个成熟的读者会根据故事角色所处的环境脉络，来对其进行评价。例如：从较简单的层面来说，如果一个地方的天气在一天之中有极大的变化，那天气将影响到角色的生活。从较复杂的层面来说，一个家庭或文化团体的习俗和信仰，将明显地影响到角色的行为和态度。

场景的探索可以非常贴近故事来观察，也可以向外扩展延伸至广大的世界。探索可以聚焦在一些特殊、细微的事物上，例如作者如何去描绘一株草的叶片，也可以关注非常广阔、遥远的地方和任何过往时代。有些故事如果欠缺场景，几乎不可能阅读；有些故事却好像适合任何场景；但是多数的作者都会投入相当的心力在场景的营造上，而这些都将在故事中呈现出来，并影响故事的其他部分。

阅读时可以以不同的方式去关心场景，例如：

· 帮助学生通过故事里的线索来确认场景。故事是发生在现在或很久以前，是在他们所熟悉的地方或是遥远的地方，是真实的世界抑或是想象的世界。

· 鼓励学生利用作品中的信息，帮助他们理解新的世界、时代和新的地方。

· 将孩子们的注意力集中在作者、绘者如何利用语文和视觉意象，来营造故事的时代、场所和心境上。

· 请学生利用他们对故事场景的认识，来预测故事中会出现什么样的人物、事件或说话的语调。

· 注意在一个故事中，场景改变或不同的场景是如何协助故事发展的。

此外，当学生投入场景探索的活动时，他们的感官知觉会被唤醒，并会注意到自身环境中的人和情境，以及其间的交错关系。

2. "场景"的教学

教学重点

· 能掌握故事发生的时空背景。

· 比较读者所生活的真实世界与所阅读故事中的世界有何不同。

· 借由关注角色的生活情景，来探索场景设计的合理性。

· 关注故事中场景的变换对角色、情节的影响。

· 探索作者如何通过自己的经验、感受去营造故事的场景。

· 帮助学生了解，作者如何通过文字或图像来表现故事的时空背景。

· 了解作者对场景的描述或图像呈现背后的隐喻。

· 留意故事中所提供的有关人物如何在不熟悉环境中生存的线索。

· 了解自己的生活环境。

教学活动

· 提供一个普通的场所（如市场），请学生想象在哪个地方、不同的时间会看到……，听到……，摸到……，闻到……，记录下来，彼此分享。

· 认识自己的生活环境：请学生记录自己的生活环境中有哪些特别的场景。

· 比较不同故事发生的时间和地点，想一想还有哪些可能的场景。

· 利用学生熟悉的故事，请学生思考如果"我"是故事中的主角，会选择什么样的时空背景来发展故事。

- 拍摄真实生活的场景，并注意照片中的细节，利用照片中的场景，编一个特别的故事。
- 将故事中的场景画出来，彼此分享。
- 时间穿梭机：请学生思考假设能搭乘时间机器穿越时空，会想去参观（拜访）哪一个时代？哪一个地方？想象一下，在那里自己会看到什么？
- 比喻练习：请学生选择一个去过的地方，想一想在那里自己"看到……，它看起来像……"；"听到……，它听起来像……"；"感觉到……，它感觉起来像……"。

（四）主题

1. "主题"的意涵

主题就是意义，而寻找意义是理解文学作品最具建设性的策略，因为各种思考文本的方式，实际上只不过是了解文本意义的种种不同方式而已。再者，这些意义让读者能够更深刻地了解自己的生活。所以，探索故事的主题是参与文学作品最个人化的，也是最有收获的一种方式。

主题是作者将故事作为媒介，呈现出关于一般人生的某种观念。探索主题通常是读者的工作，因为大多数的故事中，作者不会用太多的文字来陈述主题。相反的，读者必须把故事里的观念和事件结合起来，以形成一个有关人生的完整信息。每一个读者都是带着他独特的背景去理解故事的，所以他们会对同一个故事得出完全不同的主题，但都是有根据的、正确的。

许多读者常会搞混主旨（main idea）和主题（theme），例如：你问某故事的主题是什么，许多学生会用有关这个故事主旨的一句短语来回答，如"把山搬走""外星探险""好心有好报"等。虽然这样回答很容易就归纳出故事的主旨，但是他们并没有碰触到主题。有些人则认为故事主题应该能轻易地辨认出来，用短短的几个字，就可以陈述出故事的道德教训（就像寓言故事）。但是这种简化表达故事主题的思考，往往使我们忽略了对故事细微之处的关注和感受，同时也陷入一种将所有故事寓言化的危险中。事实上，只有当我们过度强调主题所带来的教训时，才会假定所有的故事都是寓言。

但是不容否认，一般儿童故事确实具有丰富而强烈的教训，古典故事《灰姑娘》《丑小鸭》《三只小猪》影响了一代又一代的孩子，使他们相信仁慈、勤劳、宽容及其他道德的价值。这些故事所传递的信息孩童不会遗忘，它们持久地发挥着影响力，可见这样的主题是孩子所关心的。民间故事、寓言和其他古典文学是介绍故事主题要素的理想材料，通常这类故事会以一种清楚而简明的方式传递一种强烈信息。

对故事主题可以从下面这些角度进行基本的掌握：

- 故事通常包含人生中重要的信息，这些信息可能是有关我们如何面对或处理生活中的挑战，或是有关我们如何去感受、行动，使自己变得更好等，这些信息就是故事的主题。
- 主题通常是借由故事中主角发生了什么事来呈现的，有时候我们可以经由注意主角学到了什么，或是他们是如何改变、成长的，来发现故事的主题。

· 虽然故事中的主角在很多方面和我们非常不同，但是我们仍可将他们的经验应用到自己的生活中，从他们身上学到东西。

· 读者也可以将不同的故事拿来做比较，或是将作品内容和自己的生活相联结，来获得对主题的理解。

2. "主题"的教学

教学重点

· 从探索故事中的主角学到了什么，来确认故事的主题。

· 将故事主题与学生的经验相联结。

· 探索如何从角色的行为和抉择中显现故事的主题。

· 从故事的细节中拣选出与主题相关的部分。

· 比较主题相似的故事，在情节安排上的差异。

· 利用同样主题创作新的故事情节。

· 确认故事所传递的信息能改变人们的思想和行为。

教学活动

· 全班合作一棵主题树，树干是故事的主题，每片叶子则写上故事中的事件，或是主角从故事中学到的东西（可能是一种技能或是一个道理、德行），也可以请学生将自己生活中相似的事件，或从故事中学到的东西写在树叶上，贴上去。

· 给学生提供一个主题（如与自然共生，我们学到许多有关世界和自己的知识），请学生想一想哪些故事具有相似的主题，与同学分享。

- 选两篇主题相近的故事，请学生比较这两篇故事在情节的发展上有什么不同。
- 改写故事，选择一则故事全班讨论有关故事的主题，然后请学生在故事中增加角色，让故事有更丰富的发展，但是不改变故事原有的主题。
- 搜集不同故事所呈现的价值或德行，也请学生搜集他们自己所认同的价值或德行，做一张对照表。
- 配合故事的主题，写一封信给故事中的主角，让学生说一说自己的感想。

五、以读者为本的教学活动

以上所提供的多是针对个别文学要素的教学活动，文学教学重要的还是对文学整体的掌握，因此除了这些较个别化的练习外，接下来将介绍一些较着重以读者为本、以阅读乐趣为导向的教学活动，以平衡整体的文学课程。

（一）聊书活动

观念能够引发观念，借着自由分享对故事的不同回应，学生对故事或故事个别要素的一些个人观点或领悟，将可以得到发展，这就是聊书活动的主要意义。不是教学，也不是设定议题的问答，只是为阅读提供一个"聊天"的机会。让学生有机会谈论他们所关心的事：可能是生活中相关的经验，可能是关于插图的一些看法，或是故事中他们弄不清楚的地方，等等。这些"闲聊"看起来似乎没有什么价值，但是它至少提供了一个让学生享受阅读、与他人分享、建立团体意识、开始更深入思考议题的机会（Short & Kauffman，1995）。逐渐地，这样的团体自然地会从会话（conversation）走向对话（dialogue），学生开始关心批判和探究。

虽然通常会建议让学生管理他们自己的聊书活动，或建构自己与作品的互动，不需要教师的介入。但是当教师注意到在全然自主的文学讨论中，学生常陷入原地打转的泥沼，出现单向发言引致不满，或是草率地结束对话等现象时，就该适时介入，以便将聊书导回"正轨"。

在文学讨论或聊书的活动中，带领人应具有以下的条件（McCarthy，1997）：（1）对所讨论的故事具有相当的认识；（2）阅读过类似的故事；（3）对于讨论的结果，思考过可以达到的最主要的成果或理解；（4）知道如何解说或提问，以促使对话能持续进行；（5）关心参与者内心深层的想法，并鼓励更多地参与，朝向关键的理解迈进。

作为一位聊书（讨论）的带领人，必须注意并适当运用一些个人的特质与技巧，例如：（1）带领人应将个人的情感融入故事中，并愿意与他人分享自己与故事互动的经验；（2）带领人要知道适可而止，当舞台搭建好，带领人就要消失，让其他的人讨论分享，共同建构这舞台；（3）带领人了解当对话陷入泥沼中，或是呈现单向发言时，应适时地引入自己的看法或提问，以便使对话能再度展开，朝预期的方向前进；（4）带领人了解在讨论分享的过程中，当学生提供一些对了解重要观念有用的信息时，适时地做一个归纳注解，将有助于接下去的对话。

一位机智的聊书带领人，他的热情和聚焦，可以帮助学生从文学作品中获得更多的领悟。此外带领人所采取的模式，也会帮助学生了解要如何对文学要素进行批判和回应。

（二）文学圈

文学圈简单来说就是一种讨论团体，也是一种探究团体。这种学习活动是以讨论分享的方式，来培养学生合作学习及自主学习的习惯。文学圈的活动重点不在于能否精确理解书中内容，或学习如何阅读，而在于读者间的合作思考、建构意义。它实践了在阅读过程中读者借着与文本以及与其他读者的互动，来建构个人的意义，亦建构共同意义的学习模式。文学圈的活动不但能协助学生获得意义，同时也增加了他们对文本与世界的了解，培养了他们批判理解的能力。

文学圈可以以"分享式"或"主题式"两种方式来进行（林欣怡译，2001），每一个小组四至五人为一组。有时同一小组的成员会阅读相同的文学作品，然后就成员对该书的不同诠释加以讨论。由于全组成员都阅读过相同的书籍，所以能够针对文学要素所产生的不同理解，进行较深入的讨论。当然，讨论是否够深入，主要还是取决于学生在阅读时，有没有把焦点放在故事的特定情节或要素上。

有时候则可以针对主题，采取主题套书的方式进行，也就是说每个主题所使用的相关图书都不相同，但都环绕在这个主题上。在每一小组中，学生会阅读各种不同的书籍，彼此分享看法，并且将各书本的观点加以联结。这样的活动方式目的在于提高读者对互文性（intertextuality）的觉知。所谓"互文性"

是指借由与过去所建构的文本关联，来诠释另一文本的过程，互文性强调"文本间"的"互动"过程，以及在过去与现在文本中关系的建立。因此互文性能帮助读者建立新的关联与创造新的意义，并超越现有的知识，建构自己对世界的了解。

为了协助学生顺利进行文学的讨论，文学圈模式的原发展者肖特（Short & Harste，1996；引自林欣怡，2001）提供了一些文学讨论的策略，概略介绍如下：

涂鸦版：在桌上放一张大纸，小组成员各就一个角落，把他们关于这本书的想法涂鸦般地写在（或画在）纸上，这些杂乱的回应、想法、评论或联系成为分享讨论的素材，并试着组织彼此之间的关系。

留最后一句话给"我"说：每个人从书中选择三到五个自己认为有趣、震撼、混淆、有争议的句子，写在纸卡上，然后在背面写上选择的原因。在小组中，由成员先分享他所选出来的段落，大家讨论后，再由原提出段落的人分享他选择的理由。

从描绘到延伸：读完一本书后，画出这个故事对自己的意义，在小组里与他人分享，先让别人说说他们从你的速写中看到什么意义，然后才说你自己的看法。

书面对话：用书写的方式进行对话，两人共享一张纸和一支笔，轮流针对一本书进行交谈。

故事图：画一个图呈现这个故事，图中要包含故事的构成要素。

时间线：做一条时间线，用来组织故事中的主要想法、事件，或联系其他历史事件。

（三）文学回应日志

文学回应是读者和文学作品之间直接的互动，而且是相当个人化的。一个人对某一篇作品所有的喜好、观点、情感和关联，通常是和另一个人相当不同的。阅读时，我们会将个人特殊的经验、背景和先备的知识，带到我们所读的书籍中，所以我们每个人对一篇故事或一首诗都会有独特的文学回应。

在文学回应日志中，学生会和故事以及作者有着个人层面的交互影响。如果学生对教师有相当的信赖，并且觉得在日志中的书写是安全的，他们就会写得很深入。针对学生的记录给予鼓励性、支持性的评论，而不是批改或评价，教师需要做的就是创造这样的日志写作环境。

文学回应日志的内容，能够帮助教师评估和发展学生的阅读能力和阅读行为。相似的日志回应模式，能使你知道谁在阅读和体验文学上需要加广或延伸。

至于学生针对故事或书籍所写的回应日志，可以有不同的样式与种类。下面列出的一些项目可作为学生回应的主要内容，教师可以参考这些项目，经由与学生讨论后加以增删，然后张贴在教室中，作为提醒学生记录日志时的参考。

文学回应可书写的项目：

- 认同故事诱发出的情感；
- 认同故事中所传递的重要信息；
- 重说故事或为故事做摘要；
- 将个人经验和故事做联结；

- 联结其他的书或是作者；

- 陈述自己的意见或偏好，并且提供论据；

- 对作者想法的诠释；

- 分析场景、情节、角色或主题等的特色；

- 分析文学的风格；

- 确认故事的主题，或将故事主题扩展到较大的世界；

- 进行预测或假设；

- 问一些自己关心的问题。

　　日志也应算是教室中读写活动的一部分。通过文学回应日志能整合语言学习和文学，并联结独立阅读和写作、文学讨论和技巧练习等课程。

　　课堂中实施文学日志的活动，可由读文学作品给学生听开始，选择作品时应考虑这些作品易于做有力的回应。教师在选择文学作品时可以参考的秘诀包括（Bromley，1993）：

　　（1）选择你喜欢且知道的书。对一本你所喜欢书的热情会显现且蔓延开来，你的学生可能会抓住你的热情且会随着迁移，这些都会在日志中呈现。

　　（2）选择能增加单元内容或增强学习领域深度的书。你可以在他们听课时为他们制造联结，并邀请他们将这些联结写在日志中。

　　（3）请学生提供选书的意见。当你使用他们喜爱的作者或作品时，你已让学生置身于所读的故事和所写的日志记录中了。

　　（4）选择书中主角和你的学生差不多年纪的书。如果书中角色和你学生的年纪差不多，或他们的背景、面对的情境相似，就算学生无法自己阅读，但学生仍能了解并喜爱这样的小说或故事。

（5）所有年龄层的学生都可以和他们分享图画书。"大声朗读"是值得做的，且能满足所有年龄层的经验。处理较复杂主旨或主题的图画书，受年纪大也受年纪小的读者欢迎。事实上，许多图画书包含困难的生字和概念，通过口语阅读，能同时分享给不同年龄的听众。

六、结语

文学要素的教学，目的不在于教会孩子关于角色、情节、场景等的相关知识或叙写技巧，而是希望通过从这些角度的探讨，引发或提升孩子阅读文学的乐趣。因此，在教学上不会太在意文字译码的过程，也不担心读得是否完全正确，而是把阅读文学当成问题的来源，让我们继续思考而非让我们接受解答，并且珍视因理解上的不同所形成的脑力激荡的讨论。

在方法上鼓励更丰富、更细致的回应，并且就着学生正在建立的口味和兴趣去讨论，可以将学生的回应作为师生进行文学讨论的核心，鼓励他们看到自己的回应，以及文本与他们自身经验的关联性。

当儿童读物走进了教学现场，下一步就看它如何在课堂里生根发芽了。

2004年发表于《语文和文学教学——从理论到实践》。

第八章

文学里的文化和空隙

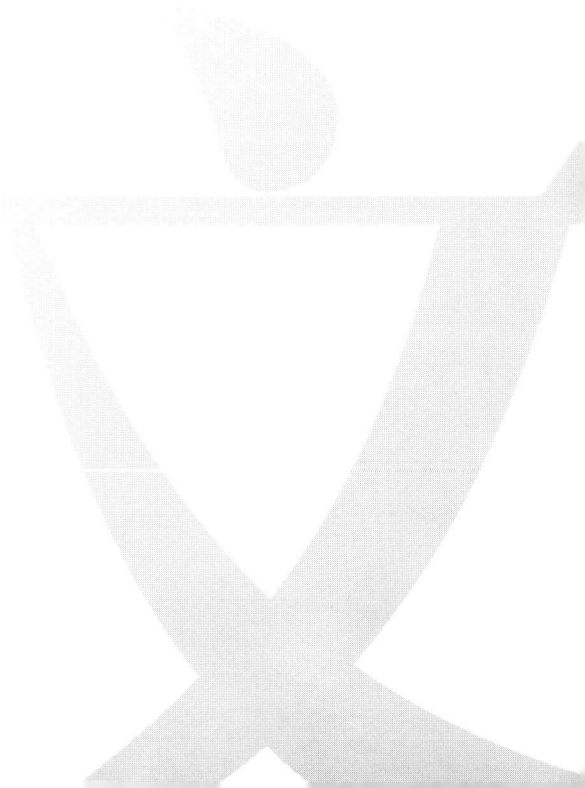

听完老师们的报告，我做了一个整理，现在把这些想法跟老师们分享。我想大家都看到了一个现象，就是以往我们的教学比较强调"老师怎么教"，而这次研讨会，我们看到整个大方向都在调整。我想海峡两岸暨香港、澳门，调整的方向都一样，我们开始重视"学生怎么学"。我觉得这是在教育上，回归到比较本质的层面来思考，毕竟学习者才是主体。所谓"教学"就是我们怎样帮助学生学到东西，这次我看到老师们都能把握这个方向。

另外提供一些建议，给大家参考。在教师教学的过程里，我觉得在台湾现在有比较大的问题，就是对于中国传统文化的接触机会逐渐减少。其中可能包含一些政治因素，今天我们不谈。另外一个因素，可能是对于西方事物的接触比较容易的缘故。现代是一个信息的时代，我想所有的孩子都是一样的，通过网络，通过出版，他们会接触更多外来事物。我记得郑教授谈过到底是先学文学再学语文，还是先学语文再学文学。我认为这两者应该是一起的，学习语文，同时也用语文来学习，所以会受到阅读信息、材料的影响。

再讨论另一个问题，到底什么是儿童文学？这个儿童是指谁？是不是有一个特定的对象？我看到大陆新的课程纲要，所规定的东西好像都蛮深的。之前，我阅读到教育学院所提供的教师设计的一些教案，以及刚才老师介绍的六年级新诗教学，大家都觉得学生可以理解。可是我有点担心，好像作品跟读者之间的距离远了点。文学作品跟读者间固然有空隙，阅读文学的乐趣就是可以填补这个空隙，但如果这个空隙太大，变成了老师必须教很多，学生才能懂，可能会影响学生阅读的兴趣，这是我的一个粗浅的看法。在台湾，像范姜老师，她用的诗很多，有相当一部分是外国的诗。我在读东西方诗歌时，真的有这样一个感觉，就是西方选给孩子看的诗，他们的视野真的是比较接近孩子的眼光，比较不沉重。

台湾的孩子对传统文化的接触是越来越少，令我感到忧心。但是另外一方面，看到香港、大陆的孩子接触传统文化很多，相较起来，接触西方的东西好像又少了一点，我想我们两边可以有一些平衡。

另外一方面，也是由这个问题引申而来的，刚才陈老师介绍说，调查中发现学生觉得写诗比写散文困难，我觉得这跟刚才提到的看法有些相关性。其实，我们说孩子是天生的诗人，按理说，如果没有那么多写诗的格式，写诗应该比写散文容易，因为有感觉的时候就能写，语言文字本来就是帮助我们表达的。写诗可以突破很多的限制，散文第一句跟第二句如果不能连在一起的时候，就会觉得文章不通顺，要表达的意思不清楚。可是，诗本来就可以跳跃，所以我比较好奇为什么孩子觉得写诗比写散文难。其中的原因可能就是以往的教学把诗给教难了，把诗抬得太高，好像只有少数人能做。如果说孩子是天生的诗人，我不希望经过教育之后，他变成一个只能欣赏诗，而不能创作诗的人，这是蛮可惜的。该如何把孩子的诗人性格保存下来？关键就在他学习语言时，敢于大胆地操弄这个语言，玩词语，玩句型，玩创意，假如教师能给孩子这方面的启发，孩子对于写诗就不会觉得那么困难。

教学活动的部分我们看到了老师花非常多的精力去思考如何以学生为本，如何以活动带孩子，而不是老师一直在教。刚才范姜老师所介绍的活动，有一些教学的活动及策略，事实上小学高年级甚至中学也是可以用的。只是在小学低年级，我们多用具体的图像来带领，例如她教学生画论据、意见的椅子，或者是做对照表。这些概念对高年级的学生，甚至中学的学生来讲也是一样需要的。

这篇文章是赵镜中先生2004年接受香港教育学院"课堂教学过程的取向与策略：语文和文学"研究计划的邀请，在"文学教学及语文教学"工作坊上就文学教学的看法发表的讲话，发表于《语文和文学教学——从理论到实践》。

第九章

语文学习领域的探究与省思

一、譬喻

"教育改革像月亮，初一十五不一样。"这是一个譬喻，反映出教师面对教育改革时的心情与思考，简明而传神。

譬喻是一种说明的方式，是指借由其他的字句来描述某件事情。在使用譬喻时，我们运用了意涵及类比的力量，经由意涵及类比唤起我们对某事件的感受。所以譬喻可以说是一个人的感觉、价值观、需求和信念的结合物。

语文教学的创新与改变已经谈了多少年，但是教师对语文"教"与"学"的思考仍陷入一团混沌。如今面对强调以能力为中心的教学，教师们又当如何去建构自己的教学观？诚如上述月亮的譬喻，教育势将随社会、政治、环境、思潮的更替而不断改革，但变中总有不变的部分。语文学习中不变的部分又是什么呢？说是不容易说清楚的，还是借用一个故事做譬喻来点拨一下：

在《花园》这则故事中，蟾蜍很羡慕青蛙有一座花园，于是青蛙送给他一包种子，心急的蟾蜍立刻将青蛙送给他的种子埋进土里，他不只对种子喊叫，还担心种子怕黑，点了蜡烛在一旁念故事给种子听。不只如此，在之后的三天，他唱歌、念诗以及演奏音乐给种子听，累坏的他不知不觉睡着了。青蛙发现种子幼嫩的芽从土里冒出来，立刻把蟾蜍叫醒，他们很开心，这里将有一座美丽的花园。

我以种花、经营一个花园来譬喻学习和教学。请各位教师先思考一下这个譬喻，你对它有什么感觉？你是否也有类似的譬喻可以用来说明自己的教学观或信念？你可以从过去的教学以及做学生的经验中搜集这一类的譬喻，这对澄清自己教学的观念和信念会有帮助。

二、语文学习领域的挑战

教育改革的过程中，最让教师感觉不习惯且难以适应的就是一些形式上的变革。但吊诡的是：这一部分却又是学校、教师最容易呈现出改革绩效的部分。至于教改的核心问题——教育理念的更新、落实，以及教师心智习性的调整等，则往往积习难改、旷日费时而难有成效。话虽如此，但形式的改变仍应有其象征的意义（当然，也可能有实质的意义），教师还是需要了解以便适应。

教育改革的目的在于适应世界趋势，培养 21 世纪所需的人才，而新世纪人才所应具备的基本能力明显地与 20 世纪有所不同，是故学校教育的内涵与形式势必将有所调整。就形式而言，原本的学科教学过度强调分化，缺乏统整，不足以应付新世纪日趋复杂的生活景况。因此，须将学科教学改换成领域的学习，以培养学生整体思考的能力。

另一方面，随着信息科技的发展，知识信息的传播无远弗届，知识的取得不再是问题，国际竞争的将是知识的创新与管理。换言之，未来社会重视的是活学活用的能力。因此，学校教育的内涵将顺此趋势重视学生能力的培养。

因此就形式与内涵观之，台湾九年一贯新课程在语文领域相较于旧的课程标准做了以下调整。

（一）教学时数的减少

新的课程纲要将语文领域区分为语文、乡土语文以及第二外语三部分（本文仅就语文部分加以说明）。

由于整体授课时数减少，语文授课时数相较于旧的课程时数明显减少，虽然说授课时数的多寡不必然代表学习效果的良窳，但毕竟丰富而大量的读写对语文学习是有帮助的。因此面对时数的减少，教师必须发挥"留白的艺术"。所谓"留白的艺术"即以教师的专业知识技能，配合课程纲要中的基本能力及学生条件，整理出各学年段学生学习的重点，建构出学校及自我的语教课程特色。简言之，即教重点而不是教课本。由此观之，传统以教教材为主的语文教学模式，已无法应付现今教学环境的改变，教师必须更具专业性与自主性，而不只是课程发展中负责下游执行的教书匠。

（二）以能力为导向的教学

跨入 21 世纪，我们的社会正经历一场广泛而深刻的变革，那就是伴随着微电子、计算机、电信、生物科技等新兴科技的彼此结合，以及相关基础科学的突飞猛进，所造就出的一个以知识为基石的社会。知识社会的来临迫使我们必须重新去思考：如何定义知识，如何看待知识，如何管理知识，更重要的是如何有效地学习与创新知识。

知识社会中，两个主要的枢纽能力——学习与创新，都需要从教育的根本着手改变。传统的教育方式是以专家归纳的所谓有效学习模式，来进行课程设计与教学，以提高孩子的成功率的。后工业时代教育的目标则完全不同，随着科技的发展，知识快速传递、知识加速累积等现象愈来愈明显，无可避免地对教育也产生了强烈的冲击，组织与创新成为后工业时代社会与教育所注重的能力。

联合国教科文组织在《教育——财富蕴藏其中》中提出未来教育的四大支柱：学会认知、学会做事、学会共同生活、学会生存（UNESCO，1996）。这四大教育支柱可说是未来教育的内涵和目标的重要指标。

知识社会的来临，对语文教育的冲击可从以下几个方面观察到：

（1）由于通信科技的发达，造成口语交谈重于书面沟通。

（2）强调功能性（实用性）的读写，不耐长篇大论。

（3）随视讯呈现形式的改变，网状阅读取代线性阅读（如视窗）。

（4）强调语文的创发性（如新词汇的产生）。

（5）重视信息取得与组织的能力。

这些现象有些已具体而微地浮现在社会里或教室中，不断地挑战着传统的语文教学理念。例如：计算机输入法 vs 笔顺笔画教学，多媒体教学 vs 单篇课文教学，新语汇的创发 vs 标准词语。

三、对语文教学的探究与省思

总括来说，新世纪语文教学的取向应是以培养语文能力为中心的教与学。语文能力不只是知识与技能，而是在知识学习和技能培养的基础上，进一步概括化、系统化，发展智力所形成的能力（施仲谋，1996）。因此，教师必须重新思考：什么样的条件（环境、教学方式等）才适合这样的语文能力发展？

（一）对语文教学的省思

当将学科教学改变为领域学习时，事实上已标志着未来的课程设计将更具统整性，更贴近生活，更以学习者为中心。

因此，在思考"什么情况下语文学习比较容易？"这个议题时，教师可以更具经验性地去观察和反省，找出对学生最有利的学习方式，而不必一味以专家规划的学科知识为主。以下提示一些观点供教师参考，或许在这样的条件背景下，语文学习有可能变得有趣而容易：

- 当语文学习与学习者生活经验相关的时候，语文学习会较容易。（真实、完整的语文）
- 当语文学习的内容具有生活和学习上的意义时，语文学习会较容易。（有意义的学习）
- 学习语文同时也通过语文学习到其他的新事物，语文学习的内容会较丰富而有趣。（统整学习）

- 尊重学习者个别的差异，将学习视为一种尝试错误的过程，孩子对语文学习会较有信心。（无所谓准备度、失败的问题）
- 语文学习有真实的作用。（社会互动）

基于以上的观点，教师进行语文课程教学规划的时候，可以从下面这几个角度多加思考：

- 提供大量读写的机会（虽然强调大量读写、创造读写环境，但仍需重视阅读的乐趣以及有意义的书写，才能真正引发学生学习的兴趣）。
- 多目的、多功能的读写教学（结合生活中不同目的、不同形式的阅读与书写活动，培养学生实用的技能）。
- 思维与讨论（重视学生思维能力的发展，通过对话、沟通，协助学生建构自我的意义与价值观）。
- 方法与策略的学习（针对不同目的、不同形式的阅读与书写活动，发展学生的解题能力，以及利用语文解决生活问题的能力）。

（二）教学实施——以语文能力为中心的教学

以下将就目前学校教学情况，提供两种语文教学的可能模式，供教师参考：

教材教学——以课本为主轴（可增减内容），思考教学内容与策略。每篇文章有不同的教学重点。

统整教学——以主题（含概念、议题等）为主，在主题探究过程中提示学习策略及语文知识、技能。

第一种模式仍是以教材教学为主，但教师有权顺应不同的教学目标与需要弹性调整。

教材是教学实施的重要媒介，教学是在教材、教师、学生这三个互动因素的构成中遂行的教育活动，在这个活动中，教师、学生是互为主客的双方，教材则是实现教与学的重要工具。就教师的角度而言，教师对教材的态度是"教'教材'"，还是"用'教材'教"？两种不同的教学观，教师在课程的设计安排上就会不同。就学生而言，学习虽然是受导作用与自主性学习并存的过程，但同样存在着是"学教材"还是"用教材来学习"两种不同的学习观。

所谓"教'教材'"（或"学'教材'"）是把教材自身当成了学习的目的，所以对教材必须精熟，它假设所有应学习的知识、技能都已包含在教材中，教师的责任是将教材里的知识传授给学生，学生则以把教材读通、读熟为职责。反之，"用'教材'教"（或用'教材'学"），教材本身只是学习的课题或媒介物，提示教师应当教授的项目、要点，而学生则通过教材的学习获得一定的知识、技能，以及学习的手段与方法。

两相比较，"用'教材'教（学）"似乎更妥帖地表现了在教学过程中教材的性格与功能，而这也更符合新课程的精神。事实上，教材本身一定有它的局限性（例如：课文的内容、深浅是否适合每个学童？课程的编排理念是否能符合每个学童的发展与教师的教学理念？教材编制受限于成本的考量是否能满足师生的需求？等等）。因此教师在选用教材时，必须考量教材编辑的教学理念是否与自己相符，在教学实施时更应清楚设定教学的目标与策略（一般教科书虽附有教学指引供教师参考，但教师仍需依自身班级情况斟酌调整），适时地调整与补充。而不应像以往，以教教材为主，每课均进行同样的教学内容与流程。切记，学生需要的是大量而丰富的读写环境，以及有意义和有策略的学习。

第二种模式则是跳出教材的拘囿，以学生有兴趣的主题或学生应当发展的能力为主轴，设计统整的教学活动。

理想的统整教学设计，首先应思考学生学习的内在和外在条件，再进行活动的设计。所考虑因素包含：（1）学生的先备经验、知识；（2）教师在此课程中想带领学生学习的知识、技能、策略；（3）学生想学的内容是什么。

此外，统整教学非常重视功能性的学习。所谓的功能性指的是语文在个人与社会中所产生的互动、沟通等实际作用或目的。换句话说，语文的学习活动应是搭配着沟通、理解、娱乐、解决问题等真实的目的而进行的。所以在这样的统整教学活动中，自然会出现诸如文学特质的讨论、阅读形式与阅读理解的练习、语文与生活的联系、读写结合的操作等活动。在这样的活动中内容（各种知识内容）与形式（语文的形式）是并重的，语文学习是通过真实而有意义的活动来完成的，而通过语文也使各学科内容更丰富。

当然，要求这样的课程设计，对现行教师在工作内容过度繁杂的情况下，可算是一种高难度的挑战，但这总是一个理想方向，值得追求。而在实施上，教师可以结合教材教学，以现有教材做适度的扩编或延伸来达到统整教学的目的。另一方面，也可将教材教学与统整教学搭配实施，一个学期内除教材教学外，可进行一至两个主题统整的教学。

四、建构语文"教与学"的新关系

还记得一开始所提到的那个故事譬喻吗？在这个譬喻里，教师就好像一位尽职而又心焦的园丁，恨不得种子一天就长大，虽然没有揠苗助长地去伤害幼苗，但宵衣旰食却也伤了自己。青蛙在此说得好："让阳光照着他们，让雨水淋着他们，不久你的种子就会长大了。"学习（或成长）确实是无法一蹴可及的，它需要一点时间（没有进度的压力）与空间（多一些可能的方式），需要一点引导（搭一个攀爬的鹰架）与等待（从错误中成长），最后终会有所收获的。

语文学习何尝不是如此。随着新思维的发展，面对新时代的挑战，教师确实有必要重新去思考语文课程中"教与学"的新关系，以便构作出更适合儿童学习的环境。

本文完成于 2005 年。

■ 第十章

儿童文学教学的变奏与协奏

一、前言

"三年坡"是一个韩国的民间故事，当一群小学二年级学生阅读到故事中聪明的小孩建议老人到山坡上多摔几跤，就能长命百岁时，小朋友开始七嘴八舌地讨论起来：

"为什么是摔一跤活三年，摔两跤活六年，越摔活得越久？""故事里是这样说的啊！"

"是那小孩说的！为什么不是摔一跤活三年，摔两跤就只能活一年半，越摔活得越短？"

"对啊！那该怎么办呢？"教室里一时间嘈杂了起来。

突然有个孩子大声说："啊！我知道了，我会在第三年的最后一天才去三年坡摔跤，如果是越摔活得越久，那我就可以长命百岁了。如果是越摔活得越短，那也没关系，反正只少活一天而已！"

"三年坡"这个故事反映的是：如何去面对生活中一些不知来由的禁忌？故事通过一个小孩的机巧，解除了这条禁忌的魔咒。但是当学生一起阅读这个故事时，却引发了对故事合理性的探讨。学生们以纯真、开放、不受拘囿的心灵，对故事进行了一次颠覆式的思考。

这样的讨论对话，有助于学生语言和思维的发展，但是这样的讨论发生在学校语文教学课堂的机会，却是相当的少。因为学校的语文课程里使用的是教科书，教科书所编写的课文不同于儿童文学作品，这些课文是为了特定的语文教学目的所设计的，通常内容较为贫乏，说理明白，又不具故事性，因此学生阅读及讨论的意愿不高。反倒是坊间的各类图画书、故事书、小说深受学生的喜爱，成为学生课外阅读的主流。

但是，另一方面，儿童文学作为课外阅读材料，一般教师大多是要求学生读完后，做些佳句摘录、心得感想的功课，就算完成，似乎与语文学习搭不上任何关系，顶多当成评量考核的一项工具。事实上，儿童文学在语文教学上可以发挥的功能非常大，对学生心智的成长，也扮演着非常重要的角色。

虽然随着阅读运动的开展，以及教师自编教材的开放，图画书、故事、小说、童诗集这些儿童文学作品逐渐进入教室课堂，但是儿童文学作品在进入教学现场时，面对了哪些挑战？教师、学生是如何看待这些作品的？教学上又是如何使用这些作品的？这些都是值得探讨的问题。这些问题的探讨所触动的不只是学生一学期要读几本儿童文学作品、图书馆如何推广阅读活动等表象问题而已，它所应探究的该是更深层的关于语文课程的理念、教材使用的方式，乃至于教学活动的设计等问题。因此，本论文即以"儿童文学如何进入语文教学现场"为主要论述焦点。

本文想要探讨与论述的重点有三部分：

第一，对儿童文学进入教学现场的困境加以检视。

第二，提出儿童文学作品与课文的差异点，并说明为什么儿童文学可以作为语文教学的主要教材。

第三，提出儿童文学在语文教学上的理想做法。

二、发现协奏与变奏

如果把儿童文学作品当作一首首乐章，当它进入课堂教学时，就仿佛是一场音乐会，课堂就是演奏厅，教师、学生都是演出者。教师好比是乐团的指挥，他可以和学生协奏出优美的文学乐章，也可以脱离主旋律，演出一场文学变奏曲。

协奏

当《哈利·波特》的旋风吹袭台湾的时候，双峰小学的范姜老师，带领五年乙班的学生以《哈利·波特》这本畅销小说为对象，开展了一次小说教学活动。在进行完一系列的读写活动后，老师要学生写下自己在整个活动中以及制作"哈利·波特续集"时的感受，班上一位学生在自己创作的小书序言中这样写道：

这是一本花了5个小时做出来的书，里面有各式各样的学习单和哈利·波特的续集，这是一本好书，希望你会喜欢！（因为我已经尽全力了）

在《哈利·波特》中我找到了许多东西，分别是愉快、欢乐和一些不同的快乐，这种快乐让我在看《哈利·波特》就算落后9个单元的情况下，依然感觉不到任何沮丧与哀伤，这也许是我的错觉，但这种快乐慢慢轻轻地拉我进了魔法学校。

变奏一

有一次笔者到实验学校进行课堂观察，下课的时候，几个学生围着我，悄悄地对我说：

"教授，拜托你下次编课本的时候，不要挑那么长的文章当课文好不好！"学生夸张地把两臂张开，比画着。

"虽然那些故事很好看、很有趣，可是每次老师在圈写生字新词的时候，吓死人的多喔！"

另一个同学说："还有，上个星期读侯文咏的小说《单车记》，真的很有趣。可是后来老师要我们写段落大意，天哪！教授你知道吗？总共有32段耶！快写死人了，而且写完也不知道在说些什么。拜托教授，下次课文短一点比较好。"

"嘶——！"我倒抽一口冷气，"小说要写段落大意？？？"

小说要怎么教？这个问题对于大多数台湾的小学教师（可能包含中学教师）而言，可能是从来没有想过的问题，也可能是不需要想的问题，因为在小学（或中学）的教科书里很少出现小说这类的文章。所以当语文实验教材中放入了一篇完整的小说时，出现上述这种通过段落大意来归纳出篇章大意的教学现象，也就不足为奇了。

现行的语文教学课堂中，教科书中的课文是学生学习语文的主要（甚至是唯一）材料，教师认为课文的学习必须通过教师的带领，学生才能学到东西。所以，每一篇课文都需要精读，一字一句慢慢地教过去。配合这样的教学理念及教科书的使用，也发展出一套固定的教学模式和流程，即所谓的语文科混合教学模式。但是从上述现象中，可以发现阅读的兴趣对学生主动学习的影响，也可以发现贴近学生生活经验的儿童文学作品对他们的吸引力是无与伦比的。所以传统的语文教学不论是在教材内容的选择上，或是在教学的方法上都面临重新调整的要求。

这几年在台湾，随着教改风潮的兴起，以及儿童出版的蓬勃发展，再加上有关部门对课程研发的推动，儿童文学在语文教学现场的使用益趋普遍。此固然是一个可喜的现象，但另一方面，由于教师受限于传统语文教学的观念和做法，虽然在教材上开放了，但教学上仍是固守着旧有的思维，因此就会出现上述怪异的教学现象。

深究这些现象产生的原因，必须适度厘清儿童文学在语文教学上的功能、目标，并重新思考儿童文学的教学方法。儿童文学的教学目标，笔者以为可以归结为两大要项：

（1）文学的对话（沟通、互动与回应），这包含：读者与文本、读者与作者之间的对话；读者与读者之间的对话，这是一种文本交流的对话，也是一种心灵的对话。这两种对话构成了阅读上的互文性，建立起有关该文本的关系网络。

（2）发展理解与欣赏的策略，学习文学对话的技巧，协助学生发展一套理解阅读经验的语言以及一套对文学诠释的体系。

至于儿童文学的教学方法，则应采取全语言和读者回应理论的观点来设计教学活动，重视阅读的过程而非阅读所得到的信息，注意个人感受和理解的差异。

三、儿童文学进入教学现场的困境

儿童文学要进入现行的语文教学现场所面临的困境可从两方面来说明：第一个层面是关于教科书的限制，这主要关涉教科书编辑与设计的理念问题。第二个层面则是关于语文教学上的限制，这主要关涉教师的教学理念及如何使用教材的问题。

首先探讨关于教科书编制的若干限制。在探讨之前，先来看一个教科书的编辑实例。

变奏二

在编辑五年级的语文实验教材时，编辑委员针对《花一把》这首诗进行讨论。

花一把

花一朵好看
花一山好看
花一盆还好
花一把
就笨了
除非你拿它去送人

经过讨论后，大家都觉得这首诗可以放进教材中。但是过了一会儿，突然有位委员说：可能要再考虑一下，因为这首诗没有生字，那老师要教什么？

从这则案例中可以看出，以传统语文教学观念套用在文学上所出现的迷思。当成人假设儿童在阅读作品时会如何反应，因而判断儿童应不应该、适不适合、喜不喜欢某一篇作品时，其实是冒了一个很大的风险，因为这样的假设常常出错，因为通常这样的假设所考虑的往往是一篇文章的文字难易、内容意象的真实与虚构等，以此作为判别标准，其实背后所隐含的观念仍是阅读就是认字识词，语文教学的责任就是扩充孩子的识字量、词汇量。但是有时候难字新词并不会妨碍读者的阅读，以及对作品的喜好。更积极地说，如果不需要完全理解作品中的字词就能体会作品的乐趣，那为什么不让孩子快乐地去读，而非要将阅读变成枯燥的语文学习工具，限制阅读的方式与目的呢！

长久以来，对于语文教学有两种不同的理念取向。一种是全语言取向，是以意义为导向的语文教学观。认为编序化的技巧练习和教科书所呈现的语言形式是不科学化的，剥夺了学生建设性阅读和书写的机会（李连珠，2000）。在语言的读写教学上强调应采取整体的做法，而非将特定的技能逐一教给学生。由于对意义的关注，使得他们对只重视译码技能，而不关心学生兴趣的教学进行了强烈的质疑，进而主张以真实、有意义的文本作为学生学习的材料，特别是儿童文学作品。

另一种是技能取向的语文教学观，强调语文学习的过程是由细节发展至整体的机制，语文教学就是帮助学生分步练习，逐一精熟一些各自独立的技能（discrete skill）。最能配合此种技能取向的教材称之为"基础读本"（basal reader），这些教材是循着一个渐进式的技能发展模式设计的，以确保学生能循序渐进地习得特定的读写技能。依照这样的理念所编辑出来的教科书，其中的作品（或称课文）往往是在一定的限制框架下重新撰写出来的。以下面这篇课文为例：

今 天

今天是不上学的日子，我起来的时候不早了，爸爸妈妈都起来了。妈妈把屋子院子打扫得干干净净，爸爸到院子里去浇花，太阳在天上高高地照着，我们的家看起来好干净、好美丽、好温暖。

爸爸说："我们今天出去玩玩。"我问爸爸到哪儿去玩，妈妈说："到我妈妈家去玩好不好？我有很多日子没看见老人家了。"我们都说好好好，小狗跑来跑去，小猫跳来跳去，都很高兴要跟我们一起去。

我说："不过妈妈的老家很远。"爸爸说："路远不要怕，我们快快地，马上就到了。"

妈妈的老家院子好大，绿的树、红的花，树上有小鸟飞来，屋子里有小白兔，窗口放着一把米，一小杯水，都是给小鸟吃的喝的。

我们要回家了，外婆说："今天玩了一天，明天要早起到学校，好好读书写字。"

我们过了美好的一天，下回我还要再来。

这篇文章不论是从叙写的技巧，或是遣词用字的能力来看，都不能算是一篇好文章，甚至会以为这是某个小朋友的试写文章，但其实这是儿童文学名家林海音先生为一年级教材所编写的课文。为什么会这样呢？一位文学名家为什么会写出这样的文章？这就是要配合编辑理念的要求（限制字数及只能使用已习写过的字）所导致的结果，有人戏称这类的文章为教科书文体。

由于儿童文学作品并非为教科书特殊的目的所创作，所以儿童文学要进入教学现场有它在教学及编辑理念上的冲突与限制。另外，就算理念上能接受儿童文学作品的非结构性、非编序性的特色，但在实务的编辑上，要让儿童文学进入教科书仍有困难。主要的困难还是在于文长和体例上的限制：小说由于文长，教材就不可能放进原文，因此有些教科书就采取原著改写的方式，例如《小王子》这本书经改写后成为一篇不伦不类的怪文章。又如图画书，图和文的搭配是这类书籍相当重要的一部分，翻页有时也是阅读的乐趣所在，而语文教学正可以利用这种假设、猜测、印证的过程来发展学生阅读的能力。但受限于教科书的版面、页数，这部分也几乎不可能达成。

其次，再来探讨关于语文教学理念与实务上的限制。同样的，再从一个实际的案例现象开始。

变奏三

一年级的语文实验教材里，选用了一首童诗《把眼睛打开》。

把眼睛打开
我看见天空
把耳朵打开
我听见花开了

把窗户打开

风进来了

香香的

某教授撰文评论说：这首诗千万不能给学生读，因为这首诗传递了两个错误的信息。首先，眼睛可以打开，但是耳朵怎么打开？根本不可能。其次，花开怎么会有声音，而且就算有声音，人的耳朵也是听不到的。所以诗里所说的全是错误的，违背科学知识，不应该提供这首诗给学生读。

持技能取向语文教学观的编者和教师，将教科书中的课文当作学生认知及语文技巧发展的主要资源，教学的重点多放在字、词汇、句型、篇章结构及内容知识的教学上，忽略文学本身及文学阅读的乐趣。因此，在阅读文学作品时才会把注意力放在科学知识的正确与否上。

文学的教学除了知识外，更重要的就是素养教育。知识使我们得以看见生活的世界，素养才能使我们看见那原本看不见的另一个世界。因此，儿童文学的教学，不是要把作品单纯地当成认知和语文技巧发展的资源，或是知识和文化传承的传递工具，而是希望通过教学丰富学生的文学经验，使学生成为一个有感受力的读者。

此外，儿童文学进入教学现场，还面临另一个与教师教学实务有关的问题。即便是教师同意使用儿童文学作品（或称儿童读物）作为教科书之外的补充教材，但教师仍有所担心，因为教科书是人手一册，儿童读物不可能每人一册，经费上有困难，因此教师担心会造成学习上的不公平现象。这样的担心看起来似乎确实需要注意，但仔细解析起来，其实问题关键还是在于教师已习惯于统一的教材教学模式，不知如何进行多文本的阅读教学。全班人手一册的教科书，看似公平，但实际上也只是一个齐头式的假平等。有些老师会因此要求全班学生购买同一本儿童读物作为补充教材，以示公平。这种现象反映出教师还是认为相关的语文知识技能必须由教师带领学生才能学到，如此做法与教科书教学无异，只是换了一本较丰富、较有趣的课本而已，学生非但没有机会大量阅读不同的作品，学习的内容也还是固着在固定的材料中。

以上所谈的是儿童文学进入教学现场所面临的一些挑战，这些困境有些只需要在做法上略做改变、调整就能解决，如解除教材的魔咒，将儿童文学作品适时地纳进语文的课程中，当成教材的一部分。又如在编辑教科书时，适度收录优良的儿童文学作品，而不全以技能、知识作为唯一的取材考量。有些则必须从语文教学的根本信念上着手，才有可能改变，使儿童文学顺利进入教学现场，如重新思考文学教学的目标和活动方式，让教师了解阅读文学的目的不在于学习其他专家如何阅读和理解，而忽略个人感受和理解的差异等。

接下来将分析儿童文学作品与教科书课文之间的差异。

四、为什么需要儿童文学？课文不行吗？

文学是否适合作为语文学习的教材？这对于中学及大学的学生来说，似乎根本不成问题。中学和大学的语文课程，所使用的教材本就是文学选辑而成的。但是对于小学生而言，由于正处在学习书面语言的阶段，对于如何更有效地学会一套语言符号系统，不同的语文教学理论就导引出了不同的教材观。

在台湾，语文教学长久以来即属于技能取向，因此有统一的教材及固定的教学步骤与程序。

在探讨儿童文学与语文教学的关系时，有必要就儿童文学作品及教材中的课文做比较，分析其间的差异得失。首先，就教科书中所编写的课文谈起，一般课文具有以下特点：

（1）课文主要的目的是设计来教学生读书与识字的。

（2）因考虑到学生识字量及学习量的限制，课文一般不能太长。低年级课文受学生识字量的影响，有时并不成文，只是一些句子的组合。

（3）配合学生习写字量的限制，课文中的用词不会太艰深，每课的习写字量也有一定的限制。

（4）课与课之间没有明显的程度及长短的差异。

（5）课文多为配合单元主题重新撰写，且为集体创作，往往去除了作者个人的风格（甚至没有作者）。

（6）由于文长受到限制，课文常是一种去情境化的文本。

（7）课文的主题一般来说非常明确、正向，同质性高，文类也清楚。

（8）以文为主，插图只是为美化版面，不具有协助学习的功能。

相较于课文是针对语文教学的特定目标所编写的，儿童文学作品在创作之初，并不会思考到特定的语文学习目标或功能。但由于儿童文学的文本确实能为儿童营造出专属的天地，并唤起他们不同于其他文学形式的情绪与感觉（刘凤芯译，2000），因此，在儿童的学习成长之路上是有其功能与意义的。儿童文学所指范围包含诗歌、故事、图画书、小说等形式，基本上均具有以下特色：

（1）故事内容提供丰富而多层次的意义，呈现在文章中或交织在图与文的细节里。

（2）提供了叙述的复杂性，让阅读者有深入分析的可能性。

（3）文字或图像容易唤起特定的情境，同时也唤起特定的语言对话形式。

（4）借文字与图像信息间丰富的互文性展现其功效，使得图画书成为提供给初学的读者最有力的媒介，协助孩子主动建构意义，特别是当小孩与有技能的成人读者一起阅读时。

（5）有些作品用幽默、节奏、对话等方式来吸引读者，借此促使读者思考、反省自己的经验。

（6）故事意义的精微处不是那么明显可见，能吸引读者反复阅读，仔细留意视觉图像或文字风格，逐渐发展出对文章的回应。

（7）故事之所以能抓住读者的注意力，凭借的不是故事的长度或情节的复杂性，而是读者在形塑文章意义过程里所体验到的快乐。

从以上针对教科书中的课文和儿童文学作品的特色比较，可以发现这两类文本明显的不同。但作为语文学习的材料，还需从学习者（即学生）的观点来考量。为回答"为什么用儿童文学，而不用课文"这个问题，可以从以下四个主要的方面来说明。

（一）能激发学生阅读的兴趣

儿童文学作品将贴近孩子的生活内容，如友情、恐惧、变化、梦想等作为创作的主题，以有趣的方式、不同种类的叙写形式与表现手法来呈现，容易激起学生的学习热情。优秀的文学作品不单注重表现人们的生活体验，帮助儿童发展出同理心，也留心儿童在面对有关传统、发展、接续等新认同问题时，如何寻找出意义，学生容易被感动从而激发阅读的兴趣。

（二）示范语言及文学的手法

儿童文学作品在思维和文字难度上符合学生的学习特点，阅读作品时学生能在完整的语境中掌握不同的词语，还能学习到许多语法、句型和文学表现的技巧，并从文学大师的佳作中体会到语言的妙用。这要比从枯燥的课文中圈选生字、新词、优美词句来学习，要有趣多了。此外，好的儿童文学作品，绝不是简化了的成人文学，它具备文学作品应有的各项要素，提供作者、叙事者、角色关系间的深刻洞察，也使用相同的文学手法，学生在阅读儿童义学作品时，一样可以学到人物、情节、场景、主题、观点、文笔、语气等文学特性（吴敏而，2001）。另一方面，图画书的视觉要素有助于我们对图像深入地批判阅读，插图也能协助将故事视觉化，有助于年纪较小的读者"看到"故事。

（三）丰富学生的想象力

想象力是人类的重要能力之一，也是创造性思维的基础，文学作品为学生进行创造性思维提供了丰富的材料。阅读文学作品时，读者进入了作者所虚拟的世界里，随着故事情节的推演，经由想象，除了感受到那个世界或文化里所发生的事情，还可以了解另一个世界或文化里不同的想法。所以说，阅读文学作品使读者得以充分发挥自己的想象力，尽情遨游在作品创造的想象世界中，理解及欣赏人类经验的多元性与普遍性，认识多元文化社会里自己与他人的关系。

（四）促进学生对话与合作

语言是社会的产物，只有经常使用语言，才能把语言学得好。学习文学作品，学生有了使用语言的良好机会，因为阅读文学作品主要的乐趣之一就是对话，学生需要彼此对话，讨论作品的意义。另外，组织学生以文学作品为中心，进行对话、交流，和他人分享自己的想法，也可以帮助学生更深刻地理解作品，并把作品中的观点和自己的观点、经验结合起来，超越作品本身，创作自己的作品。

五、作品、教师与学生的协奏——儿童文学的教学

如前面各段所述，儿童文学作品进入教学现场，它的性质与课文完全不同，在教学方法上所蕴含的教学理念也与课文教学的理念不尽相同，所以使用儿童文学教学，就不应该再以传统技能取向的观点来设计课程。那么一个理想的儿童文学教学图像是怎样的呢？以下将从读者反应理论及交易式社会心理语言学的阅读理论，来铺陈出理想的儿童文学教学方式——一种读者与作品、作者合作互动的协奏。

（一）交易式社会心理语言学的阅读理论

关于阅读理论、阅读教学及语言学的研究，近 30 年来已取得了相当辉煌的成果，并建立了坚固的知识基础。其中主要的研究成果之一，就是对于"阅读是一个交易的过程"（reading is a transactional process）（洪月女译，1998）这个看法有了更深入的了解。在这个观点下，所谓的"文本"指涉的是一种"意义的可能性"（Goodman，1996a）。这个意义并未固定在文本中，而是存在于文本、读者及作者间。在阅读的行为中，读者带着个人有关语言的知识及独特的经验从文本中建构出意义。因此，阅读不仅阅读文字，同时也阅读这个世界（Freire & Macedo，1987）。

K. 古德曼（Goodman，1996b）使用"了解中"（comprehending）而非"已了解"（comprehension）来强调读者在阅读过程中主动建构意义的现象。他指出，阅读是一个动态、建构的过程，牵涉读者与文本间的协商与沟通。他强调阅读不是"发现"意义，

而是"创造"意义。Y. 古德曼（1987）指出，这个阅读模式反映出一个交易式心理语言与社会语言的阅读观点。这个观点视阅读过程既不是由下而上，也不是由上而下，也不是互动的，而是交易（transactional）或是转化（transformational）的过程。

（二）读者反应理论

读者反应理论在近代文学阅读的理论中，占有重要的地位，它是从文学批评的领域发展而来的，其中以罗森布莱特（Rosenblatt）最具代表性。读者反应理论强调每个读者都是带着他们独特的语言知识及文化背景来阅读文本的，所以每个读者诠释的独特性必须受到尊重。

罗森布莱特采用杜威及宾特利（Dewey & Bentley，1949）的说法，将"交易"的概念引入文学。罗森布莱特指出阅读所获致的意义是读者个人对文本的诠释，而非作者原来的设想。因此他主张，文学不仅是文本，而且是由读者建构出来的意义。这样的想法明显地挑战了传统有关读者与文本关系的看法。关于建构理论，弗勒德和拉普（Flood & Lapp，1991）提出了四个基本立论：

（1）文学作品的意义存在于读者与文本的交易过程中。

（2）文学作品的意义并非被包含在一个静止的文本中。

（3）因为每个读者都是独特的，所以不同的读者对相同文本的理解会有不同。

（4）读者个人对文本的反应是建构意义关键性的要素。

另外，这种交易和建构的观点，高度重视美学的立场和读者个人的反应，罗森布莱特（1989）指出人们是在"美学"（aesthetic）和"知识"（efferent）这两种态度的连续作用中阅读的。在"美学"的交易中，读者的注意力集中在阅读的乐趣上。在"知识"的交易中，读者所关注的焦点在于从文本上取得的信息。根据罗森布莱特的说法，这两个立场并不是相互排斥的，因为读者可能是在两种态度间游移。罗森布莱特更进一步主张，美学应该是阅读文学作品时主要的态度。换句话说，阅读文学作品主要应该是为了获得愉快的阅读经验，为了享受阅读而非为了学习技巧。

罗森布莱特（1978）也主张，对于文学作品的回应，个人的反应虽然是主要的，但非全部。他建议读者应首先分享自己的反应，然后通过与其他读者的对话来检视自己与别人的反应，以此平衡自己的意义与自己、别人共同的意义。因此，读者之间的对话是应该被鼓励的，以免读者掉进狭隘地追求正确诠释而忽略其他声音的危险境地。

（三）儿童文学的教学

将以上两种关于阅读的理论应用在语言与文学的教育课程中，应可勾勒出一幅理想的文学教学图像。要营造这样一个理想的文学教学图像，可以从以下两方面着手。

1. 教材的选择

（1）使用高质量的文学作品。

高质量的儿童文学作品对帮助学生发展读写能力是非常重

要的，儿童应该从阅读大量不同作者的作品中，学习不同的写作风格及思考风格。学生或许读得不好，但并不表示学生没有能力理解和欣赏复杂文本的内容（刘凤芯译，2000），不要因为学生缺乏文本的译码技巧，而剥夺了学生阅读高质量作品的权利，阅读的欲望会逼着我们去挑选好的作品来读。

（2）阅读真实的作品。

使用作者的原作而非简化的课文当教材。教科书的课文通常是简化的作品，原意是希望降低阅读难度，但事实上却增大了阅读的难度。因为一篇简化的文章，省略了细节，也因此降低了可预测度。而当一篇文章的可预测度降低时，阅读的困难度则相对提高。

（3）阅读多元文本。

学习与了解，是一个搜寻及建构意义的过程。读者在阅读多元文本时，能扩大他们对每一篇文本的了解，同时也被鼓励做深入的思考，这是读单篇文本所无法做到的。借着多元文本的阅读，读者可以联系书中经验与生活经验、联系不同作家观点，从建立新的关联中创造新的意义（Short，1991）。

（4）提供不同的文学经验。

借此发展批判性阅读技巧，培养学生对作品形态差异的了解，提供不同类型、不同繁复层面的作品给学生阅读，让学生了解他们的回应其实与文化和社会有密切的关联，也让学生从大人决定孩子可以或应该喜欢什么的权威中解放出来。

2. 教学的实施

（1）教学必须反映读者的多样性。

读者和文本间的反应与关联是由个人背景形塑而成的，因此教学应该尊重每一个读者的文化差异与独特性。

（2）研究文学而非技巧。

文学研究应该强调美感转化、个人联结与投射，而不是只研究技巧与知识。例如：各种文学回应的方式的练习，但要注意的是切入时的精神，否则练习将成为麻烦的功课。

（3）回到文本。

文章内容提供理解整体意义的可能性（meaning potential），以及各种支援阅读的线索，所以读者从阅读完整的文章中，不但可以认识文本中特定的文字、词语、句型或意象，也可以学习如何利用线索阅读，思考文本中不同的选择，注意文本中特定的知识与假设。

（4）鼓励讨论团体。

通过投射、分享及讨论，学生会意识到他们对文学作品的回应是如何反映出他们自己的心理定位的。鼓励学生在团体中讨论关于他们对于这篇文章的种种反应，使学生对自己、他人及文章能有较深入与丰富的了解。

（5）享受文学的乐趣优先于教学目的。

罗森布莱特（1978，1989）强调阅读文学应着重于阅读经验的享受。他特别提出这个观点，是因为他发现许多教师将文学作品用于教学时，太过强调知识的教导，而忽略了美感的经验分享。基于此观点，读者个人经验是应该被鼓励、尊重的，并以此为起点，了解自己、了解别人。教师需了解，拥有阐释文本权力的人是读者，而非教师。

六、代结语——当儿童文学进入教学现场的同时

儿童文学进入教学现场，不单是课堂的教学材料改换成儿童文学作品，以及教学活动的调整而已，更重要的是，希望借由儿童文学的阅读、教学，培养学生养成阅读的习惯，学会阅读的技能，成为一位真正的阅读者。因此课堂中阅读环境的营造，成为另一个影响儿童文学是否能全面进入教学现场的重要因素，所以在本文的结语处对于这一点再略加说明。

阅读环境与氛围的营造，对提升阅读的兴趣是有决定性影响的。所以如何善用班级教室有限的空间，规划出舒适而又方便的阅读环境，也在考验教师空间规划的能力与根本的教学理念。

阅读环境的营造可从两个方向来思考：空间的规划与书籍的陈设。关于空间的规划，班级教室可以区隔出若干具有不同功能的角落，通过适当的动线安排与美化（如插一盆花、铺上桌巾），将使原本呆板的教室成为具多功能而又舒适的阅读环境。书籍陈设应以方便学生取用为原则，并可依不同的目的、功能将书籍做适当的分类，以吸引读者选取阅读。

准此原则，有关阅读环境的营造，有以下几点具体建议：

（1）班级图书的来源：
· 教师自己长期搜集的书；
· 学生每月提供给班级共享的书；
· 图书馆借用的书。
（2）出版书讯及计算机网络的建置。
推荐给学生的优良读物或新书资讯。

（3）主题区的设置。

除一般书的陈设外，又可依作家、画家或配合教学主题、概念设置主题区，陈列图书、录音带，或做新书介绍。

（4）读者剧场的设立。

为向阅读者提供发表、对谈的机会，可不定时地设立读者剧场，让读者以各种方式呈现、表达自己的观点与想法。

（5）学生作品展示区。

建立教室是学生表演舞台的观念，充分利用教室空间，提供学生展示自己的作品或创作成果的平台。

本文完成于 2006 年。

第十一章

文学与语言的协奏

一、在文学欣赏中学习语言，在语言学习中欣赏文学

语言的学习不只是通过文学，还有社会性的语言、知识性的语言需要学习。但是，不容否认的是文学为语言学习者提供了生动的语言内涵和氛围，以及高质量的语言模板，同时也为学习者提供了关联自己经验和观点的想象空间。

文学的学习除了知识外，更重要的就是素养的教育。知识使我们得以看见生活的世界，素养才能使我们看见那原本看不见的另一个世界，看见那现实背面更贴近生命本真的美、善和真。因此，文学的教学，不是要把作品单纯地当成认知和语文技巧发展的资源，或是知识和文化传承的工具，而是希望通过教学，丰富学生的文学经验，使学生成为一个有感受力的读者。

为此，文学的教学应该着重个别读者的文学经验与回应，鼓励学生主动介入阅读的过程，协助他们发展自我特定的阅读态度与技巧。当然，我们也希望学生能够意识到作品传达个别经验的方法，了解作家创作的风格，以及如何组织文字与事件创造出动人的故事。

当坊间儿童文学出版物如雨后春笋般不断推陈出新，信息网络的触角不断深入每个人的生活中时，如何避免招致"用绘本或故事来教学，只是一种花哨的活动，有趣、好玩但学不到什么"的嘲讽？它所触动的反省应不只是学生一学期要读几本课外书、图书馆如何推广阅读活动等表象问题而已，它所探究的应是更深层的教师教学习性，以及大环境中对语文学习、儿童文学的种种迷思。

事实上，徒有文学的文本，并不表示课堂里儿童就能享受阅读文学的乐趣。相反，若切入的精神不当，文学作品进入教学现场则可能引发另一场灾难。这乃肇因于对语文学习的若干迷思，而使文学的教学出现了变奏。如何回归文学教学的基调，在师生合作协奏下，演奏出一曲动人的乐章，是语文教学工作者需要思考的问题。

二、文学知识和读写技能的双修

文学作为语言学习的教材，具有以下三个特点。

（一）高品质的语言范本

儿童文学作品在思维和文字难度上符合学生的学习特点，阅读作品时学生能在完整的语境中掌握不同的词语，还能学习到许多语法、句型和文学表现的技巧，并从文学大师的佳作中体会到语言的妙用。这要比从枯燥的课文中圈选生字、新词、优美词句来学习有趣多了。此外，好的儿童文学作品，绝不是简化了的成人文学，它具备文学作品应有的各项要素，提供作者、叙事者、角色关系间的深刻洞察，也使用相同的文学手法，学生在阅读儿童文学作品时，一样可以学到人物、情节、场景、主题、观点、文笔、语气等文学特性。同时，图画书的视觉要素有助于我们对图像进行深入的批判阅读，插图也能协助学生将故事视觉化，有助于年纪较小的读者"看到"故事。

例如：《两兄弟》一文，托尔斯泰巧妙地运用关联词将事情发生的顺序、因果关系以及事情的转折说得清楚明白，语句不但流畅生动，而且还富有变化。学生读起来不但被曲折的故事情节吸引，通过教师适当的引导，也学会了说理表达的技巧。

又如：《推敲》一文，对于贾岛专心于创作，为诗句的一个字反复思索、忘其所以的样态，进行了深刻的描写，由于描写得如此生动有趣而又翔实逼真，让人仿佛有身历其境的感觉。相信每位学习者读到这篇文章，一定会被故事主角的专注所吸引，而欣赏之余作家对人物描绘刻画的技法，也成为学习者写作的最佳范例。

（二）激发学习者的兴趣

文学创作来自作家对生活的关注与感悟，儿童文学作品更是将贴近孩子的生活内容，如友情、恐惧、变化、梦想等作为创作的主题，以有趣的方式、不同种类的叙写形式与表现手法来呈现，容易激起学生的学习热情。优秀的文学作品不单注重表现人们的生活体验，帮助儿童发展出同理心，也留心儿童在面对有关传统、发展、接续等新认同问题时，如何寻找出意义，学生容易被感动从而激发阅读的兴趣。

例如：《工作表》这则故事，作者罗北儿写出了人们生活中需要计划，但却又被计划紧紧绑死，不得挣脱的矛盾。在学校里，家长、老师常告诫孩子，做事情一定要有计划，殊不知墨守成规一成不变，反倒寸步难行了。相信孩子在阅读这则故事时，一定会被蟾蜍的执着与青蛙的体贴所感动，进而深入地去思考、探索生活的智慧。

（三）丰富学习者的想象力

想象力是人类的重要能力之一，也是创造性思维的基础，文学作品为学生进行创造性思维提供了丰富的材料，也提供了开阔的思想空间。阅读文学作品时，读者进入了作者所虚拟的世界里，随着故事情节的推演，经由想象，除了感受到那个世界或文化里所发生的事情，还可以让读者了解另一个世界或文化里不同的想法。所以说，阅读文学作品使读者得以充分发挥自己的想象力，尽情邀游在作品创造的想象世界中，理解及欣赏人类经验的多元性与普遍性，认识多元文化社会里自己与他人的关系。

例如：《田鼠阿飞》这则故事，描述一个负责尽职的送货员，如何历尽千辛万苦，不怕苦不怕累，终于将蛋糕送到了老黑熊的家。具体体现了负责、认真的价值，但却完全没有说教的意味，让孩子在趣味中自然领会道理。

三、课堂中如何有效地使用文学作品

虽然文学作品先天就具备了这些帮助语言学习的有利条件，但是"名山胜水到处是，赏心还得会心人"。如果用之不当，如只是拿来做生字、新词的习写，句式的练习或是粗陋的反复习诵，反倒未蒙其利而受其害了。

总括来说，文学作品作为语文教学的教材，具有以下两层意义与功能：一是借由对作品的深入探讨，使学生领会作品背后所包含的社会、文化及人生的意涵；一是借由对作品表现形式的掌握，进而发现作者的叙写艺术。

从读者（学习者）的观点来看，文学阅读的乐趣主要来自思考与感受，其主要表现在以下两个方面。

（一）文学的对话（沟通、互动与回应）

（1）读者与文本、读者与作者之间的对话，是一种文本交流的对话。

（2）读者与读者之间的对话，是一种心灵体悟的对话。

这两种对话构成了阅读上的互文性，建立起了有关文本的关系网络。

（二）发展理解与欣赏的策略

从阅读中学习文学对话的技巧，以及一套对文学诠释的体系和共通的词汇，来讨论或书写阅读的作品，能增进读者对文学作品讨论和批判的能力。

因此，学习文学作品进而通过文学作品学习语言时，必须将形式与意义适当结合。一方面引领学习者进入作品的世界，深刻体悟文章故事的内涵。一方面还要剖析、玩赏作家创作的语言，领会语言的无限创意。

以下简要地从阅读前、中、后，概述文学教学的重点：

阅读前：结合学生的旧经验与作品的相关背景知识，导入主题。

阅读中：阅读时为学习者提供各种不同的理解策略、方法，引导学习者掌握作品的内涵及叙写手法。

阅读后：对作品进行整体的感悟，进而通过反思组织所学，并针对有兴趣的议题，进行深入探讨。此外更可通过书写活动，练习表达。

四、让文学与语言齐飞

知识、能力与素养是语文教育追求的目标，文学挑起了这个重担，但却举重若轻，因为它真、它善、它美，它深获人心。文学与语文教学的协奏，将展现在如下的旋律中：

（1）带领学生对文本进行丰富细致的回应（包含文本与其他经验、电视、电影、玩具的互动）。

（2）重视阅读的过程，而非阅读的结果。

（3）协助学生发展一套理解阅读经验的语言（如意象、结构、形态等），适当的语言让我们可以讨论文学。

（4）提供不同的文学经验，发展批判性阅读技巧，培养对作品形态差异的了解，提供不同类型不同繁复层面的作品给学生阅读，让学生了解他们的回应其实与文化和社会有密切的关联。

（5）复制读者的经验，以成人的经验交换儿童的经验。

（6）回到文本，认识文本中特定的文字、形态或意象，思考文本中不同的选择，注意文本中特定的知识与假设。

接下来两天的教学观摩，来自台湾的四位教师，将借助文学的魅力，为各位教育界的伙伴展现一条语文教学的缤纷大道，还请各位先进不吝指教。

　　本篇文章为赵镜中先生 2006 年于第五届海峡两岸暨香港、澳门语文教学观摩暨研讨会上的演说稿。

第十二章

走过来时路

——悦读"大陆的阅读教学"

连续三个月（9月、10月、11月）参加了分别在贵阳、太原及武汉举行的全国第六届青年教师阅读教学观摩活动，有机会更近距离地去了解大陆教师课堂教学的想法与做法。对于大陆教师在语文教学上展现出的专业知能，以及积极进修的态度留下了深刻的印象。借由这些课堂的观摩教学，也有助于促使自己反思、厘清对于语文教学的一些观点、想法，也进一步思考台湾语文教学的改进之道。

在贵阳的研讨会上，我曾提及这一两年以来，我个人一直在寻找一个答案："为什么大陆的学生在进行口头发表时，总能够展现出相当的自信心，而且叙事说理都能够条理清晰、语句流畅？"反观台湾的学生，论事说理时总是予人意到词不到的感觉。经过这一段时间以来的接触，我终于逐渐了解原因所在了。我想这就是交流对话的好处吧！

同样的，每次出席会议，崔峦老师总是要我多提一些台湾的教学现况及优点，以及大陆教师在教学上显现的困境，好借以砥砺、刺激大陆教师的教学。敬承崔老师的指示，个人也不揣浅陋，就一己所知、所闻，提出建言。这样的机会实属难得，一方面让自己跳出习惯性的思维模式，试着从另一种角度来"观看"不同的教学艺术。而与此同时，也借以重新检视、思考及组织自己的理念，真是获益良多。

不讳言，教学观摩竞赛表演的性质很重，但在表演的过程中，仍可以看出教师教学的理念与功力。所谓外行人看热闹，内行人看门道。"华山论剑"一番后，相信所有参与论剑者或观赏者，必定功力大增。如果说实践是检证真理最好的方法，那课堂实作则是验证教学理念的最佳手段。台湾目前就极为欠缺如是的活动来提升教师的教学素养。我想这是台湾小语会往后须承担起的责任，也是台湾必须积极向大陆学习的地方。

以下就将这两次活动的报告整理出来，表达对崔老师的敬意与回报，也为这三个月来的教学飨宴画上一个暂时的句点。

之一　台湾阅读教学的现状与改革

一、取景

要说明或描绘一个地区某种现象的现况，是有其本质上的困难的，特别是在一个开放、多元的社会中。因此只能以相对客观的观点进行一些重点式的取景，加以描述，而这只是报告者自己一些观察所得的看法，是否公允，是否如实，都只能留待以后去验证了。

谈现况好像不说点从前，就有点突兀，有点接续不上的味道。现况是架构在过去的基础上的，所以谈现况不得不回溯一下过去。从过去的轨迹中，才能理解今天的各种现象，其实是有脉络可循的。

二、现象

现象一

当《哈利·波特》的旋风吹袭台湾的时候，双峰小学的范姜翠玉老师，带领五年乙班的学生以《哈利·波特》这本畅销小说为对象，进行了一次语文统整教学的尝试。在进行完一系列的读写活动后，老师要学生写下自己在整个活动中以及制作"哈利·波特续集"时的感受，班上一位学生这样写道：

这是一本花了5个小时做出来的书，里面有各式各样的学习单和哈利·波特的续集，这是一本好书，希望你会喜欢！（因为我已经尽全力了）

在《哈利·波特》中我找到了许多东西，分别是愉快、欢乐和一些不同的快乐，这种快乐让我在看《哈利·波特》就算落后9个单元的情况下，依然感觉不到任何沮丧与哀伤，这也许是我的错觉，但这种快乐慢慢轻轻地拉我进了魔法学校。

现象二

有一次到实验学校去观课，下课的时候，几个学生围着我，悄悄地对我说：

"教授，拜托你下次编课本的时候，不要挑那么长的文章当课文好不好！"学生夸张地把两臂张开，比画着。

"虽然那些故事很好看、很有趣，可是每次老师在圈写生字新词的时候，吓死人的多喔！"

另一个同学说："还有，上个星期读侯文咏的小说《单车记》，真的很有趣。可是后来老师要我们写段落大意，天哪！教授你知道吗？总共有32段耶！快写死人了，而且写完也不知道在说些什么。拜托教授，下次课文短一点比较好。"

"嘶——！"我倒抽一口冷气，"小说要写段落大意？？？"

这也许就是台湾阅读教学现况的缩影：有想法的老师能带领学生拓展阅读的视野，引领学生进入阅读的殿堂，同时也让学生学会阅读的策略；但是拘泥于传统语文教学模式的老师，面对信息时代的来临，却显得左支右绌，无所适从。

三、关键

在台湾谈阅读教学，还是离不开语文教学，还是离不开教科书。课程纲要明白地指出：语文教材编辑是以阅读教材为主。因此，谈阅读教学还是要从语文教学的模式及教科书的使用谈起。而课程的改革及教科书的开放，对阅读教学现况的影响，几经转折，其中几个重要的关键点，可说是影响重大。

几个关键点

1991 年：教育主管部门委托相关部门进行大规模课程实验。实验内容包含教材编制、教学改进、评量改进等。

1994 年：毛毛虫儿童哲学基金会开始推动故事妈妈说故事活动。

1996 年：教育主管部门颁布新的课程标准，回应教改的要求。语文科课程标准修改幅度不大，教改的重点在开放精神的呼吁与落实，包含教科书的开放。

1998 年：开始进行九年一贯课纲实验。

2000 年：语文实验教材编制完成（共 37 册），一到六年级两轮实验结束。

同年开始推动儿童阅读运动。

2003 年：公布正式的九年一贯课纲，全面实施。

四、实验

为何特别强调"课程实验"这一环？因为这是台湾教育史上空前（可能也绝后了）的一次大规模且全面性的课程研究。这个研究包含了三个面向：教材的编制、教学的改进以及评量的改进。语文科实验教材即是此研究计划下的产物。

在台湾要进行教学改进，最佳的切入点即是从教材入手，因为长久以来教师的教学是紧扣着教材的，企求教师在教学上能有所调整，除非教材的编辑能有大幅度的调整。当然，这样做同样冒着教师面对新的教材编辑体例与形式茫然不知所措的危险。所幸当时只是一个大型的研究计划，而非全面的实施，研究小组有较多的时间与机会和实验的老师沟通、对话，在观念的厘清与教学的实施上能逐步做出效果来。而这些当年的实验老师，很多后来都成为学校里推动语文教学改进的种子教师。

一套教材的编辑其实深刻地反映了编辑群对语文教学的核心观点与理念（包含对学习材料、学习方式、学习过程等），而这套实验教材，从正式开始编辑即受到各界的瞩目，随着教材的陆续出版深深地震撼了台湾语教界。因为这套教材无论是在文章的选取上、版面体例的规划上，还是在语文教学活动的设计上，与传统的教材（其实还包括现在实施的审定教材）都有着非常大的差异。

实验课程所反映出的语文教学理念，已跳脱传统偏向于技能导向的语文科混合教学理念，融合了最新的语言心理学、社会语言学、认知科学乃至全语文教学的观点。这种科际的整合在执行上是相当困难的，学科本位造成对话空间的压缩，不同观点的统整成为学理与现实的拔河，同一个概念却往往各自表述，难有交集。好在这一切的争议，最终在实验的前提下得到了妥协。

五、转变

实验课程带来了一系列的转变与影响。

（一）在语教理念方面

1. 引进了新的读写理论

（1）读写萌发。

儿童的口说语言的学习和发展是一个自然进展的过程，语文的学习与发展就像春天的草地，风吹、日晒，然后一整片冒出来，并非经由外界刻意地教导而成。儿童在学习阅读和写字的过程中，就如同他们在学习口语的听和说时一样，是一个主动的参与者和建构者。要言之，儿童读写能力的习得是一个自然萌发呈现的过程，这种早期读写能力的发展，即称之为读写萌发。这样的语言学习观点与传统语文教学所持的阅读准备度的概念完全不同，影响所及，教学更重视环境及意义的塑造。

（2）社会互动。

语文的获得是来自社会的互动的结果。语言和其他符号一样，都是文化团体的社会历史产物，这是社会里每一分子合作努力所创造出来的结果。因此，语文必然是存在于社会文化的情境中的。而语文最中心的目的，从它萌发的那一刹那开始，就是为了沟通、社会接触和影响周围的个人。

语文要达到社会沟通的目的，必须在使用的情境中有一套完整的系统、规则，并得到大家的认同。这些系统、规则是无法完全靠模仿、背诵学会的，必须让孩子从真实的经验中归纳、推断出来。如是，学校的语文教育不应与真实的生活脱节，孩子应学习真实、实用的语文，而非拆解的小零件。

（3）语言心理学。

对阅读过程的研究发现，读者会运用不同的语言线索从文本中主动建构意义，这些线索包含字音、字形、语句结构、语意、语用等。在阅读中，读者持续地与这些线索系统互动，并统整这些不同的线索。读者透过尝试、预测、测试及确认的策略来达成他们的目标——从文本中建构意义。

我们理解一段文字不完全只因为你懂某个字，而是借助了其他的线索，如个人的生活经验、文化背景、相关知识等，阅读教学不应只是关心学生最后理解到的是什么，"学生是如何理解的"这一理解的过程也应被重视。

全语言看待语文学习是从上到下，先抓住整篇的意旨再谈细部，如字词的书写练习。以往我们常做的是从下到上，先学会字词句再掌握整篇意旨。而心理学的研究让我们看到语文学习是一种交互作用，生字并非不重要，一篇文章如果超过一定的生字量，我们是无法理解的；但可以读懂每一个字也不代表你能全然理解。换言之，一个人所拥有的非视觉信息越少，就需要越多的视觉信息。因此，一个集中注意力在正确地认清每一个字上的读者，阅读时就无法集中注意力在意义上。

（4）认知取向。

孩子不只是要会读会写，还要自己心中有一个判别标准。也就是说，阅读重要的是个人的感受、阅读者的意义。如班上的孩子读到《北风中的树》时会说这首诗好沉重，还说这个作家的作品都好沉重。这些话语都是在老师进入正式教学之前学生自发的感受，孩子是有感受的，只是老师是否重视，如果重视，其实延伸发展的教学方向就可能自然导向文学的赏析，如：是哪些句子让你读起来沉重？作家是如何表现的？甚至可以变成作家作品研究。

2. 对儿童学习信念的转变

（1）儿童自然而然就在学习。

（2）儿童在进入学校前，已有相当的语文经验。

（3）所有的孩子都能学习，每个孩子有自己的学习方式。

（4）"完整""有意义""有趣""有用"的学习，孩子的学习效果最好。

（5）当孩子在自主选择的情况下，学习的效果最好。（如班上的孩子，在挑选想上的课别时，不畏长文选了《孙悟空大战二郎神》，也因为觉得诗美而选了古诗《题西林壁》。）

（6）孩子在"非竞争""彼此合作"的情况下，学习的效果最好。

（7）孩子在"边做边说"的社会情境中，学习的效果最好。

（二）在语教实务方面

实验教材的推出，直接或间接地对学校阅读教学的实务产生了相当大的影响。

1. 由"教教材"转向"用教材教"

一方面，教材开放事实上并未达成教师教学解套的目的，因为各出版公司的编辑理念大同小异，无法真正呈现多元的语教观点。另一方面，教材编辑的体例，也多承袭以往的模式，并未凸显出教学重点，方便教师教学及学生学习，所以教师还是习以为常地教教材，以教材为唯一的教学媒材。

但实验教材从质与量上落实了不同的教育理念，而经由实验的推广，逐步地改变教师教学的习惯，引导他们认真去思考每篇文章可实践的教学重点是什么，从而真正发挥了教材的功能。影响所及，坊间的出版物，好的儿童文学作品开始走进教室。

2. 由重视识字教学转向理解教学

随着对教材的批判，教师开始思考：语文教学的目标是什么？阅读教学的重点在哪儿？于是传统将阅读简化为认字识词的教学观点受到了挑战，而逐步走向了以理解能力与批判能力为主的阅读教学模式。

3. 由精熟学习转向策略学习

配合阅读教学的重点转移，以往教学占了大部分时间的字词教学、篇章结构教学等重视知识获得的精熟教学模式，也开始调整为重视学习者的自主性学习，重视建构知识的策略性学习。教师放声思考、学生实作和分享成为课堂中经常性的活动。

4. 由单文教学转向群文阅读

在教育主管部门大力推动的儿童阅读运动的影响下，学生的阅读量开始增加，虽然教师还是习惯于单篇课文的教学，但随着统整课程的概念的推广，教师也开始尝试群文的阅读教学活动，结合教材及课外读物，针对相同的议题，进行多文本的阅读教学。

5. 由讲授教学转向讨论教学

传统教学以教师讲授为主，但阅读经验是无法由他人替代的，阅读策略的学习，虽需要教师的指导，但更重要的是学生必须真正去操作、应用，才能内化为自身的技能，所以课堂教学逐渐地开始转向以学生为主的课堂，小组合作、分组讨论、分享对话等读书会形式的学习，成为课堂教学的主要方式。

六、外缘

1994 年，个人担任毛毛虫儿童哲学基金会董事长，开始推动"故事妈妈"的培训计划，希望借由妈妈说故事、读故事给孩子听，带动孩子喜欢阅读、锻炼思考。随后，陆陆续续各个市县均成立了"故事妈妈团体"或"故事协会"的民间社团，说故事成为一种风潮。

2000年，教育主管部门开始推动儿童阅读运动，特别是针对偏远地区的孩子。一方面送书到偏远学校，一方面开始培训种子教师，同时也发动图书馆及社区资源，大力推广。之后由于经费不足，规模缩小，改为以300所小学为主要推动学校。

在官方规定的主导下，各市县学校均积极推动阅读活动，甚至有些学校还以阅读作为学校本位课程，或是学校特色。一时之间风起云涌，成果丰硕，但是否真正扎根，则仍待观察。犹记得洪兰教授在出席阅读成果展，看到学生丰富多样的阅读成果时，一方面感动莫名，一方面却又非常担心，担心因为大人的推动，过于要求成果，反倒坏了学生阅读的胃口，从此更不喜欢阅读了。

洪教授的担忧是有道理的，无论是故事妈妈的协助推动阅读，或是学校阅读"运动式"的推广，都只是一种外在风气的营造，让孩子喜欢阅读、愿意亲近阅读。但真正要学会阅读，从阅读中有所收获，更进一步发展出个人的阅读策略、品位，还是需要回到学校课堂的教学现场，实实在在地由教师通过教学活动带领学生学习、体验各种阅读文本、各种阅读方式及策略。

七、解咒

在阅读教学的改进方面，对教师而言，新的阅读教学思维的引进与学习固然重要，但是教材的真正开放与否，更关系着教师改进教学的意愿和幅度。这里所谓的教材开放，包含两个层面：一个层面是民间出版公司在编制教材（即所谓审定版教材）时，能呈现多元的语教理念，在文章的选用上能照顾到文学与实用性，毕竟能吸引学生主动阅读的文章，才有可能进一步带领学生深入阅读，进而提升学生的阅读能力；另一层面指的是家长、学校及教师，在教育的专业领域上，教师及学校要展现专业性，不应受到各种非教育现场、非教育专业的影响，从课程的规划、实施开始，就不应局限在固定的框架下（如选用了某一版本的教材，就不能调整或舍弃某部分不教），而应回归到学校、教师、学生真正的需要上来思考。家长更应支持、信任学校、教师的专业，而不应该过度介入教学。

不论是出版公司，或是家长、学校、教师，我称这种摆脱既定教材框架限制的过程为解咒（解除教科书的魔咒）的过程。这个解咒的过程是否能顺利完成，关系到台湾学生阅读能力的发展。〔过度依赖教科书的问题，国际阅读素养进展研究（PIRLS）在香港的研究中可看到同样的现象。也许大陆辽阔广大，这个问题有其现实性需考量。〕

八、曙光

面对信息时代的来临及知识经济的挑战，阅读不单是进入文明社会的敲门砖，更是提升竞争力的必备工具。在一连串教改的过程中，由于改革的层面相当广泛，容易分散了焦点。所幸无论是"课程实验"及教育主管机构所推动的"阅读运动"，或是民间自发性的故事妈妈说故事的活动，都为推动阅读教学的改进埋下了薪火。

（1）重视阅读的风气已开，教师要更具信心，坚持专业，勇于尝试新的教学方式。教师本身也应喜爱阅读，毕竟自己没有感冒，是无法传染给其他人的。

（2）教师的专业是建基在不断地进修与自我充实上，而不是一套教法用十年的经验谈上。

（3）师资养成教育及进修教育，应加强阅读教学的专门培训，让教师了解国际上行之有效的阅读教学方法，鼓励教师在课堂上尝试。

（4）学校应给予教师及学生更大的空间，摆脱教科书的限制，让喜欢阅读、学习阅读、阅读学习三位一体，真正帮助学生成为一位优质的阅读者。

（5）行政体系不能以热闹的活动、竞争性的活动以及浮面的成果作为绩效考核的指标，而钳制了阅读能力培育的活水源头。

（6）社会及家庭应更重视阅读，展现阅读的价值，建立一个良好的阅读文化和环境。

归纳出这些值得也是应该努力的方向，一回头却发现，这些观点似曾相识，改进的建议都大同小异，真正决胜的关键还在于执行、落实的决心吧。

此报告发表于贵阳。

之二　建构教与学的新关系

很荣幸能参加这次盛会，能有机会更进一步了解大陆教师在阅读教学上的卓越成就，让自己成长很多。

我知道大家都很想听听崔老师对这次教学观摩的评讲，可是崔老师用心良苦，把这宝贵的时间让出来，一方面提携后学，一方面也希望他山之石可以攻错，要我谈谈我的所见所思，希望能对各位老师有一些新的刺激与反省。敬禀崔老师的使命，我就不揣浅陋，提出自己的一些不成熟的观点，并分享在台湾阅读教学方面所做的一些活动，就教于各位专家及老师。

由于参与评审的工作，所以空余的时间不多，很多想法、反省还没法沉淀厘清，匆匆上台疏漏难免。另外在用词用语上，由于习惯的不同，也请各位多包涵。

经过 8 月贵阳的观课及这次更近距离的欣赏，加上每晚课后与评委们的讨论，我对大陆教师在阅读教学上的方法、过程，有了更深的体认。对于这些体认，我着重列出以下几个对照的向度，来说明我的反思：

· 单一模式 vs 多元模式；

· 教教材 vs 用教材教；

· 教师舞台 vs 学生舞台；

· 内容（知识）导向 vs 学会学习；

· 价值输入 vs 批判思考；

· 个人学习 vs 小组合作。

首先要说明的是：这些对照的向度，是我个人在语文教学现场观察中，所积累出的一些对语文教学自我探索的方向。在观课的过程中，这些向度也因着作课教师的教学活动，不时地闪过脑海。所以说，这样一个参照模式，只是反映在教学过程中种种不同的观念与做法上，不是用来特别指称大陆或台湾的语文教学是较倾向某一边，或是孰优孰劣的问题。以下加以阐释。

一、单一模式 vs 多元模式

大陆小孩的水平让我相当惊讶与羡慕。坦白说，目前的课堂教学模式并未能提升孩子的水平（有点原地打转的味道）。孔老夫子说"因材施教"，维高斯基说"最佳发展区"，都在提醒教师不能一套教学走天下。教师应根据学生的水平、想法，承担更大的责任带孩子往前走。

当然在宏观考量上，为全面提升教学质量，阶段性地采取某一种单一模式的教学，可能有其必要性，台湾早期也走过同样的路，全面推动语文科混合教学，确实有其成效，但后遗症却也不容忽视，现今很多老师还是走不出这种教学方式，而无法因应孩子的改变与需求。

阅读的目的是理解赏析，能帮助孩子理解的方法都是好方法（不是只有看注解）。固然以朗读带感悟确能达到对文本的理解与赏析，但除此法之外还有其他的方式或策略，也能帮助孩子理解。而另一方面，阅读教学不等于文学教学，面对信息的快速流通，各类型的文本都需要让学生学习阅读，不同的文本阅读的方式也有所不同，因此单一模式的教学必然有它的局限。

二、教教材 vs 用教材教

教材是教学的媒介还是教学的全部？这个问题也是老问题了，但它却确确实实地绑死、窒息了老师课堂教学的多样性。台湾实行一纲多本，原本是一个进步，但在升学考试的压力、教师的惰性以及家长的外行指导下，教材开放反成为一大枷锁。何时才能解除教师头上这圈紧箍咒，也正考验着教师对专业自主的坚持力。

用教材教可说是真正落实了教师及学习者的主体性。不论是使用审定的教材或是由教师自编（选）教材，重要的还是要回归到学习者和教学目标的考量上。教材只是达成目标的手段或工具，阅读教学的目标，不应只是对单一文本的理解，反复诵读，更重要的是通过文本带领学生进一步去批判、反省及应用。

三、教师舞台 vs 学生舞台

有时候老师会忘了学生才是学习的主体，才是教室里的主角。我们说"一将功成万骨枯"，希望我们老师不是踩着学生的血泪，成就自己的名声。而当老师抱怨很累很烦的时候，其实可能就需要反省一下：是不是有太多的不放心或要求？或希望学生能立刻达到老师的标准，而不敢放手，也忘记了学习其实是一个尝试错误的过程？我们只是伴读、陪读，不要喧宾夺主，学生不应成为课堂学习的配角。

既然教室是学生学习的舞台，在课堂中就应让学生多操作（实践），在做中学。而且要给出一些具有挑战性的问题，促使学生思考，而不是训练其成为录音机。课堂里应多些学生与学生的互动，少些师生单向的问答。

四、内容（知识）导向 vs 学会学习

内容知识固然是课程学习的重点，但过度重视知识的习得或复制，忽略了过程技能及方法策略的学习，会导致学生知其然而不知其所以然，成了复印机。在信息时代，知识生产的速度加倍，唯有学会学习，才是学生终身受用的能力。

古人云：书读百遍，其义自见。放在现今的环境中来看，其效率是值得商榷的。因此，教师在教学的过程中，一方面传递陈述性的知识；另一方面绝不可轻视程序性知识的提醒，使学生了解如何能快速掌握文本的内容。此外，应鼓励学生养成探究的精神和解决问题的策略。

五、价值输入 vs 批判思考

批判与创意是未来主要的竞争力，如何提升学生的思维能力也应是语文（阅读）教学的重点。对于文章所提供的内容或作者想传递的价值，正确地理解掌握固然重要，但批判地理解更是深刻掌握文本的重要手段。

批判不是否定主流或传统价值，而是希望这些价值是学生经过批判思考后所认同的。在一个开放多元的社会中，学生必须建立起自己的判断能力及价值观，将来在面对复杂的真实社会百态时，才能挺立得住。一般教材中所呈现的多为单纯的、美好的社会面貌，但真实环境并非如此，与其让孩子做温室的花朵，不如培养孩子勇于思辨的能力。况且只要是真正的价值，一定经得起试炼的。

六、个人学习 vs 小组合作

现今已是一个合作的时代，无论是学习或是工作都需要合作。但是合作不等于分工，而是能真正彼此学习、帮助。虽然有时候合作的效率比不上独立工作，但面对庞大复杂的工作时，还是需要合作的，而合作习惯的养成应从小开始。

课堂不应是一个只讲究竞争的场域，学生在学习知识的过程中，同时也可以练习与他人合作，所谓三人行必有我师焉，学习的对象与来源可以是多样的。教师应肯定并推荐这样的合作行为，在教学过程中多安排些小组合作的活动，让学生实际体验与练习如何与他人合作。

以上是我个人参与此次青年教师阅读教学观摩后的一些初步反思。再次强调，这些对照的向度，看起来似乎是对立的，而个人在说明时，也似有所取舍，但在此还是要说：这是一种方便说法，事实上不必是如此二分对立的。况且教学本就是一种艺术，与其孜孜于追寻一套"最佳的教学法"，倒不如低下头来，看看课堂里的这些孩子，想想我们能为他们做些什么。教学本就是一项个人化的实践知识，如何提升教学的质量，让学生学习得更好、更愉快、更有成就感，应是两岸教师共同追求的方向。

此报告发表于太原。

2006 年发表于《小语汇》第 6 期。

第十三章

释放学生的学习

——建构语文教与学的新关系

一、前言

由于文化及社会组织方式等因素的影响，与西方人相比，亚洲人较难于思考、探索、从事创造性活动。考察亚洲的教育系统，会发现它特别具有竞争性，以成绩为取向，学生承受很大的压力。如何纾解学生的压力，使其释放出探究、创造的活力，是一个值得追求的崇高目标。另外，受教权是一致的，对任何地区的学生，教师都有提供优质教学的责任。但是对于一向保有优秀教育质量的学校，相信学生家长对孩子、对教师的期待将不止于把书念好，而是期待他们的孩子在面对经济全球化、知识经济社会的挑战时，能展现探究、创造的才能，从容而有创意地解决各项挑战。以下从几个角度进行探讨说明。

二、旧现象

故事

三只小猪：妈妈要三只小猪盖房子，三只小猪就地取材，老大用稻草，老二用木板，老三用砖瓦。结果老大、老二的房子经不起大野狼的一口气，都给吹垮了，只有老三的房子屹立不动。

七只瞎老鼠：池塘边来了一只大怪物，七只瞎老鼠又害怕又好奇，想知道这只大怪物到底是什么。每一天，都有一只瞎老鼠跑去摸大怪物身体的一部分，然后回来对大家描述这只大怪物是什么。每只老鼠都认为自己说的是对的。直到第七只老鼠把大怪物从头到脚、从上到下摸了一遍，然后回来对大家说：大家都猜错了，其实这只大怪物是一只大象。大家才恍然大悟。

譬喻

三只小猪：做事喜欢偷懒，又爱图方便，不加思考，事情往往做不好，可能还会带来灾祸。只有深思熟虑、勤快做事，才能经得起考验。

七只瞎老鼠：要了解或是认识一件事物（真正地认识），必须从各个角度、层面去了解，才能掌握事物的原貌，否则轻率地做判断是会惹笑话的。

故事中隐喻的教与学的关系：

（1）学习重视的是最后的结果——经得起考验的房子、找出怪物的原貌。

（2）世界上存在客观的知识，学习就是掌握这些客观的知识——砖瓦房比稻草房、木板房坚固，大怪物一定是什么动物。

（3）教学的目的是为学习者提供一定而有效的学习轨道——其他途径都是徒劳无功的。

（4）教学的功能在于告知学习者何者为正确知识——贬抑或漠视其他价值与可能性。

教与学的关系是紧张的、固定的，是单向输出、被动接受的，是先假定学生不会学习，必须教师教导。

三、新关系

故事

天空为什么是蓝色的？年轻的兔子想要向知道很多知识的老灰驴学习，但是兔子坐不住而且注意力不容易集中，常常被其他的事物所吸引。有一天老灰驴等得不耐烦就出去找兔子，在路上老灰驴发现生活中有好多有趣的事物，是他以前所不关心、所不知道的，老灰驴终于体悟到学习可以是多样的、有趣的。

譬喻

什么要先教？什么要先学？——学习不一定是那么有计划、有层次的。

学习的方式可以很多样——教室里可以学习，户外可以学习，随时随地都可以学习。坐着学、趴着学、四下张望着学都可能，只要你关心、你好奇。学生想学什么，老师就教什么，教与学的关系是合作的、互动的、有机的。

四、新诠释——建构教与学的新关系

尝试错误是学习的过程，要接受学习者现阶段的表现，学习的样态与管道是多元的——学习是在旧经验的基础上累积的，用稻草、木板盖房子也没什么不好。每只老鼠摸到什么就是什么。

知识是建构出来的，是有机的，非客观存在，每一次的探索都可能指向知识——不必早早拿出标准来检查对错成败。

教学的目的在于激发学生学习的潜能，培养独立学习的能力——要给学生成就感，教学的功能在于布施一个丰富的学习环境。

教与学的关系是轻松的、无组织的，是双向互动的，是先假定学习者有自己的学习意愿及不同的学习管道与方式。

五、释放学生学习的课堂特征

第一，在课堂中，学生在心理上免除了威胁和惩罚。这种心理安全感保证学生采取尝试和创新的学习态度，以及在学习上进行有准备的冒险。在活动中犯错误被认为是学习过程的一部分，它反映在这句格言中：成亦欣然，败亦可喜。

第二，在课堂上，学生受内在动机而不是外在动机的驱动。这两种基本动机形式的主要区别是：外在动机驱使下的学生把学习看作达成目的的手段，如取得好成绩或取悦于家长和教师。相反，内在动机驱使下的学生把学习本身看作目的，就是这种活动的热情在激励他们努力学习。

第三，在课堂上，学生认为自己是一个意志自由的人，而不是受控制的人。一个意志自由的人在参与某一活动时能体验到内心自由的感觉，即他参与学习的动力是因为他希望、喜欢和高兴等等。相反，一个受控制的人在行动中不能体验到内心自由的感觉，他感到受外在环境和外在力量的控制，因为他必须、应该、最好等等。

第四，在课堂上，学生把自己看成自主的学习者。学生认为自己不是盲从于多数人的言行，而是根据现有证据在进行批判性评价，自己决定一些事情。在那样的课堂上，学生通过公开的辩论和讨论解决观念上的分歧。

第五，在课堂上，学生把学习任务看作一种挑战，不把学习任务看作厌烦和威胁。这种挑战激励他们努力完成学习任务，成功完成任务将激励他们进一步发展这一领域的知识和技能。

六、教师的新角色

在前面描述的课堂特征中，师生关系发生了微妙的变化，教师扮演着多种新角色。

一是敬业的教练：并非无所不能无所不知的专家，关心学生的能力和天赋的发展。

传统上，亚洲的教师被看成无所不能、无所不知的专家，他们的职责是在课堂上把知识传递给服从和听话的学生。然而，这种教学方式阻碍学生尝试和创新，或者有意冒险学习态度的形成，它可能使学生形成懒于思考的学习态度，他们的理由是：老师已经把正确的答案提供给我了，我为什么要浪费时间去思考问题呢？教师应摆脱这种无所不能、无所不知的专家形象。教练则关心运动员能力和天赋的发展。敬业的教练通过防止不必要的分心，保证运动员关注正确的技能。

二是经验丰富的导游：激发游客急于游览景点的渴望，吸引他们的好奇心。

有过度假经历的人都知道，一个经验丰富的导游不仅把你带到旅游景点，而且也让你自己处理问题。他将激发游客急于游览景点的渴望，他有感情地、生动形象地描述景点背后的故事。学生同样应被看成觉醒的学习者，他们充满想象，在概念中的旅游景点到处探索。他们在教师的帮助下从事这项活动，教师充当不断激发他们学习兴趣的经验丰富的导游。就像一位经验丰富的导游试图利用游客对景点的渴望，吸引他们的好奇心一样，教师尝试为学生讲授生动的课程，以便他们发现更多的问题。

三是启蒙的学者：支持学生的学习活动，而不是像权威教师一样，阻碍学生的学习活动。

教师不像权威，他不依靠严厉和惩罚的方法，而是依靠柔性和劝说的方法达成目标。作为一个启蒙的学者，创造性教师必须支持学生的学习活动，而不像权威教师那样阻碍学生的学习活动。无论何时教师都会运用学生反馈来设计一堂有趣的课，支持学生的学习活动。无论什么时候教师都会提供多种多样的选择，满足学生不同的需要，支持学生的学习活动。

四是聪明的法官：根据学生对情况的批判性评价，鼓励学生自己解决某些问题。

我们都听说过所罗门王的故事，他是一个聪明的法官，通过调查不同群体的正方和反方观点，根据情况做出正确的判决。教师就像所罗门王一样，应成为根据情况做出正确判决的法官。这种角色源于课堂学习动力，根据学生对情况的批判性评价，鼓励学生自己解决某些问题。不同的学生会形成不同的观点，他们努力使教师和同伴相信他们观点的正确性。

七、教学形式与策略的调整

关于讲授教学课堂学生参与的情况，萨默（Sommer, 1969）有如下调查统计：

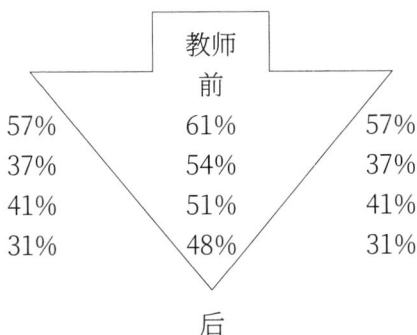

```
                    教师
                     前
    57%             61%             57%
    37%             54%             37%
    41%             51%             41%
    31%             48%             31%
                     后
```

对于教学策略与学习结果的关系，葛罗尔尼克与瑞安（Grolnick & Ryan, 1987）曾做过分组试验，结果如下：

组别	指令类型	学习结果
第一组 有控制 有指导	读完后，我将就该文进行测试，看看你能记住多少。你必须尽力作答，因为我将对这次测试记分，看看你究竟学得如何	事实性的学习（＋） 概念性的学习（－） 学习压力（＋） 学习兴趣（－）
第二组 无控制 有指导	读完后，我将就文中内容提问。它不是一次真正意义上的考试，也不记分，我感兴趣的是你能记住文中哪些内容。请采用你认为最好的方法去阅读	事实性的学习（＋） 概念性的学习（＋） 学习压力（－） 学习兴趣（＋）
第三组 无控制 无指导	读完后，我将就文中内容提问	事实性的学习（－） 概念性的学习（＋） 学习压力（－） 学习兴趣（＋）

（一）单一模式 vs 多元模式

（1）目前的课堂教学模式并未能提升学生的水平（有点原地打转），教师应承担更大的责任带学生往前走。

（2）读写的目的是理解与沟通赏析，能帮助学生学会理解与沟通的方法都是好方法。

（二）教教材 vs 用教材教

（1）教材是教学媒介，还是教学的全部？不必绑死在教材的内容上，阅读即是一个再创造的过程。

（2）用教材教。教材只是学习的素材，重要的是语文教学的目标、重点（有关听说读写）及学习方法。

（三）教师舞台 vs 学生舞台

（1）有时候教师会忘了学生才是学习的主体，我们只是伴读、陪读，不要喧宾夺主，使学生成了配角。

（2）在课堂中应让学生多操作（实践），在做中学，而且要有一些挑战性，多些学生与学生的互动。

（四）内容（知识）导向 vs 学会学习

（1）过度重视知识的习得，会导致学生成了复印机，方法策略的掌握，才是终身受用的工具。

（2）在信息时代，学习方法、组织、创意才是学生终身受用的能力，教师应多提示，归结方法策略。

（五）价值输入 vs 批判思考

（1）批判与创意是未来的竞争力，如何提升学生的思维能力，也是语文（阅读）教学的重点。

（2）不是否定主流或传统价值，而希望学生是经过批判思考后的认同。如果它真是一个价值，哪怕火炼。

（六）个人学习 vs 小组合作

（1）现在已是一个合作的时代，人需要合作，合作不是分工，而是能真正彼此学习帮助。

（2）教师应肯定并推荐合作的行为，课堂上多些小组合作活动。

八、结语

在教学实践中，有一个很重要的因素会影响到教师的课程决定，那就是如何去做（教）的因素。如果教师对于某项教学模式或方法不熟悉，他叮能就会止步，不敢贸然实施。培养学生探究、创造能力的教学，固然教师对于它的重要性以及成效仍有所质疑，但更多的困难，可能来自不知道如何去教学。因此我们必须改变在正规教育中以教师为定向的学习方式，更多地采用自我定向的学习方式，亦即以自主、探究式的学习，来获得工作、生活所需的知识技能。

本文完成于 2007 年。

第十四章

阅读教学的新形态

——班级读书会的经营

一、前言

　　近年来随着"终身学习""社区总体营造"等文化理念的推动，各地读书会顺应趋势，蓬勃发展。这股营造"书香社会"的读书会风潮，也逐渐吹进校园。由亲子、亲师读书会，进而发展为儿童读书会、班级读书会，形式多样的读书会宛如雨后春笋，在台湾各小学的教室中推展开来。

　　对这一阅读风潮，我们固然乐见其发展，但另一方面也必须深入去思考读书会在现行教室教学中如何定位、班级读书会如何经营这两个问题，使"读书会"这一立意良善的阅读活动，能够扎根校园，能够在提升学生的阅读兴趣、培养学生自主学习上有所助益。

二、班级读书会的定位

（一）语文教学现况

　　在谈如何推展班级读书会之前，首先必须厘清的是，在现行的教学模式中，为何要加入读书会这种不同于原有模式的学习活动？而读书会对学生语文的学习发展有何帮助？换言之，也就是必须先澄清读书会在现行教室教学中的定位问题。

　　台湾学校语文科教学的现况是，依据课程标准，由出版公司编写教材提供给教师教学使用。教材的编写形式是以课文为主，教师依课文内容进行听、说、读、写的语文教学活动。由于受篇幅的限制，以及受语文教育理念的影响，在现行教材编写以及教学上过度考虑学生识字及习写字的因素，课文文长均有所节制。故学生较缺乏阅读长文甚至是一整本书的经验，当然这是指一般教室教学而言。

再者，在教学上因为是随文识字，每课均安排有习写字，因此教师会花相当多的时间，在习写字的教学及讲解上（这是导因于基本的语文教育观——认为学中文先要学认字、写字，能认字、写字才能阅读）。而在学习上，由于课文内容与现实生活有一段差距，学生并不喜欢阅读课文，再加上课文受限于字数，情节较平淡呆板，无法吸引学生主动阅读。教师在教学上时常扮演知识传递及权威的角色，学生关心答案的正确性，而不是阅读的方法、策略以及自己的见解，久而久之，就会对阅读产生一种排斥的心理。

此外，由于有统一的评量，故教师及学生关注的重点是进度及评量题型，而不是学习如何阅读。在这样一个不甚重视阅读方法、策略教学的教育现况中，异于传统教学活动的读书会如何定位，是值得思考的。

最常见的说法就是，把读书会当成课外阅读的活动，在正课中不进行。但是如果承认阅读是获取信息的重要管道，如果承认儿童在生活中的阅读形式明显有别于教材中的课文阅读，如果承认一个好的阅读者是能主动阅读并能因应不同阅读目的采取不同的阅读策略，那么，读书会就不应该是课外阅读的活动，而应是正式课程中的一环。

从另一个角度来看，只有激发学生阅读的动机、兴趣，才能使学生喜欢阅读，而语文能力的提升发展，必须通过大量的读写实践活动才能达成，所以课文教学明显地有其限度及不足之处，故需要补充大量的读物，增加学生的阅读量。再者，学习阅读是学习发展出一套阅读的策略与方法，以应对将来生活中各式各样的阅读情境与对象，但课文教学的阅读，多半是通过教师讲解说明，学生通过阅读获取意义的练习不足。针对这些现行语文教学的不足，读书会足以弥补此缺漏。要言之，读书会在现行教育中的定位，至少可以立基在以下三点需求上：

（1）通过读书会提升学生的阅读兴趣；
（2）扩充学生的阅读量及范围；
（3）培养学生独立阅读，发展阅读策略。

因此，读书会的活动，应定位为语文教学中一种固定的活动形式。

（二）班级读书会的精神

经由以上的分析说明，班级读书会的教学（学习）活动，基本上是立基在提升学生的阅读兴趣，扩充学生的阅读范围，以及培养学生独立阅读的能力等需求上。那么相应的，在班上经营读书会，不论是方法、策略抑或是活动内涵，均不应脱离上述基本需求。

以下即由此三方面针对读书会学习活动的基本精神，做一申述说明，借以奠定经营的方向。

1. 就提升学生的阅读兴趣而言

现行学校教育仍以教材为主，教学需要教材，本属合理。但教材的定位如何则值得商榷。如前所述，由于受限于语文教育的理念，各单位在编辑教材时，常忽略了学生的兴趣，而把教材定位为学生学习语文的典范。故在用字遣词及篇章结构上，一方面要考虑难易度，另一方面又要考虑学习的序阶，此外，还要考虑内容的正当性等，结果所编写出来的课文，要不低估了学生的语文能力，脱离了学生的生活经验，要不就是枯燥乏味，引不起学生的阅读兴趣，从而让学生对阅读产生一种错误印象，以为阅读是一件辛苦、无趣的功课，能免则免。

反观学生在课外的阅读活动，则活泼生动有趣多了。但一般家长、教师会认为这是不务正业，常听家长对孩子说：把功课做完了再去读那些书。从学习的观点来看，能引起学习者的学习动机（兴趣）是教学成功的根本条件。面对教材的无趣以及教学目标评量等的要求，为学生寻求一疏解的管道是必须的，让学生重拾阅读的兴趣，读书会的成立与功效的彰显必须照顾到这个层面。

因此，当我们企求经由读书会的活动提升学生阅读兴趣时，千万要记得，不要重蹈教科书编辑设计及使用的弊病，应以学生的兴趣为出发点，不要再执着于语文知识技能细节的练习，并针对学生有兴趣阅读的书籍来设计读书会的活动方式，以导正学生对阅读活动的错误认知，例如：以为阅读就是认字识词；以为作品中所说的都是真理；不敢阅读较长的文章或整本书；读不懂时，不会合理地怀疑是否是作者表达不清楚，而只是一味自责水平不够；阅读是读出作者的意思，缺乏主动诠释的能力；等等。

如果还是用教学的观点来开展读书会的活动，从选取阅读材料到阅读方式都与日常教学无异，只是排排坐换成围个圈圈坐，读的还是正经八百的作品，那原本良善的立意可能就要大打折扣了。

所以就提升学生阅读兴趣这点而言，在读书会中，选择阅读材料是第一步也是关键的一步。就语文学习的观点而言，所有印刷品，甚至手写的文件，都是阅读的对象。就此观之，读书会的阅读材料，在选择上就有相当宽广的空间。一起来阅读广告可以吗？当然可以！一起来阅读漫画可以吗？也不错啊！读报纸，很有趣呀！读武侠小说也好啊！读什么不重要，重要的是学生有兴趣去读，这样才能抓住学生的心，学生才会热忱参与，也才能从中领会阅读及合作学习的趣味。至于为什么广告、漫画、武侠小说都可以作为读书会的阅读材料，将在下面论述。

2. 就扩充学生的阅读量及范围而言

如上所述，目前学校语文教育受限于语教理念以及评量方式，学生在校的阅读训练，仅限于教材中所提供的范文，这对学生阅读能力（学会阅读）的发展，以及利用阅读获取知识的能力均有所阻碍。美国全国教育进步评量（NAEP）中有关阅读评量部分指出阅读的目的可分为：

（1）为文学陶冶而阅读（Reading as Literary Experience）；

（2）为获得知识而阅读（Reading to be Informed）；

（3）为执行工作而阅读（Reading to Perform a Task）。

而肯塔基州教学绩效信息系统（KIRIS）所定的阅读评量，参照 NAEP 的阅读评量，依阅读目的区分为四种类型：

　　（1）知识性阅读：材料主要来自报纸杂志或百科全书。

　　（2）文学性阅读：材料主要来自短篇故事、小说、诗歌、戏剧和短文，包括古典和现代文学作品。

　　（3）说服性阅读：材料来源包括演说辞、社论、评论和广告等。

　　（4）实用性阅读：材料来源包括时刻表、说明书、产品保证书、申请书和消费手册等。

　　若从 NAEP 和 KIRIS 阅读测验的文章内容来看，中国台湾地区语文教育的教材内容存在明显不足，学生的阅读范围过于狭窄，生活实用性的阅读严重不足，而文学知识性的阅读又受限于长度、范文等迷思，收录于教材的文章风格、内容均显单一化，使教师及学生在阅读教与学上无所适从，致使学生丧失了阅读的兴趣。因此，班级经营读书会正可以弥补目前阅读量过少及阅读范围过窄的缺陷，引导学生将阅读的触角延伸到真实的生活环境中。配合这样的理念，在读书会里阅读的范围可包括各个领域、项目，而不仅限于文学性的阅读。就算是文学性的阅读也应不同于课文教学，应该让学生能深入文学的殿堂，对作品、作者有更深的认识。申言之，阅读教学的目的是"在阅读中学阅读"，重要的是学习阅读，而不是单一课文的精熟。故如前所述，报纸、广告、漫画、武侠小说都可以是读书会的阅读材料，唯有通过大量广泛的阅读，学生才能从阅读中学会阅读。

3. 就培养学生独立阅读、发展阅读策略而言

阅读的重点在于理解，而理解又可分为字面的理解、解释性（推理性）的理解、批判性的理解、创造性的理解，这些理解是统合在一起的。

阅读能力是由认知能力、理解能力、评价能力和活用能力构成的。目前小学教育过度重视认读能力，认为这是阅读的基础，课堂教学中，教师耗费大半的时间指导学生认读，学生对文章的理解多停留在字面的理解上。依古德曼教授（Goodman, 1982）的看法，阅读是一个推理猜测的过程，读者在面对文章时会运用自己的生活经验和先备的语言知识去思考推测。所以阅读应鼓励学生带着意义去阅读，逐渐发展出一套阅读的策略，即针对不同的目的、文章，采取不同的阅读方法。因此在读书会中，阅读应摆脱传统词义优先的阅读习惯，而改为意义优先的阅读，借以挽救一些受困于字词理解，以及缺乏批判创造阅读能力的学生，经由读书会的合作，去学习他人的阅读方法以及见解，作为自我阅读能力提升的参考。

三、如何经营班级读书会

读书会顾名思义就是一群人一起来读书、学习，那么，读书会跟一般的教室学习有何不同？

首先，教室教学内容题材多限定在教材中，教师同时参考由专家学者编写的教师手册进行教学；而读书会在内容题材上，以参与者需要为主要考量，也就是说，在探讨主题或材料的选

择上，参与者有主导权。而从另一个角度来看，学生如何确立自己阅读的主题，或如何搜寻阅读的材料，也应是阅读教学中的一环。

其次，教室教学一般说来，教师为主体，学生只是被动地接受知识，教学方式多半是讲授式，即教师讲授→学生练习→精熟→复制→考核。读书会阅读活动方式视阅读的主题及题材而决定，可以多元多面向，强调的是参与者实际的操作，亲身去体验求知的过程。读书会需要有带领人，但带领人不是知识的权威，只是程序的安排及维持者。

再次，教室教学比较重视知识传授的结果，能复制知识即是成功的学习者，否则就是失败者，将学习视为同质性的活动，对不同的学生皆一样。读书会重视的是参与者自身知识的建构过程。换言之，即承认学习对不同人有不同的曲线。因此，让学习者学会如何学习才是重点。

以下提供几种班级读书会的可能样态，供教师参考。

（一）好书评选的读书会

读书会所阅读的书不一定都是陌生的、没读过的，阅读有时需要实际比画一下。不是真要一分高下，而是借机练刀。仿照的形式有点像成人社会的好书评选形式，而适用的阅读材料以漫画、图画书等学生阅读经验较丰富、兴趣较高、较易自行阅读的素材为佳。

一般家长、老师均认为漫画书的阅读，对学生语文能力的提升并无助益，但学生又偏偏特别爱好这类书刊，禁都禁不住。

既然禁都禁不住，何不因势利导，借用学生的强烈兴趣，达到读写练习的目的？在这样的读书会里，不需要一起共读某一本书，而是要每位参与者就他所阅读过的书籍中，推荐若干本值得一读的"好"书，做简要的口头、书面说明并介绍推荐理由。扣除重复出现的书单，这些推荐书就是初选出的好书名单，然后每位参与者交换阅读未曾读过的推荐书，每位成员从推荐书单中遴选出最佳好书十本，并撰写评论或引述专业评论，以为推荐的依据。经全体成员充分讨论后，票选出十大好书，推荐给全班同学，并让每名学生写一篇书评（教师可提供一般书评给学生参考）。

这种样态的读书会，一方面照顾到了学生阅读的兴趣，另一方面也让学生学习到读写书评的技能，而经由高手的过招、切磋，也开拓了学生的视野。

（二）拓展新知的读书会

有些学生求知欲特强，好奇心也重，对于新鲜事物、知识都有强烈的动机想要一探究竟。一个人摸索固然可以，但如果能找到几位志同道合的同好，一起研究、探索，可收事半功倍之效。

所以这种样态的读书会，主题确定，但阅读的材料并不确定，必须征询专家的意见后才能决定，而在阅读的过程中，可以分章阅读报告，也可以共读讨论，甚至安排专家讲解。

读书会的活动流程大致如下：确定读书会的阅读主题，然后针对此主题，每位参与者征询专家意见并搜集相关资料。例如：想了解动画的制作或有关外星人的谜团，每位参与者可去征询美劳老师、校外专家或图书馆员，请他们提供入门的书，整理相关书籍并初步阅读，以利于下次在读书会上简要说明内容，经由团体讨论，成员根据自己的兴趣、水平，选择一本书来阅读。在此过程中可机动邀请专家讲解、说明，这是读书会与个人读书在资源运用上的差异，通过团体较易请到专家帮助导读。

这类样态的读书会，学生从中会学习到如何去学习新知识的方法——求教专家、搜集资料、汇整专家意见、合作讨论学习新知。

（三）深耕精读的读书会

有些经典著作学生可能自己读过，例如《西游记》《三国演义》或武侠小说，但可能读得不够深入，希望能重读一次。一方面是学生本身对读物有相当的兴趣，自己也阅读过，但由于读物本身有相当的难度（可能较学生认知程度为高），读书会可用分享的方式进行，每位参与者针对该读物选一个主题来报告、分享，例如以孙悟空为主题来报告或以一段故事来介绍。分享的重点在于自己对这一主题的一些想法或评论，其间也可以搜集相关资料来报告或邀请专家来分享心得。

这种样态的读书会，学生能够深入去探讨书中人物角色或事件的意蕴，更甚者能比较彼此不同的观点或不同作家的写作风格。

（四）思想交流的读书会

阅读除了获取信息外，另一个重要的意义在于思维及思想的建构。思维及思想的锻炼、建构固然可以来自大量的阅读，但过度依赖自己的经验或知识，很可能产生不自知的盲点或偏见，而陷入某种困境。况且人是存在于社会中的，个人的思维及思想也离不开社会，它预设了一个公共的社会环境，所以思维及思想的建构有必要通过同侪团体的主动协助，以避免成见造成的独断，也借由相互的沟通，增进参与社会的技巧。换一种角度来看，思维的探索类似一种游戏，孩子是喜欢的，只要给予他们适当的空间，孩子们乐意悠游在思维的世界里。

所以班级读书会可以提供这样的一种样态，借由一些内涵丰富新奇、思维严谨的短文小品，让学生锻炼自己的思维技巧，运用概念，澄清意义。

这类样态的读书会，有点类似一般教学流程中的内容探究，学生经由讨论可以深化自我对意义的掌握，以及对推理、论述的合理要求。

读书会主要的目的之一是让学生亲身体验"从阅读中学习"，因此，教师应容忍学生在阅读过程中的错误与失败。过多的干预与指导，都是在减少学生学习的机会，教师何不把这段时间真正放给学生，让学生自己去学习、揣摩。教师只需站在协助的立场，帮助学生让整个活动能顺畅进行。

而读书会的团体不宜过大，一般以 8 至 12 人一组为宜，能达到充分沟通、密切合作的效果。因此，可视班级人数，参考学生兴趣分成若干组同时进行，也可配合以上所介绍的几种类型来进行。每周安排一至二堂课进行分组活动。由于将读书会纳入正式教学中，故应将读书会所要求的功课列为家庭作业的一项，让学生能利用课余时间准备，而不增加额外的负担。

四、结语

班级读书会对学生、教师而言都可能是一项新的尝试，这并不是附会潮流，而是对现行教学反思的结果。读书会为学生提供了另一种方式的学习，让学生能独立、自主、积极地参与自身的学习，而这正是当前学校教育最缺乏的一环。虽然读书会的经营会面临一些技术上的困难，诸如带领人的技巧、活动的方式、合作讨论的规范等等，但这些困难也正是学生学习的一部分。更重要的是，如果读书会真正对学生提升阅读能力有所帮助，那么这些困难都不应成为成立读书会的阻力。

2007 年发表于《小学语文教学》第 3 期。

第十五章

教师专业自主的理念、冲突与实践

一、问题背景

追求自主是人的基本需求之一，每个行业里的专业人员也需要而且必须享有自主权，才能对其所服务的对象有所贡献。这个道理看起来简单，但在现实社会实践中却会引发众多的争议。

这些年的教改浪潮起起落落，针对各项教育议题，各界提出了各种的改革诉求与方案。"教师专业自主"这个议题，也经常被提及。从理想层面来说，教师本应具有专业自主的权利。但在行政管理机构主导教育方向，以及学校科层化组织更形完备的情况下，教师专业自主的论述往往只局限在教学的部分，更有甚者，连教学都可能受到统一的课纲、教材、评量的规范，而无法体现教学的自主性，因此引发教师强烈反弹。

每一次的教改风潮中，教师往往都成为改革对象。在社会的认知中，教师必须为教育的成败负责。但处在一个无法完全自主的教学环境，要求教师必须为教育的成败负起责任，从权责相符的观点来看，确实有失公允。从另一角度来看，如果教师出于专业人员对所从事的专门职业的坚持，勇于冲开行政管理机构、学校威权控制的藩篱，对其工作的实质意义及影响又如何呢？凡此都是值得深入探讨的。

因此，本文将尝试先从概念层面入手，厘清教师专业的现代意涵；再从结构层面进行分析，探究行政管理机构及科层组织与专业自主的冲突；最后从实务层面总结教学专业自主如何落实，并提出建言。

二、对教师专业自主理念与冲突的探讨

（一）教师专业的理念

1. 专业的兴起

"专门职业"概念源起于欧洲前工业社会，指称的是法律、医学、神学等工作。所谓"专业"指的是一群人从事一种需要专门技术的职业，这种职业需要特殊能力来完成，其目的是提供专门性质的服务。但随着工商业的发展与进步，在传统所认定的专业之外，出现了许多新的职业类别，人们试图将这些职业也纳入专业范畴，一时间，专业成为许多行业追求的目标。

专业为何会成为新兴职业企求获致的身份或旧行业"晋身"的理想？不论从功能主义理论（Functionalist Theory）或阶层化理论的观点来看，专业对社会的功能都有相当大的贡献，因而理所当然能享有社会上较优势的地位、高水平的决定权及物质与社会声望报酬（Davis & Moore，1966）。

2. 专业的界定

对于"专业"的界定虽然各家学者仍有分歧意见，但从一般为大众所共同认可的专业，如医生、律师等传统行业的特性分析，专业至少具备以下的特质要项（Lieberman，1957）：

（1）提供独特、明确而重要的社会服务；

（2）强调智慧的运用；

（3）受过长期的专业训练；

（4）个别从业者及整个团体，必须享有相当大的独立自主权；

（5）在享有专业自主权时，从业者必须为自己所做之判断与行为负责；

（6）强调行业的服务性质，而非经济收益；

（7）专业工作者需要遵守明确之伦理信条；

（8）应有健全的专业组织。

其中"专业自主权"一项，似为以上特征的核心。一般在论述专业时，也往往将其列为专业的最基本价值特征及必要条件，将"专业"及"自主"视为一体两面，不可分割，自主必须以专业为基础，而专业必须通过自主来完成（林彩岫，1987）。

"自主"意味着专业人员在被认可的条件下，能依据本身所具有的专业知识、技能，行使其专业判断，执行其专业任务，不受外力干预（高强华，1992；刘春荣，1998）。鲍德里奇（Baldridge，1978）则具体指出专业自主的标准有三：（1）在组织内有主要工作控制权；（2）只有专业才能评鉴同行的同侪评鉴；（3）有免于标准化、有自定工作时程和免于琐碎行政事务的自由。

3. 教师专业的迷思

在教育发展的过程中，教职是否为一专业工作，一直有所争议。19世纪中叶，由于女性大量投入教职，教职被视为只需要母爱天性，而不需要严格的理论知识，教学工作也被视为一种低层次技术性、机械性的实践，只是一种实务上的应用。这种女性化歧视与去技术化的过程，将教师的职业等同于一般劳工。及至 20 世纪资本主义社会兴起，专业主义盛行，各行各界纷纷试图寻求一种异于一般劳动工作者的地位，教育团体也起而争取教职为一项专业。

在讨论教师行业是否为一专门职业，教师是否为一专业人员时，论述点多集中在是否符合前述专业的特质上并因此而主张教师为一专业人员，教职为一专业工作。如联合国教科文组织（UNESCO，1996）即发表关于教师地位的建议案（Recommendation concerning the Status of Teachers），主张将教师视为专业工作："教师职业必须被视为专业；教师职业是一种需要有教师严谨地与不断地研究，以获得专门知识与特别技能，而提供的公共服务，并要求教师对于其所教导之学生的教育与福祉，负起个人与协同的责任感。"

也有学者以教师工作无论是在其自主性、专业训练上，还是在职进修的强制上，均无法与典型的专业（如医师、律师、会计师、工程师等）相比拟（陈奎熹，1980），差强也只能以"半专业"（semi-professional）视之。

登斯莫尔（Densmore，1987）则认为教学从不是一项"专业"，教学实践的因袭性、被动性是主要特征，而不是自主性和创意性，将教师与专业主义挂钩只是一种意识形态，是行政管理机构控制教师的一种方式。例如学习科目的零碎化，套装课程造成教师去技术化，教师只是执行由专家事先设计好的课程，教师在教学实践中的控制性与自主性已被限制到很低。

而根据研究指出（沈珊珊，1997），台湾教师们所认定的教师专业是在并不完全了解所谓"专门职业"的定义，及其应包含哪些工作条件情况下的认知；或者教师们仅以教师工作中某些项目符合专业特质即认定教师行业为一种专业。因此，或可说教师专业自主已成为教师的一种迷思，或如登斯莫尔所说的仅是一种意识形态而已。

（二）行政管理机构、科层组织与教师专业自主之冲突

如上所述，专业主义的特质系形成于特定历史背景中，但随着社会的发展，在资本主义制度之下，工作组织与工作流程逐渐改变：分工愈细，任务分隔化、高层次任务例行化、增加对工作过程每一步骤的监督与控制、技术层次降级等。这种趋势不仅适用于劳工阶层，也出现在专业人员的工作上，因此专业主义已与其实际的职业功能、工作条件及社会关系没有必然的关联，而成为一种理想形态。

1. 科层组织

最具代表性的就是科层组织的出现。科层体制基本上是建立一个纵向的权威阶层系统（hierarchy of authority），配合横向分工所确立的权限，再以成文之法律及规章作为权威（或权力）的来源与行事依据（沈珊珊，1997）。科层组织所强调的是层级节制的权威，低层职位者必须由高层职位者监督控制，在如此清楚的主从关系下，受雇之专业人员如何能够保有所谓的专

业自主权，并为自己的专业判断与行为负责呢？因此，当专业人员愈来愈服从于受雇机构的管理、控制时，专业自主的条件显然已逐渐流失。

2. 行政管理体制

另一方面，教师自主权除了受学校科层组织的规范而难以充分发挥之外，不同的教育管理制度（forms of educational governance）在本质上也会影响教师自主权的多寡。集权教育管理制度下的教师，处理较多的例行性工作，具有明确及狭隘定义的责任，接受权威的学校管理，采取制式的沟通管道及控制的教学方法。而分权教育管理制度下的教师，则较有机会参加组织的决策与官方规定的执行，较能与地区团体接触及获得支持；在学校中也能扮演较多的角色，在教室内也较能采用多样的教学法。（引自沈珊珊，1997）

3. 教师专业自主的意涵

对于教师专业自主的意义，学者的看法较一致（Samuels, 1970; Packard, 1976; Gnecco, 1983; Hendley, 1983），主要强调：专业自主是基于专业知能，以及在行动上及心理上的独立自由感。所谓"教师专业自主"意指：教师基于专业知识、技能，从事与教学有关的工作或做专业之判断时，不受外来的干扰，而能自由地处理有关事务。

但对于教师专业自主的范围、层面和限制，则有不同看法。康利（Conley）等认为，学校教师之专业自主权，主要表现在教学、学生管理、辅导及校务管理等事务上。针对这些事务，教师应拥有完整的计划、执行及评鉴之权力。（Conley,

Schmidle, & Shedd, 1988)

阿斯金（Asking, 1991）将教师的自主性分为个人的自主性（private autonomy）及团体的自主性（collective autonomy）。个人自主性是指教师个人所拥有的自主性，而团体自主性是指教师在工作团体中所拥有的自主性。

雷林（Raelin, 1989）认为在学校中有三种形态的自主性，分别是：策略性的自主（strategic autonomy）、管理性的自主（administrative autonomy）、操作性的自主（operational autonomy）。策略性的自主为学校委员会和督学所有，他们负有决定学校目标与规定的权力。而管理性的自主是学校校长的权力。至于操作性的自主则是赋予教师在教室内，能依据学校的教学目标而使用教学方法的自由。

汉森（Hanson, 1990）则提出交互作用区域模式（interacting sphere model, ISM）之概念，认为学校行政人员做决定之正式区域（sphere）及教师之非正式区域会产生交互作用。两者皆有其权威来源，两者在交互作用的区域会产生竞争、影响和协调。

就现实层面来看，教师所担任的工作可说是以技术层级的任务为主，所以教师的大部分自主性，应属于与技术层级有关的专业自主性，诸如教材的选择、教学法的运用、教学进度的安排及对学生学习成效的评量，或创新或验证更有效的课程与教学方法，以达成教学目标。（林彩岫，1990；罗文基，1989；郭秋勋，1994）

但仅从教师本身之教学活动层面探讨教师专业自主，似有不足之处。费尔（Feir, 1985）认为教师若仅拥有与教室行为（或教学责任）有关的自主性是不够的，这种自主性容易流于疏离，造成教师的孤立。其实教师也有权力进行教室以外的活动，如全校事务的决定等，发挥他们的专业自主性。而雷林（1989）认为教师除了能控制教学的方法和手段之外，他们也必须决定教室之外的程序和行为，包括选择教科书、计划课程、决定班级大小、测验、评鉴、安置学生及拟定行事历等。

综合以上看法，教师个人的专业自主不仅应包含教室内教学活动，教室以外的事务也有权做决定。但另一方面，教师专业自主虽有其必要性，但并不意味着自主是没有限度的。正如艾（Eye）和内策尔（Netzer）所言："专业自主隐含着某一特定程度的自由和独立，但并非意味着行动完全不受限制与管理。"（引自王为国，1995）如此，才不会导致自主的误用。

4. 冲突与限制

如前所述，随着资本主义制度的发展，专业主义已失去其原有的一些特色，而一旦专业人员成为受薪者，在实际工作上的自主性势必受到影响。但是另一方面，教师们对专业主义的信仰与坚持，却未因为工作条件及情境的改变而式微，反而更坚定地希冀成为专业团体，以维护自身权利与地位，因此冲突在所难免。

科层体制权威和专业自主权的冲突是源于"以法治为主的控制"与"专业知能的自主"的对立（Corwin，1977；Hoy，1982。引自彭富源，1998）。这种冲突对立，是本质上的冲突，因此难以兼容？（Friedson，1973；DeYoung，1986）还是说这种冲突只是逻辑上的冲突？（张笠云等，1993）因此可通过制度的规划与观念的倡导，事先预防此冲突的产生。

根据研究发现（秦梦群，1993），学校中的冲突，有半数导源于科层与专业的对立。问题似乎不在事先的预防，关键乃在冲突发生时，如何消弭此一冲突，并将此冲突视为一种考验，令其一旦消除解决即成为校务推动的助力。

陈奎熹（1980）在讨论科层化与专业化之冲突时指出，学校教师在任教时即具备双重角色，是附属于科层体制下的一分子，也是具有独立自主性之专业人员。学校教师若居前一角色，则必须尊重体制之权威结构，接受行政督导；若居后一角色，基于专业理念与维持专业水平之考量，则会反对过度之行政控制。

至于教师专业之限制，从实际情况来看，则可分为两种：外在层面的限制，如官方规定、学校组织特性、职务升迁与薪资报酬等；内在层面的限制，如性别、专业素养、保守性格等（姜添辉，2002）。要言之，教师自主权之消长，常受其所处的学校组织结构的严密与否，教育行政管理制度之集权程度，政治、社会和经济环境之变迁，以及教师个人性格、行为等方面的影响。

以台湾小学教师为例，既受台湾当局教育主管部门制定的课程纲要（或标准）、教学目标、能力指标、教学时数与教材审定之限制与影响，又受市县教育主管单位与学校层层权力阶层之规定导引及规范教学进度、考试时间、考试科目与评量方式的局限，即便是在教室内教学层面，教师能够拥有的自主权亦极有限，仅剩下提供补充教材、规定作业、批改作业等琐碎事项，因此专业自主权确实是较萎缩的。

三、台湾教师专业自主权的实践

台湾教师在教学活动、学生管理及辅导方面的工作，在计划层面多属被动参与，而在执行与评鉴工作上，则责无旁贷，负起教学、管理与辅导的责任，可说是拥有充分的自主权。

但在校务管理方面，教师不论在参与或决定校务计划、执行校务计划及评鉴校务发展方面，均显现权利薄弱与缺乏，一般教师也欠缺参与热忱与专业。

（一）对专业自主的认知

对台湾教师专业自主的研究显现（林彩岫，1987；高新建，1991；游淑燕，1993；王为国，1995），性别、学历、个人教育理念、服务年资、任教科目、是否兼任行政工作及学校规模等因素，影响教师对专业自主性的认知。而对教学自主性的调查则发现（姜添辉，2002），教师教学自主性受两方面因素的影响：一是客观结构，如课程标准（课程纲要）规定、教学环境条件（如工作量、班级规模、学校设备）和监督机制；二是个人教学能力，如学科知识及教学技能等。

（二）教室内的专业自主

根据调查，教师在教室内从事的所有教学活动，如决定教学目标、教科书、教学方法、教学进度、补充教材、作业指导、评量方式、班级常规辅导、生活辅导、学业辅导、教学设备、课程设计等，虽会受到同事、行政人员、家长及校外人士的干扰，但大抵仍可独立地依照自己的专业判断来做决定（林彩岫，1987；郭秋勋，1994；陈正昌，1993；钟任琴，1994）。

进一步分析，多数教师认为自身具有工作自主权。然而其所认为拥有自主权之项目，大多出现在"教学方法""指定作业""班级经营"及"学生管理与辅导"等个别自主权项目上，而在"参与校务及学校重大决策"和"教学进度"方面之集体自主权则并不充分。

换言之，教师虽然对单一课堂时间的运用具备相当的自主性，课堂中实施的教学活动极少受到外来干涉，在教材的诠释、教学方法与评量的多元化方面，享有相当大的自主空间，但是每学期必须要教授的课程、每次考试要测验的教材范围，仍然受制于全校统一的进度规定，考试进度压力对教师在时间运用上具有相当的影响力（姜添辉，2002）；在考试的进度、时间、科目和测验方式做统一规定的情况下，教学很快地变成保守、僵化的例行公事（黄武雄，1997）。

（三）教师专业自主的隐忧

当专业自主成为教师团体的一种迷思，成为行政管理机构控制教师的手段时，在专业主义的糖衣包裹下，教师被要求对教育做无私的奉献，教师教学生活中因此充斥着众多无关专业的琐事，成为内耗教师能力的主要因素。如教师受专业主义意识形态的影响，以为参与学校的各种委员会，做一些无关学校管理的决定，就代表自己在教育工作上的重要性与责任感，借以确保对学校的忠诚与奉献，即便是额外的工作负担或与专业无关的活动，均被视为教师专业角色的责任而欣然接受，不会去质疑自己的教学自主性被忽视或受到限制。

另一方面，专业主义的意识形态有可能造成教师团体的封闭性格，要求非教育社群（如家长、社区）不得干涉教学领域，专业自主成为教师的护身符，使之能独立在被间隔出来的教室里，避免受到外来的监督。而基于教师教学权威的考量，对于教师教学的评鉴，一般学校均较少采取直接进入课堂观察的方式，而代之以学生的测验成绩及升学率来衡量。如此恶性循环下，学生的成绩或升学率与教师教学成效画上等号，反倒捆缚了教师的教学自主。

四、结论建议

姑且不论"教师专业"之认定是来自实质教师工作条件之描述，或是设定为教师当努力或改革之方向，教师自主权已在此"专业"的认定之下，成为教师所力求保护或争取扩充者。然而教师要扩充或增加之权利，究竟应该属于哪方面之权利呢？是属于自身教学范围内的事务，还是学校整体的事务？或者是相关的教育行政事务？一旦教师诉求增加权利，而与所处之教育的行政体制与科层组织有所冲突时，又该如何看待与处理？

在分析及诉求教师自主权时，似不应以完全专业的理想来要求或谴责现状，而忽略在教育行政制度及学校组织方面的考量。否则，将会导致教师把增权的手段变成目标来追求，而遗忘了教师增权是为了达成更好的教育目标。以下提供数点建议。

（一）在概念方面

"教师专业"之认定可能并不具有反映教师实质工作条件之意义，反而较易成为一种"意识形态"，以"专业"之门槛象征社会阶层与声望，以期与其他较低阶层有所区隔。因而"教师专业"作为合理教师增权之诉求，以抗衡学校严密之科层组织，确实为一可行的发展方向。

教学自主的可能性并非是全有与全无的二分结果，社会结构环境也非一成不变，教师的积极行动才是自主展现的关键。专业自主的实践可能性，正是在社会结构与教师主体两种力量的拉扯、角力、协商之中磨塑。

教师专业自主并非意味着教师拥有无上权力，可以为所欲为，自主必须受到合理的规范，若只是单方面强调尊重教师的自我抉择、行使自我决策的自由，却不去考虑其决策是否合理，反而可能损及自身及社会的利益。

（二）在制度方面

行政管理机构及学校要体认教育潮流的变迁顺势而为，要增加教师参与教育决策的机会。为了化解科层体制与专业化的冲突，可能采取的解决方案，应由科层体制与控制形式的改良着眼。例如：建议学校行政管理改采"代表性模式"，即学校行政人员应改变其行政领导之权威，而以高水平专业能力之权威，以及决策形成的合理程序，获得全体教师之合作。但根本的解决之道或许须从"权力结构的重组"来着手，即将学校权利进行重新分配，重组教师、学校行政人员、家长及教育行政单位的工作关系。

教师增权的目的应包括提升教师地位，增加教师专门知识及教学法的应用，以及增加教师的决策权利。具体可从师资培育制度方式及内容的调整、在职进修制度之改良、建立教师分级制、赋予教师更多工作场所的权利等方面着手。

在现今的学校体制内，教师仍处于相对的劣势地位，尽管教师规定颁行之后，教师有拒绝与教学无关工作的权利，但有时教师很难拒绝行政上的要求，教师宜厘清学校教师权利与义务的细节，阻断外力对教学的干预。

（三）在实践方面

九年一贯课程规定明显提升了教师的专业自主权，如自编教材、发展本位课程等，但是教师并未展现出积极的专业行为，存在等待的消极心态，缺乏勇于探索的精神，并且显现出排斥发展自身专业知能的态度，以及只关注实务上立即运用的需求，凡此均与专业自主之理念相违背。

在诉求"教师专业自主权"增加的同时，也应力求"教师专业能力"的增进与"专业热诚"之培养。在主张教师专业自主的同时，建立明确的监督及制衡权利的机制，也是刻不容缓的工作。

教师专业自主的精神重在参与，教师要能对教育工作认同，积极投身班级教学，辅导学生行为，也要参与学校在课程、教学、行政等方面的各项决定，同时能参与教师专业组织，群策群力贡献力量，争取发展教育的有利条件与资源。

自主必须以自律为基本原则，自律就是自我约束，以确保自主之行使必须以维护个体及社会之利益为前提。

2007 年发表于《研习资讯》24 卷第 5 期。

第十六章

跨越鸿沟

——从对话式教学看学生表达、沟通能力的培养

一、沟通能力的培养

（一）前言

近 20 年来，各先进国家对教育的课程方向做了一些大幅度的修正，主要着眼点大都集中在如何在信息化时代面对全球竞争力的挑战。随着知识经济时代的来临，企业界普遍认为学校教育缺乏工作知识和能力方面的教导，学生常学非所用。因此，英、美、澳几个国家成立了业界和教育界联合组织的委员会，经过讨论、研究和分析，推出"基本能力"的构想。

"基本能力"的具体内容及其名称各国有所不同，但这些基本能力要求已成为各国推动教育发展的核心和重点。中国台湾地区的九年一贯课程，就是参考国外的基本能力研究成果而推出的。在九年一贯课程中所标举的十项基本能力中，第四项基本能力"表达、沟通与分享"可能是大家较熟悉的，特别是在以听、说、读、写为主要内涵的语文学习领域课程中，培养学生的听说能力，几乎就等同于此项基本能力了。

然而，事实上过去对表达、沟通等能力的研究及标准的制定，所做的工作并不多，仅通过语文科课程标准中所提供的一个约略轮廓——所谓口语表达及沟通能力，即会话、讨论、演说、论辩的表现能力，进行课堂教学，而评量方式也仅限于单项的自我表达的发音、态度、组织、内容等，欠缺与人沟通的能力指标，忽略了口语双向沟通的本质。

九年一贯课纲中对本项基本能力的界定，做了相当多的补强与扩充，使表达、沟通不仅限于口语的表达与沟通，还包含书面语文、符号及肢体语言，同时也注意到了表达、沟通的双向性。

但由于书面语及其他符号的表达沟通涉及层面过于宽广，本研究无法一一处理。而口语沟通应是表达沟通最一般的形式，故本研究将探讨范围锁定在口头语言的表达与沟通上。

（二）"表达、沟通与分享"意涵的探讨

根据专家的界定，"沟通"系指某方经由一些语言或非语言的管道，将意见、态度、知识、观念或情感等信息，传达给对方的过程（张春兴，1989）。也是两人以上彼此交换意见，建立共识的情义交流活动与过程。所以沟通是一种互动的过程，参与者不仅是信息传送者的角色，同时也是信息接收者的角色。

"表达"是表示传达的意思。一个人可以通过各种方式，如语言文字、动作、表情、音调、美劳作品或数学、逻辑等其他象征符号，把思想、知识或情感表示出来，并传达给他人。表达是单向的，表达后要进一步了解别人的反应，必须进行沟通。所以表达亦可视为沟通的一部分。

表达与分享较难区分。分享是应用，可能只是一种参与方式，把别人需要的给他。分享应带有情感，涉及态度，有意图、有听众，但不求对方同意。针对自己的想法，说与别人知道，在学校课堂中教师常安排或要求学生进行此类活动。就此三个概念而言，表达应该是最基本的，有了表达才有所谓的沟通或

分享的活动。反过来说，无论是沟通或是分享，都必须借助表达能力。

从以上分析看来，表达是单独一个人的活动，沟通与分享则必须有对象。沟通是指有效的表达。沟通必须是双向或有更多的对方，在各方有不同的意见与观点的状况下，才会发生。沟通需要若干种更基本的技能，如表达的能力、吸收别人信息的能力、辨别异同的能力等。

总而言之，表达、沟通、分享三项活动（或能力），就其生成性而言，表达应是最基础的，沟通与分享必须架构在表达之上。而就其目的性而言，沟通才是核心。表达只是一种形式的指称，但是表达也不可能无的放矢，总有其潜在对象，而且表达活动必然是在一特定的脉络情境中产生的，表达的目的无非也是希望别人了解或接受自己的看法或意见，因此通过表达才有了沟通或分享的实质活动。缘此，这三项活动虽可以独立来看，也可分别来练习，但从实质应用上来说，无论是表达或是分享，最终还是离不开沟通。可将此三项能力化约为一项整体的活动或能力来探讨，如外语中常用"沟通"此一词语作为相关概念的统称，而不必将此一整体概念的分项逐一列出，徒增困扰。

因此，本研究将此项基本能力做如下的诠释及界定：表达是此项能力的基础，是一种行动或表现，不论表达的形式是口头语言或是书面语言、肢体语言。在不同的学习领域可能对此项活动给予不同的称谓，如数学领域称为发表，自然领域则多称之为报告。表达能力关涉的是表达者自身的表述能力，对象及场域的因素较不明显，其形式如聊天、打电话、询问。分享及沟通两项能力则关涉对象。分享属于单向的形式，如报告、演讲、说故事、介绍。沟通则较复杂，不单是双向的对话，还包含希望双方达成理解或共识，其常见的形式有讨论、辩论、评论等。而在沟通活动中自然也会涉及表达、分享等能力。

（三）沟通能力的教学

现代电信科技的迅速发展，记录有声语言工具的大量普及，使信息传递手段有了崭新的突破，因而就语言的应用范围和频率而言，口语远远超过书面语。许多在过去依靠书面文字传达的信息，在今天已被口语取代。口语沟通教学的核心任务是培养学生基本的口语交际能力。这种能力是由表达、倾听、应变、互动等技能组成的，它是一种十分复杂的思想、感情和信息的交流活动（谢雄龙，2005）。这种活动的有效进行，是以对话双方良好的表达、倾听、互动、应对等能力为基础的。也就是说，表达能力、倾听能力、互动能力、应对能力是组成口语沟通能力的主要因素，口语沟通能力的培养，也必须从这几个方面入手。

"表达、沟通与分享"此项基本能力的培养，固然可以通过设定特定的学习活动来达成，但是须注意的是，无论是表达、沟通或是分享，必定牵涉内容，绝不会无的放矢。换句话说，表达、沟通一定是在某个情境脉络中发生的。这脉络或内容正好可架构在学科内容或技能的学习上，所以说表达、沟通能力的培养与学科学习是可以同时并进的。

为使学生能有效地学习到表达沟通的技巧，在教学上必须注意一些基本的原则。这些教学原则是依据口语沟通的教学目标，按照一定的教学规律，针对教学内容和学生实际状况所设定的，在实际教学时应遵循的基本准则与要求。这些原则的确立与掌握，将使课堂的口语沟通教学不至偏离沟通之特质，也将使学生口语沟通能力的发展符合真实生活所需。

1. 情境性原则

表达沟通是在特定的情境里产生的言语交际活动。这种言语沟通活动离开了"特定的情境"就难以进行，因此在进行教学时，必须精心创设符合学生生活实况的情境。进入与实际生活相符的情境，学生较容易产生一种身临其境的感觉。有了这种感觉，学习的情绪就会提高，沟通的主动性、积极性就会增强，进而提高沟通的能力。

2. 双向互动原则

口语沟通是一种双向互动活动，任何单向行为都不可能构成真实意义上的沟通。口语沟通教学要培养学生的表达沟通能力，就要创造条件，使学生由单向个体转化为不同的双向组合或多向组合，并在双向或多向互动中进行动态的口语沟通训练。只有这样的训练，才能促使学生增强言语表达和倾听能力，提高思维的敏捷性、条理性。由于在沟通活动中，一方的言语行为会直接影响另一方的言语行为，因此必须密切关注对方的言行，并做出准确的分析、判断，从而拿出相应的对策，这就需要一定的应变能力。这种能力对学生来说，只有在双向互动的训练活动中才能形成。因此，教学中要尽量根据教学内容的特点，为学生创设双向或多向互动的对话条件和机会。

3. 多途径训练原则

培养学生口语表达沟通能力，是学生自身发展的需要，也是社会对未来人才的需要。口语沟通教学只有结合学生的学习、社会生活，多途径展开训练，才能使学生具备自身发展、社会需求的表达沟通能力。教学上，一要充分利用学科教学中的有利时机，有目的、有计划地培养学生的表达沟通能力，如教学中的讨论、争论、复述、评价，都是极好的训练时机。二要结合学生的社会生活经验，精心创设沟通情境，引导学生在情境中进行训练。三要采取激发兴趣、增强意识等方法，引领学生在日常生活中自觉、主动地锻炼自己的表达沟通能力，有目的地进行自我训练。

4. 思维与语言同步发展原则

表达沟通是一个言语信息吸收、分析、加工、组合、输出的过程。在此过程中，思维起着决定性作用，语言与思维相辅相成，密不可分。口语沟通教学要培养学生的沟通能力，必须在进行表达、倾听、交往、应变训练的同时，注重思维训练，尤其要注意创新思维训练。在口语沟通活动中，只有思维灵活、思路开阔的人，才能顺利实现沟通目标。要使学生的口语流畅，应变灵活，沟通富有个性特色，就要训练学生思维的条理性、灵活性。

二、对话式教学的探讨

（一）课堂沟通的本质

有关调查和观察发现：人们在日常生活中的语言应用，听占了 45%，说占了 30%，读占了 16%，而写只占了 9%。总括起来，听与说共占了 75% 强，而读写至多只占 25%，可见听与说在人们日常生活中的重要性（倪文锦、欧阳汝颖，2002）。这就是说，人与人之间的沟通，主要是靠听与说。但听说教学在语文学习的过程中，似乎并未受到应有的重视。

沟通是教和学过程的核心。虽然知识本身有价值，但是无论一个人知道的有多少，并不能保证他能够将知识传递给别人。沟通是掌握知识的教师和想要学习的学生之间的重要桥梁。从专业教育工作者的角度看，学习知识和把知识教授给别人之间的关键就在于课堂沟通。

在教和学的过程中，沟通的重要性是显而易见的，但是这种重要性经常被忽视或否认。关于课堂教学，教师反映最普遍的问题不是对所教学科知识的缺乏，而是从来没有一个人教给他们应该如何去教。这个问题是许多教师在开始他们从教生涯的第一天才意识到的。要求教师回到学校修习某个学科的更高学位，似乎并不能解决他的问题，然而帮助他理解如何与学生沟通，将会从长远上解决问题。

在过去的半个多世纪里，"沟通"这个词成为日常用语中最常用的词之一。就像其他的词语一样，"沟通"对不同的人意味着不同的东西。我们有人与计算机沟通，有人学习蜜蜂之间的沟通，有人试图和我们相信存在于太阳系的其他人取得沟通，有人担心电视和我们孩子沟通的东西，有人认为不同文化背景的人可能会彼此使用不同的沟通方式。

在当今世界，沟通成为大多数工作不可缺少的一部分。电话、电报、收音机、电视机、书、杂志和报纸都是沟通的领域，当然还有教学的核心。

我们已经给出"沟通"这个词的许多不同应用，当人们用这个词时，在头脑中可能会出现许多种不同的意思。然而实际上，这个词只有两个不同的含义。

"沟通"有时指把信息从一个地方传递到另一个地方的过程。这种用途就是我们上面提到的所谓交流行业，包括电话、电视、出版物等。除此之外，"沟通"这个词可以是另一个更普遍的词——资讯的代替者。举个例子，如果一种科技产品（比如你的传真机）接收一个资讯（或信息源），并通过电线在空中传递，把它传递给受众（另一台传真机），在这个过程中资讯是能被再生产的，那么沟通就产生了。这种情况关注的是把资讯从一个地方传递到另一个地方。

这并不是教学上所关注的那种沟通。当我们试图教授学生时，我们所要关心的不仅仅是传递信息，也要关心学生从这些信息中领会到的意义。

对于"沟通"这个词意义的理解，关系到我们如何使用这个词。在课堂中，我们说沟通是一个人通过言语或非言语信息，使其他人头脑中产生一种意义的过程。因此，教师通过在学生头脑中激发意义和学生沟通，而学生通过在教师头脑中激发意义和教师沟通。当然，这些沟通过程能够同时发生。

（二）对话式教学

传统的以知识灌输为主的语文教学被界定为"授受模式"，而对话理念指导下的语文教学被称之为"对话模式"。

传统语文教学即授受模式教学，在很大程度上是一种独白式教学。它承认并维护教师在教学中的权力中心地位，教师居于无可置疑的"独白者"地位，学生则以知识容器的身份存在。教师就是真理的拥有者和真理的化身，他以绝对权威的姿态向"无知"的或"少知"的学生灌输着知识，传授着真理。原本也应是参与者的学生在教学过程中只能以"一无所知"或"知之甚少"的被动接受者的姿态存在。

这种教学方式只是一种知识的复制或再现方式，注重的结果是知识的掌握，学生的整体语文素养的培养与提高被忽略。

联合国教科文组织在《教育——财富蕴藏其中》中指出，"通过对话和各自阐述自己的理由进行争论，这是21世纪教育需要的一种手段"。巴西著名教育家保罗·弗莱雷（Paulo Freire）说："没有对话，就没有了沟通；没有了沟通，也就没有真正的教育。"对话是教育的基本精神，也是语文教学的基本理念。

最早提出对话概念的是苏联文艺理论家巴赫金（Bakhtin）。在巴赫金那里，对话与存在同生同存，对话是存在的条件，存在意味着对话，对话是生命间互为存在必不可少的决定性的要素，所以，有人类就有对话。德国哲学家、社会学家哈贝马斯（Habermas），在他的"沟通理论"中，则把对话视为一种方法论，认为对话是达成现代沟通最为合理、最为有效的一条途径。

对话是个隐喻意义上的用语，但对话也是一个实际意义上的用语。隐喻意义上的对话强调的是对话的精神与质量，实际意义上的对话强调的是对话的行为方式与效果等。

隐喻意义：对话是指教育者与受教育者在相互尊重、信任、平等的基础上，以语言等符号为文本而进行的精神上的双向交流、沟通与理解。

实际意义：教学对话就是通过教师的提问、激励与引导，学生自由思考、自由表达自己的疑问和见解而获得知识技能、发展能力与人格的教学方法。教学对话是师生共同解决问题型教学方法的基本形式之一。

只要具有对话性质，即使整堂课都是教师在讲解，也会是一种对话而不是独白。对话不能单纯以形式来判断，关键是看其是否具有对话质量。对话的质量就是交流，就是相互理解。

（三）对话式教学的特质

就具体情境而言，对话需要一种共同的统觉背景，即对话的进行需要说者和听者有共同的统觉背景。巴赫金曾指出，统觉背景是指社会上不同的意见、观点、评价，以及具体语境中既定的表述的语言意义。这两者结合起来就成为说者和听者用以理解言谈的知识背景。

弗莱雷指出：缺乏对世界、对人的挚爱，对话就不能存在；没有谦虚的态度也不可能进行对话；对话还需要对人类深信不疑；离开了希望，对话也同样不能存在；最后，除非对话双方进行批判性思维，否则真正的对话也无从谈起。

在教学对话中，师生每个人都应该以爱、平等、谦逊、信任的态度投入其中，而不能采取相反或破坏性的态度。教育的前提是差异，有差异就需要有对话。所以，对话是教育的内在需要并且是本质需要。

对话式教学具有以下四个教育特性。

1. 自我实现的教学目的观

对话式教学并不排斥追求外在的知识与能力，但最终的目的是通过对话维护学生自身的价值和利益。通过阅读对话与教学对话促使学生自我对话的产生与进行，促使学生的自我认同、自我发展，等等。对话式教学最终是要落实到自我对话上的。教师和学生通过自我对话最终实现自我确认、自我认同、自我提升、自我发展和自我解放、自我实现。

2. 教学合作观

教师与学生不是对立的，他们在本质上是一体两面的。他们是教学组织中存在差异的成员。教师是一位富有经验的伙伴，学生是一位正在成长中的新手，他们的合作使教学组织运转得更合理、更科学。

3. 交往生成方法论

通过交往而生成或在交往中生成是新的教学的一种转向。在对话式教学中，由于其本身所具有的开放性、差异性、不确定性等要素，对话式教学的目标是生成性的，教学过程、教学问题等都是生成性的，是在师生互动的过程中生成的，然后在师生互动的过程中使问题得到解决。在传统的教学中，教学目标是"实现"的，即它不具有争议性，是既存事实的目标，教学就是在教师的指导下让学生达到这样的目标而已。在对话式教学中，即便有这样的已"实现"目标，也应被教师"悬置"起来，师生再次从头共同对它进行新的探索。

4. 深度师生关系的建构

对话式教学通过师生之间真诚、平等的合作，通过教学交往活动，建构一种新的师生关系：深度师生关系。深度师生关系是相对于浅层或表层师生关系而言的。在传统的教学中，由于对教学效果的片面追求，授受教学方式使师生之间缺乏交往、交流与沟通，缺乏理解，也就难以构成深层认识与深厚情感。对话式教学中，由于师生之间展开合作，通过多重教学交往活动而天天生活在一起，师生之间就拥有了更多的合作、交流的机会，有了更多的深入了解、理解、认识对方的机会，在不断的交往实践中，师生之间的关系逐步走向深入，从而形成深度师生关系。深度师生关系表现为师生之间在知识、能力、性格、态度等多方面的相互深入了解与认识，也表现为师生之间情感的逐渐加深。

三、语文对话教学的实践探索

阅读对话与阅读教学对话是两个不同的概念。阅读对话是指读者与文本及通过文本与义本相关者的对话。阅读教学对话则是指师生之间展开的课堂教学对话。语文教学对话可以从阅读对话、课堂教学对话和自我对话三个方面加以探讨。

（一）阅读对话

阅读对话至少包括两个方面：一方面是读者与文本本身的对话；另一方面是读者与文本相关者的对话。

1. 读者与文本的对话何以可能

（1）言语的模糊性和意会性。

言语具有一定的客观模糊性和意会性，不少文学作品中的言语所表示的概念内涵不确切，外延不明显，给读者留下了较大的主观情感运动的空间，不同的读者可以根据自己的主观意图对同一语句做出不同的理解。

（2）文本空间。

文本空间即作者有意无意地在作品中留下的、可供读者去充分发挥的空间。接受美学创始人 W. 伊瑟尔则提出文本中潜有"隐含的读者"。他们所说的这些其实都是一些文本空间，正是这种空间使读者自觉不自觉地参与到文本创作中来，成为文本完成者。

（3）意义空间。

作者通过作品思想表达一定的意义，作品本身以自己的方式呈现了一定的意义，但除此之外，由于读者的参与仍然有无限的意义敞开着，作者和作品所呈现的意义之外的意义，可以称之为意义空间。文本空间是由作者有意无意留出的，意义空间却在作品呈现的意义之外，甚至是由读者创造出来的。

（4）读者空间。

正是因为读者本身也存在"空间"，所以，文本内容才可能给读者空间以填充意义。读者正是在这种空间被填充的过程中得到了阅读的愉悦感、收获感、充实感。

2. 促进学生与文本对话的策略

第一，进行相关知识的针对性指导。教师可给学生一些关于如何阅读的知识指导。这种指导不仅仅是通常意义上的阅读方法、阅读技能、阅读习惯的指导，而且是有关文学理论创作、作品叙述视角、艺术留白、文学阐释知识等可以帮助学生进入阅读对话的知识指导。

第二，随课文举例，教会学生提问。在教课文时，教师随课文举例子让学生明白怎样在阅读时与作者对话、与作品中的人物和事件对话，会收到比较好的效果。一个比较好的策略是教会学生在阅读过程中不断提问。初始提问是阅读深入的切入，不断追问是阅读深入的表现，从问题中走出则是一轮对话的结束。

第三，帮助学生清除阅读对话障碍。在阅读对话中学生常常会出现一些阅读对话的障碍，比如词语障碍、术语障碍、背景知识障碍、理解障碍等。教学中教师可采取一些措施，帮助学生清除阅读对话的障碍。

3. 读者与文本相关者的对话

文本相关者，指与文本产生联系的人或环境，包括文本作者、文本产生的时代背景、文本所反映的时代背景、文本编辑者等。

读者与文本相关者的对话，首先是读者通过文本与作者的对话。传统的语文教学，只是关注了读者与作者的对话，而没有注意读者与文本的对话，所以导致阅读的单一性。读者与作者的对话，其内容又是十分丰富的，包括通过阅读体会作者的情绪、感情、心境，理解作者的写作意图，理解作者的处境、创作状态等多方面。其次是读者通过文本与文本所反映的时代背景对话。

（二）课堂教学对话

课堂教学对话是师生和生生围绕课堂教学的主题所进行的多重互动活动。

我们也可以把所有的对话都理解为视域融合式的。没有所谓的上下、对等、交错，有的只有一种方式，即视域融合。对话者之间所具有的是差异，是各不相同的视域。对话以一种视域融合的结构方式存在：你不断进入我的视域，我不断进入你的视域，对话者之间不断进入对方的视域，互相弥补，最后达到共同视域。由于他人视域的进入，个人在对话中得到了提升。其实，教学正是这样一种教学相长的过程。

（三）自我对话

要理解现在的我，就要理解过去的我。自我对话在通常意义上是指现在的我与过去的我的对话，也就是自我对过去所沉积的经验、历史、思想等的反思性理解。这种对话使自我清醒地意识到现在的存在状态。现在的我是有别于过去然而又不完全脱离过去的我。

教师在教学中处于主导地位。教师的对话能力与对话水平直接影响着课堂教学对话的水平与质量。教师在课堂教学对话中应该创设平等、民主的对话氛围，真诚地投入到与学生的对话中去。课堂教学对话的深度与价值往往取决于教师的组织、发问等能力。所以，教师应不断加强驾驭问题的能力，提高自己的对话水平。教师对话素养的提高是提高课堂教学对话有效性的十分重要的方面，应该引起教师的重视。

本文完成于 2007 年。

第十七章

阅读与讨论：读书会的基本功

没有讨论的阅读是无趣的；没有阅读的讨论是空泛的。

读书会的基本功就在于对阅读讨论的熟练与实践。

一、读书会——阅读的另一种形态

（一）学习阅读与阅读学习

"读书会"顾名思义就是一个以阅读作为主要交流媒介的社群团体，它的运作模式或是功能目标，应该有别于现行学校中所采用的课堂教学模式。

在一个以文字为主要沟通工具的社会中，学习阅读算是一种入门仪式，一个告别依赖与不成熟沟通的通关仪式。学习阅读的小孩借由阅读能力的获得，得以参与社会集体的记忆，熟稔此一社会的共同过去。同样的，也经由阅读学习，为未来的社会创造新的记忆（知识、文化）。

阅读本是一个人面对一本书的单一互动历程，是读者单独与文本或作者对话（交易）的过程。在这个过程中，我们学习阅读同时也经由阅读学习新知。在传统的教育中，由于过度强调学习阅读的基础性与工具性，因而忽视了阅读的社会性意义，致使阅读教学多半锁定在单纯的认字识词的译码过程。另一方面，对阅读教学的教育意义又赋予人多的教化功能。因此对大多数人而言，成长的过程中阅读的经验往往是痛苦的，是为了学习、为了考试而阅读，而阅读的作品也多半是内容贫乏、价值单一的"范文"。对所谓的"读书之乐乐何如,绿满窗前草不除"的阅读乐趣,多半未曾真正领会过。

然而,随着对阅读的心智活动了解逐渐深入,我们意识到阅读不单是一种捕获文本的自动过程,像感光纸捕获光线那般,也是一种令人眼花缭乱、深具个人色彩的重新建构过程。因此对学习阅读有了新的取向,认为学习阅读无论是从意义的观点或是从学习的观点来看,均不应把阅读的学习独立于借助阅读与生活接触的实用功能之外。反过来说,个人阅读能力的发展正是因着借助阅读与社会发生关联,借助阅读学习新知的过程,一步一步建立起对阅读有效运用的能力。所以"学习阅读和阅读学习"实是一体的两面。

在这样的观点下,读书会式的阅读形态获得了教育上的意义。读书会的阅读形态改变了传统一对一的阅读形式,它邀请第三者(甚至第四者、第五者)介入,使原本单向式的对话,变成了多元、立体的讨论、交流,不论是在议题的设定上,或是在实质的内涵、信息解读上,都因对话、讨论的多元介入,而使形式更丰富,更具意义。

(二)阅读与讨论

如果把阅读理解成一种单纯的认字识词的译码过程,那么阅读似乎不需要太多的讨论,只需要加强字词及句型的能力就够了。但是如上所言,越来越多的阅读研究告诉我们,阅读不只是读者被动地接受作者所传递的信息,而是读者主动介入及诠释文本意义的过程。简单说就是:我们是用头脑阅读,不是用眼睛阅读。阅读的目的在于获取意义，但意义并未固定在文本中，而是存在于文本、读者及作者间。文本指涉的是一种意义的可能性，这种可能性经由不同的读者解读、诠释可能产生完全不同的意义，因此阅读讨论成为一种可能。讨论不单可以帮助意义的理解，也可以形成意义的创新与建构。更重要的是，通过讨论阅读不再孤独，而成为一种立体化、多面向的交织网络，每个参与者在其中皆可各尽所能、各取所需。

或许一个读书会从形成、组织乃至每次的聚会运作，其间关涉众多因素、要件，甚至缺一不可，但读书会异于一般阅读形态的关键点，即在于阅读过程中对讨论、对话的要求与实践。

读书会采用对话、讨论的阅读形式，每次的阅读、讨论都会不完全一样。讨论总是前后相关联的，也受到参与者文化、背景、社会阶级、性别、经历和个人性格等因素的影响，而这就使得讨论只能由局内人从内部来评价，而无法由外部来评量了。而局外人永远不可能真正理解读书会内部发生的事情。这就是读书会迷人的地方，它绝不是单向的聆听学习，或是独断的心得报告所能替代的。

二、读书会的运作

（一）为讨论做准备

首先，带领人应该向所有参与者展示民主讨论的过程及精神，以激发参与者认真参与讨论，让所有参与者认同花费时间和精力参与讨论是值得的。此外，清楚地规定一些基本原则，来保证参加讨论的人有平等发言的机会，并且了解如何在相互尊重的基础上表述不同意见，那么讨论就不会变成漫谈或谩骂。

其次，要期待好的讨论的先决条件之一，就是参与者对所要讨论的问题充分了解，有兴趣。教室教学内容题材多限定在教材中，而读书会的阅读，在内容题材上以参与者的需要为主要考量。也就是说，在探讨主题或材料的选择上，参与者有主导权。如何确定阅读的题材与资料，这也是关涉阅读讨论成功与否的关键因素之一。对该议题或内容关心、有兴趣，是选书的必要条件。至于是采取大家共读同一本书，还是同一主题的群文阅读，也尽可以讨论决定。阅读讨论最忌讳的就是每人读一章、读一段，然后来做心得报告。

再者，教室教学一般说来，教师为主体，学生只是被动地接受知识，其程序多半是讲授式的，即教师讲授、学生练习。读书会进行的方式，会视阅读的主题及题材而决定，可以很多元，强调的是参与者实际的操作，亲身去体验求知的过程。读书会需要有带领人，但带领人不是知识的权威，只是程序的安排及维持者。

要特别强调的是，教室教学比较重视知识传授的结果。故能复制知识即成功的学习者，否则就是失败者，将学习视为同质性的活动，对不同的学生皆一致。但是读书会重视的是参与者自身知识的建构过程。换言之，即承认学习对不同的人有不同的曲线及意义，因此，让学习者学会如何学习，建构出自己的意义才是重点。

（二）合作学习

在读书会这样的社群里，每位参与者之间，是以一种合作的关系串连起来的，这与传统的学习，环绕在一个知识权威下进行学习的方式是截然不同的。知识的获得不是给予的，而是自我建构出来的。因此，团体中必须建立起充分对话的环境，使成员共同分享探究的经验与成果，而不是带领人或专家不断地发问，学习者不断地回答问题；或只是虚应故事，捧场式地提出几个自己毫不关心的问题，聊备一格。

在读书会里，讨论的问题来自成员自身的困惑，而不是带领人或专家为测试学习者的了解程度而提出的。当问题提出来后，在对话的过程里，成员应该随时检视自己的论证、观点是否一致，乐于修正自己不成熟的意见，同时对别人的观点也能抱持兴趣，诚恳回应，并尊重不同的看法。有怀疑时能提出适切的问题，要求解释说明，而不是私下批评。对于别人的质疑，也应该公平地面对、回应。所以，在读书会里预设了一项积极的要素——关心：关心探究的过程（非结果）；关心别人的权利（非义务）；关心彼此的创见（非共识）。唯有这样，对话、讨论才有可能进行，也才能发展出分享合作及负责的态度。

（三）良好的讨论

读书会中良好的对话、讨论基于以下条件：

（1）热忱的参与：参与者对知识、困惑的好奇与执着，并且能认真看待自己和他人的观念、意见。

（2）尊重的态度：参与者能注意倾听别人的意见，询问相关的问题，客观地讨论，要求理由，互相建构彼此的观念。

（3）平和的互动：对他人意见表示尊重，不长篇大论地占据发表的机会，对新观念开放，愿意接受同伴的指正。

（4）专业的敏感：重视思维技能上的逻辑性、一致性、程序性，以及对所讨论问题相关知识的敏感性。

除了以上的基本条件外，读书会讨论的成败，很大程度也取决于带领人带领的技巧，以及在讨论过程中对问题的敏感，能注意到讨论是否流于漫谈，或有无离题的现象。例如：在谈论个人经验的场合，与其任由参与者讨论个人的心事或经验，发表长篇大论，不如适当地导引、转换，使参与者能从更广泛的角度对个人经验做说明，这才是一种较深入的讨论。一个优质的讨论，讨论必须从问题的具体面、个人面转向更广泛、更全面、更有建设意义的层面，从肯定推进到可能，从具体事例获得更广泛的理解。

关于读书会带领人如何促进讨论，提供下列具体建议：

（1）对于阅读能力较弱者，或是阅读主题较陌生时，在阅读前提出一些问题，表明接下来的阅读将围绕这几个问题来开展，可收到聚焦的效果。但要注意，不要陷入引导讨论的窠臼中。

（2）不要只请举手的人发言，因为他们可能是固定的人选，长久以后，对其他的参与者而言，会导致在讨论中不动脑筋的情形。

（3）从容面对沉默，沉默能带给我们许多新的、明确的想法，带领人及参与者都需要了解，进行反思时的沉默和踊跃的发言，都是好的讨论所不可分割的组成部分。

（4）从容面对讨论中有很多矛盾的观点，因为参加讨论就意味着把自己置身于很多矛盾的观点之中，重要的是厘清自己的论点、想法，而不在于积极寻求共识，否则与独立阅读何异？

（5）在讨论中引入"发现假设"的意识。讨论的目的之一就是鼓励批判性思维，也就是让参与者寻找和确认，形成自己观点和行为背后的假设。

（6）在讨论后可以进行一段简要的"自我回顾"，对参与下一次的讨论会有帮助。

· 你认为讨论中最有争议的观点是什么？

· 你认为讨论中什么观点最重要？

· 在你听到的所有观点和看法中，你认为哪一种最特别（或最含混）？

三、促进对话、讨论的语言

（一）问题的类型

在读书会的阅读讨论过程中，首先面临的让人困扰的问题往往就是：讨论的问题从何而来？什么问题值得讨论？什么问题是好问题？

一般说来，属于价值性的问题因为本身就涉及不确定性，所以通常会被认为是好问题，是值得讨论的。例如：什么是好朋友？人是不是可以说谎？而对于有明确定义，或是一般定律、原则等事实的问题，就认为不需要讨论，不是好问题。这样的判断过于单纯，也失之于武断。价值的问题固然值得讨论，也易于呈现多方向的观点，但是事实的问题仍有其可怀疑的一面，特别是放在不同的时空背景或条件下来思考时，例如：两点间最短的距离真的是直线吗？当然，问题的类型往往与阅读的内容有关，文学性的阅读所提出的多半是价值性的问题，知识性的阅读所关注的则多为事实性的问题。不论是价值性的问题或是事实性的问题，都有值得讨论的方向。

此外，对于参与者所提出的问题，也可以按与阅读文本的远近关系分为文本的问题和非文本的问题两类。文本的问题一般来自对文本的不同理解，或是对文本的误解，甚至是不了解。因此，其解答多半可以在文本中找到线索。非文本的问题则是在阅读时，由文本所引发出来的其他推论性的问题。这样的问题，讨论时依赖的是个人的经验及背景知识，文本只是提供了一个对话、探讨的参照坐标。然而事实上，一个问题不一定能简单地区分判断为文本问题或非文本问题，有时候是相当模糊的。这样的区分并不意味着问题本身的高下价值与难易程度，只是方便在进行进一步讨论时先厘清方向。

在阅读中，一个好的问题，往往能促使概念更加深刻，也能使理解更为丰富。一个好的问题，可能具有以下特质：

- 一个好的问题，对字词、语句的使用必须思考清楚（不能含混）。
- 一个好的问题能提供惊奇，有时候会经由谈论某些大家均未注意到的问题，而回应出一个好的问题。
- 一个好的问题挑战既存的思考并鼓励反省。
- 一个好的问题具有说理、聚焦、澄清、适当表达的功能，它可以是挑战、惊喜，但不能当作武器去攻击别人。
- 一个好的问题能引发参与，刺激思考和唤起情感。

（二）提问与讨论的语言

除了针对阅读内容的提问外，要促成读书会成功的对话、讨论，还需要另外两种语言：提问的语言和讨论的语言。提问的语言能帮助讨论往前走，能促使发言者进一步反省自己的想法。讨论的语言则能使讨论更民主、更顺畅。

讨论中常见的提问语言涉及以下几个方面。

1. 要求讲出更多证据

- 你是怎么知道的？
- 所讲的有哪些数据可供参考？
- 作者的哪些观点支持你的看法？
- 文章中的哪些地方让你产生这样的观点？

2. 要求进一步澄清

· 你能换种方式讲吗?

· 你能为所讲的内容举个恰当的例子吗?

· 你能对你的观点提出不同的解释吗?

3. 联系各种意见

· 你所讲的和某某人刚才所说的有什么关联?

· 你的发言要如何与之前某某人的意见整合?

· 这种观点如何修正刚才所讲的内容?

4. 提出假设性的问题

· 如果○○没有发生,那么××的结果会如何呢?

5. 建立因果关系

· 把人数减少一半会对这个现象有什么影响?

6. 进行概括总结

· 这次讨论中最重要的一点是什么?

· 基于今天的讨论,如果下一次我们想对这个话题做更深刻的理解,那么应当再谈些什么呢?

除了提问的语言是促使讨论深入的重要因素外,为了让讨论能持续进行,并能逐步逼近问题核心,善用讨论的语言也是必要的。讨论的语言不同于宣传的语言,不需要夸张;也不是说服的语言，不需要狡辩。在讨论过程中，适时地利用讨论的语言，能帮助参与者达成充分沟通表达的目的，使讨论顺利进行。例如：

- 对不起，我现在必须表示一下意见。（打岔式表达）
- 请再说一遍好吗？（表达自己的不解）
- 我说的是你的意思吗？（避免误解）
- 我觉得有点怪怪的。（表示疑惑）
- 我（不）赞成你的观点，因为……（做评价）
- 我想我的看法错了。（承认错误）

四、对讨论的评价

为了让读书会能更好地展现出它的特色，也让参与阅读、讨论的成员有更好的收获，每次读书会后，对读书会的实施进行实质的检核与反思是必要的。这样的检核、评价，不专属于读书会的带领人，它其实是每位参与者共同的责任。但要如何去评估读书会中的讨论是否是一次优质的讨论？可从以下几个方向来检核。

1. 意识到多样性

- 在讨论中是否出现了各式各样的观点？
- 是否带来了与社会主流观点不一致的观点？

- 发言的意见当中是否有一些特殊立场（性别、种族、阶级、职业、意识形态）的代表性意见？

2. 欣赏不确定和复杂性
- 讨论的议题是否是开放的、无所限制的？
- 参与者是否对讨论问题的复杂性表示尊重？
- 带领人是引导讨论朝着预先设定的目标前进，还是使讨论更具有刺激性、不确定性？

3. 承认差异
- 讨论中有开放而坦率的不同意见吗？如果有，那些被反对的人是否能够自发主动地了解和尊重不同的观点？

4. 寻找假设
- 在讨论中是否有机会对所持的假设提出批判？
- 对哪些假设提出挑战？

5. 全神贯注地倾听
- 在讨论中是否对别人表现出全神贯注地倾听？

6. 发现联系
- 讨论的内容与生活有怎样的联系？
- 对未来的思维和行动方式有什么影响？

7. 实践民主习惯

· 有机会通过合作与协商形成一致的意见吗?

· 反对意见也被鼓励和尊重吗?

8. 清楚明确地交流

· 为了在不同的文化、种族、性别等之间清楚明确交流,
彼此做了什么努力?

9. 合作学习

· 有机会与他人一起紧密地合作吗? 如果有, 它是否
加深了对合作的理解或者是强化了对它的敏感性?

10. 分析和整合

· 能够把不同的发言连接到其他人的发言中吗?

· 讨论中是否加深了成员对一个问题或思想的理解?

· 是否对于题目的复杂性提出新的鉴赏?

五、结语

　　儿童文学家诺德曼说: 阅读最大的乐趣来自对话(与作者
对话、与其他读者对话)。固然, 阅读在某个层面来看, 是相
当孤独的, 不论是与书中人物同喜同悲, 或是幡然醒悟, 在当
下都只有你一个人独自承受、感动。但是不要忘了人是社会的
动物, 人会期待与他人分享自己的悲喜情绪, 所以阅读而不与

人对话、讨论,那其实是相当无趣、枯燥的。孔老夫子也说过:"小人群居终日,言不及义,好行小慧,鲜矣仁。"为什么会言不及义呢?一个很重要的原因就是不读书,欠缺内涵。没有阅读、没有内涵的言谈,只是街谈巷议的空话罢了,不利于自我的成长,更不关乎时代的兴革。对于阅读与讨论相辅相成的关系,在此借用西哲康德的格言形式做一总结:没有讨论的阅读是无趣的;没有阅读的讨论是空泛的。

2008 年发表于《小语汇》第 12 期。

第十八章

"合作探究"形式的
教师专业发展

在这轮教育改革发展过程中，"教师专业发展"成为首要而又受关注的问题。学者们及行政管理机构均认识到，教育改革的成功与否，教育素质的高低均取决于教师。相对的，教育研究的主题和重心，也从"教育是否为一项专业"转向"如何促进教师的专业发展"，学者们都在努力探索促进教师专业发展的各种有效策略或途径。

"合作探究"作为教师专业发展的框架，可以根据教师需求和成长变化进行相应的调整。"合作探究"为教师提供了与同事一起实现专业发展的机会，那些同事与自己的教学工作是紧密相关的，而且还能帮助自己成长为专家。另外，教与学并不是两个独立的事物，两者有着内在的联系，具有很多相同的特点，"合作探究"也给教师提供了一个机会，使他们得以用自己推崇的学习方式与学生一起学习。以下分别从专业发展的目标、形式、活动方式等方面做进一步说明。

一、以学生成就为本

在进行任何一项教师专业发展的规划之前，都必须考虑下面的问题：专业发展是为谁而设计的？希望达到什么效果？培训内容是代表新的学习，还是努力改进现有的知识和技能？

学校教育与学生的成功有密切的关系，不论是在学习的内容或是学习的方式上，教师都有责任帮助学生成为更有效的学习者。因此教师专业发展的核心，就在于研究与改进课程和教学的形态，以帮助学生达到更高阶段的发展状态。

我们应把学生的成功视为教师专业发展的结果，教师的专业学习、发展直接指向改善课程和教学。根据研究，如果一位教师或教师群体在每学年投入 12 天的时间，正规地学习某个课程领域的内容，或者学习某个可以运用于各个课程领域的有效教学策略，经常研究课程实施以及学生学习成果，那意想不到的事情就会发生，学生就能取得实质性的进步。

麦基罗及他的研究团队（Mezirow & Associates，2000）区分了两种不同的学习类型：告知型学习和转化型学习。告知型学习是直接获取事实性知识，而转化型学习包含了修正或改变自己的基本假设、观念的过程。事实上，传统学校的学习多属于"教就是讲授，学就是记忆"的模式。正由于教师早期学习的经验，多停留在关注事实性知识的获取上，在一定程度上影响了教师自己的教学方式，使大多数教学方式一成不变，抗拒改革，仍只关注学生如何获取知识。

所以我们认为：教师学习成长的方式与结果，应直接与课堂教学相关，直接指向课堂教学方式的改变与学生学习效果的改善。要使教师专业发展对学生学习产生重要影响，教师的专业发展必须满足以下条件：

（1）关心教师真正的想法，将他们的经验和知识作为专业发展的基础，而不是立足于外部的知识。

（2）教师发展内容的开发，应该围绕课程与教学的策略进行，因为这些策略会影响学生的学习。

（3）教师发展的过程，应该关注教师如何将所学知识付诸课堂实施的技能。

（4）应明确教什么、怎么教，学习上的改革幅度应该够大，以显著地提高学生学习的能力。

二、"合作探究"的意涵

合作探究就是教师们组成一个探究团体，针对他们认为重要的教学问题进行探究。一般会通过构建问题，阅读有助于解决问题的相关资料，分享对资料的看法，并依据已有经验和讨论结果，调整或修改对问题的原有看法。通过合作探究，教师应充分利用自己的教学实践经验，并从已有的经验中学习，此外也借助同侪的视角，来促进自己的教学以及学生的学习。

由于教师的工作是在一个大的工作团体中，身处复杂的、迅速变化的知识社会，像其他行业的工作者一样，教师的教学工作和专业学习，不能单独一个人完成。没有任何一位教师可以独自一人应对教学或提高专业水平。所以，经由教师团队或专业学习团体一起讨论、共同协作、解决问题，对教师来说至关重要。

当然，合作探究不是促进教学质量提高的唯一途径，其他诸如工作坊、学术讲座、培训课程或评鉴系统等都能发挥重要作用。但合作探究为教师提供了与专家、同事一起实现专业发展的机会，平等对待每个人的实践经验，以及实现从讨论到认识到行动的转变，进而使学生的学习发生改变，以上这些要求是无法通过其他专业发展途径得到真正的满足的。

三、探究团体的组建

探究团体的组建，必然遇到以下两个问题，这在组建探究团体时必须加以思考：探究小组应该是自愿组合的，还是被要求的（也就是由学校指派）？探究小组要按照同年级或同学科组建，还是按照不同的年级或学科组建？

第一个问题的答案似乎很明显，探究团体的参与者如果没有主动意愿去质疑例行的教学方式（无论是教学的程序、具体的实施过程，还是核心价值观与理念），那么探究活动是无法揭示及挑战已有的心智模式的。没有这种挑战，学习成长也就不可能发生。斯托克斯（Stokes）称此为"关键意愿"。如果教师自愿选择合作探究作为专业发展的方式，并在实践中获得支持，那么通常教师将会积极参与探究过程。

但现实状况可能是：参与者并非是自愿的，而是学校规定的或碍于评鉴、考核压力而来的，那么探究小组的运作将面临挑战。面对这样的情况，很重要的一点就是让小组成员自己来决定该探究"什么"，允许他们对自己关心的问题进行探究，或许能消解被迫的不满情绪。

应该在同年级内，还是在不同年级之间组建探究小组？应该在同一学科内，还是在不同学科之间组建探究小组？教师可能对于和不同年级、不同学科，甚至不同学校的教师一起讨论问题抱持怀疑态度，但到后来往往会认识到这样做有它的优点，除了可以听到别人对自己教学的各种意见，更能了解其他年级、其他学校的教学状况。而其他学科的问题和反馈，也能促使自己对教学问题进行反思，特别是非本门学科的人所注意到的问题，往往正是一些专业教师认为是理所当然或忽视的问题。

四、合作探究的实践

相互信任、时间、容忍分歧和焦虑的能力、明辨判断的能力、获取真正理解的能力等等，这些都是进行合作探究所必需的条件。

其中时间是最关键的因素。要从学校忙碌的教学课表里找出时间来聚会讨论，是一个永恒的挑战。如果是利用课后时间，教师家庭生活安排与取得家人的谅解，也是相当复杂的难题。此外如何维持合作小组成员间的沟通交流，也必须巧妙安排。

进行合作探究具有相当大的挑战性，如何区辨出重要的问题、寻求解决的方法或相关资料，不但费时而且艰苦。或许探究程序可以表述为一个直线式的过程：以搜集并确认问题开始，以得到新的理解或教学方式结束。但是，在实践过程中探究并非那么整齐有序，每个环节都有可能出现困难与争议，极需参与教师的耐心与容忍。而这一复杂的过程与经历，本身就极具学习价值。虽然通过合作探究并非一定能直接或简易地解决问题，但是只要深思熟虑，花时间研究，并有相应的资源协助，还是能够实现对问题的深刻理解，进而提出有效对策的。

此外，将探究所得真正运用到实践中，也是艰难的一步。这些问题必须仰赖参与者找到合作探究的目标，以及发现探究工作本身的乐趣，才能够解决。

五、结语

在传统的教师专业发展方式中，有一个假设，就是认为通过获取信息可以促进变革。专家学者拥有知识，教师通过外部专家的教学学到这些知识。专家的任务就是以清楚准确的方式呈现信息，教师的任务就是吸收这些信息。传统模式最终的、直接的、可预见的目的就是获取知识，教师在专业成长的过程中，把大部分可用时间、心力都花在了将资讯传递给那些被动的接收者上。此外，一般的教师专业发展模式往往只关注新信息的获得，如某个学科领域的新内容或是新的教学策略。

这种方式的学习进修固然重要，但教师更应当深入分析学科内容，立足于多样化的案例、具体的应用过程、恰当的教育理念以及对学生学习的深入了解来开展学习。

而合作探究形式专业发展则正好相反，认为专业发展是一个复杂的过程，需要对深层次的行动理论进行探讨反思，才有可能进行变革。在合作探究的实践活动中，学习目的不再仅仅是获取知识，而是以适当有效的方式实现知识的创新与应用。换言之，当给予教师充分的机会去学习新知识和新技能时，他们可以获得这些新知识和新技能，并把它们运用到教学实践中。而有效的教师专业发展，不正是要培养教师这种"学会学习"的态度与能力吗？

2008 年发表于《小语汇》第 14 期，2009 年发表于《江西教育》第 11 期。

第十九章

提升"阅读力"的教与学

——以阅读策略为导向的教学

此次"青年教师阅读教学观摩活动"即将结束，我想无论结果如何，各位老师辛苦的汗水灌溉了小学语文教育这块园地，终将会开花结果。台湾老师因故无法出席这场盛会，到此来学习，实在遗憾。

经过多年的努力，大陆在课文教学方面已经取得一定的成就，我们确实有必要更虚心地、更具前瞻性地进一步反思：阅读教学的下一步应该往哪里走？以下将我个人在台湾推动儿童阅读的一些经验提供给大家做参考。或许台湾在儿童阅读这一块走得比较早，但是我们都知道，早走不一定先到。个人的粗浅经验也许能够提供一些思考方向。

一、从《这是谁的脚踏车》说起

在我开始今天的报告前，我们先轻松地走进孩子的世界，一起来看一本图画书吧——《这是谁的脚踏车》，麻烦各位老师和你相邻的伙伴一起阅读并且谈一谈。

好！我们读完了这么一本有趣的图画书后，请各位老师回忆一下：在刚才的阅读过程里，您做了哪些思考？运用了哪些阅读的策略？我想作为一个有能力的阅读者，我们会注意图像里的特点，我们会根据自己的经验做出预测，随着后续的阅读，我们可能会修改我们的预测，接着再进行预测。这就是一个真实的阅读过程。

顺着故事的话题，我想请诸位老师想一想：教孩子什么是自行车和教孩子学会"骑"自行车，这两件事情有什么不一样？

教孩子什么是自行车，类似在教孩子一个知识，所以我们可能会介绍，我们可能会说明，我们可能会解释或者是阐述，目的是让孩子知道自行车是怎样一个东西，有什么功能，等等。可是如果我们要教孩子"骑"自行车，那么我们告诉他自行车有哪些种类，它的结构是怎么样的，它是什么材质做成的等方面的知识，对于他学会骑自行车可能帮助不大。诸位老师请回想一下，您是怎么学会骑自行车的？我想很多老师和我一样，我们是摔出来的，我们是靠自己不断尝试、不断练习揣摩出来的。爸爸妈妈给了我们很多的鼓励，当然偶尔也会责备我们，但大部分时间是给予我们鼓励，他们要我们多练习，我们就真的会骑了。借由这样的经验，我常想，我们真的能教孩子一些能力吗？也许我们能教给他们一些知识，但是关于能力，可能不是用讲或是介绍、说明能够让他们学到的，必须鼓励孩子自己去做做看，而我们顶多只能提供一些方法、建议而已。

顺着这个思路，请诸位老师再想一想，在语文课堂里，我们"教课文"和"教阅读"有什么不同？请老师们联系刚才的案例来进行思考。我觉得这两者有些不一样。不论是它们的学习目的、教学目标、教学方法、使用材料甚至评量方式都是不太一样的。在进一步说明两者差异之前，我想先厘清一个观念，请诸位老师思考一下：阅读跟语文到底是怎样的关系？有一种说法认为语文含括阅读，因为阅读是语文听、说、读、写形式中的一环。但是，如果我们从另外一个角度思考，也许阅读是超越语文的。为什么？在一个信息快速流通的时代里，阅读已成为进入文明社会的一块敲门砖。讲实际一点，它可能是人们求生存、解决生活难题的一个非常重要的手段跟工具。我们每天都必须通过阅读获取生活所需的信息。所以从这样的角度来看，阅读是超越语文的。就此而言，推动儿童阅读，不应只是语文教师的工作。阅读是所有学科学习的基础，也是所有教师的责任。

二、PIRLS 带来的启示

以下将从一项调查研究来说明"教阅读"确实是不同于"教课文"的。台湾推动儿童阅读将近 10 年了，可是在我们参加的 PIRLS 组织的阅读素养测评中，测评成绩让我们感觉非常困惑和痛心。在参与国家和地区的排名中，中国台湾地区的成绩并不理想，在这样的一个全球性的儿童阅读能力的评估活动中，中国台湾地区的孩子排名第 22。这样的成绩迫使我们必须正视我们的阅读教学确实出了问题，也迫使我们真正去思考、去了解过往我们所努力的方向是否有了偏差。

（一）何为"阅读素养"

诸位老师，让我们先看一下对于所谓的阅读素养，他们是怎么界定的。根据 PIRLS 2006 的定义，所谓阅读素养指的是：

· 学生能够理解并运用书写语言的能力；
· 能够从各式各样的文章中建构出意义；

- 能从阅读中学习；
- 参与学校及生活中阅读社群的活动；
- 由阅读获得乐趣。

从这样的界定中，我们可以发现其对于阅读素养关注的是：理解及运用；从阅读中建构意义；通过阅读学习；参与以及兴趣。而这些要项在台湾的语文课堂中却是最缺乏的。

（二）PIRLS 的研究工具

PIRLS 所采用的研究工具包含两部分：测验与问卷。

1. 阅读测验
——故事体与说明文
——四个阅读过程

- 提取特定的观点 ┐
                 ├ 直接过程
- 推论   ┘

- 诠释并整合信息和观点 ┐
                      ├ 解释过程
- 检验或评估文章的特性 ┘

2. 背景问卷
——学生问卷、阅读学习调查（家长或监护人填写）
——教师问卷、学校问卷、课程问卷

（三）PIRLS 测验试题样本

我们再来看看他们的测验试题样本。样本中的文章是美国第一位女航天员进行了太空漫步之后回来写的一本自传，测验文本是自传里关于出舱的一段介绍。文中介绍了她怎么走出太空舱，之前要准备什么，并配有图表详细地说明，这是一篇说明性的文章。让我们看看针对这篇文章的阅读，PIRLS 所出的测验题目（部分）：

5. 为什么航天员需要准备几个小时才能离开太空舱？举出两个理由说明。（直接推论）

11. 为什么作者提到，航天员走进太空前会"再一次抓抓鼻子"？（检验、评估内容、语言及文章的元素）

12. 有编号的框框怎样帮助读者了解文章的内容？写出其中一个方法。（检验、评估内容、语言及文章的元素）

15. 想象一下，如果你想当航天员，根据文章的资料，说明当一个航天员的一项好处和一项坏处，并说明为什么。（诠释、整合观点及信息）

从这些样题中，我们可以看出 PIRLS 所认定的阅读能力，不单是能从文本中直接提取相关的信息，更重要的是读者能检验、评估以及主动地建构意义。例如上述第 12 题："有编号的框框怎样帮助读者了解文章的内容？写出其中一个方法。"这个问题基本上是没有标准答案的，学生必须意识到在阅读过程里如何利用文本所提供的各种信息来帮助他读懂这篇文章，这纯粹是在讲个人的阅读方法。又如上述第 15 题："想象一下，如果你想当航天员，根据文章的资料，说明当一个航天员的一项好处和一项坏处，并说明为什么。"这也是属于主观诠释的问题，也许我们会问：这样的题目要如何来评分呢？这样的题目还是可以评分的，只要读者能够自圆其说、言之有理就好。我想做老师的不应该因为题目难批改、难客观评分就放弃出这类的题目。

看了这样的题本，私下我就忧心，如果台湾学生参加这样的测验，成绩一定不会太好，因为我们的课堂教学，我们的课文教学不教这些东西，也不会考这样的题目。果不其然，2006 年中国台湾地区参加了第二次的测验，排名第 22，这其实是在我的预估之中的。这次测验全体学生的平均分数是 500 分，最高分的地区学生平均分数是 565 分，台湾学生平均分数是 535 分。台湾学生在直接过程中平均得分为 541 分，排名第 16，还可以。但是台湾学生在解释过程中，平均分数是 530 分，排名第 25。直接过程得分与解释过程得分两者有非常显著的差异。我们教了些什么，孩子学到些什么，这些大概都是可以预期的。这次的调查对中国台湾地区的阅读教育是一个相当深刻的警示，台湾地区的老师不能说不努力，台湾地区的学生不能说素质不好，但是，可能我们努力的方向跟国际的方向有了蛮严重的落差。

当然，我们可以去思考我们是不是要以此为取向，还是我们应该坚持自己的发展取向？但是说实在的，在这样一个全球化的环境中，我们必须与世界同步，当大家普遍如此界定阅读素养的时候，而我们的课堂教学却远远地偏离了这样一个趋势，那我们怎么去面对我们孩子的未来，怎么去面对全球的竞争？我们必须认真地思考这个问题。其中还有几项很值得玩味的调查分析：作业比较多的孩子，他们的成绩就比较差。让我们更觉得讶异的是：台湾孩子的阅读兴趣（Students Reading for Fun Outside of School with Trends）在所有测试对象中排名最后。也就是说我们做得越多，孩子就越讨厌阅读。所以我们真应该认真思考，我们做对了吗？我们该怎样做？这样的经验愿意提供给在座的老师们。

三、以策略为导向的阅读教学重点

以下回到本报告的主轴，所谓以策略为导向的阅读教学，我们所关注的重点到底是什么？归纳起来有以下几项：

> （1）让学生体验真正的阅读；
>
> （2）练习从阅读中建构意义；
>
> （3）扩充学生的阅读量及阅读范围；
>
> （4）培养学生独立阅读，发展阅读策略。

各位老师，什么叫真正的阅读？我想我们都曾有过这样的经验，这我们不需多说，而课堂里的课文教学，何曾给过孩子这样的经验呢！我们扪心自问，这样的阅读我们会喜欢吗？这是第一个重点。第二个重点，阅读文本就是个建构意义的过程，但是在课文教学中，我们所在意的往往是文本的解读，欠缺对作为阅读主体的读者的关照，所以在以策略为导向的阅读教学中，所应关心及积极培养的是学生从阅读中建构意义的能力。我们所关注的第三个重点是，通过这样一个教学，能够扩充学生的阅读量和阅读范围，我们希望为学生提供各类的文体和材料。第四个重点是要通过教学培养学生独立阅读的能力和习惯，发展出有效的阅读策略。

当然，要进行这样的教学改变，必然会遇到一些困难。第一个会面临的困难就是进度的问题。要读那么多的东西，应该怎样安排教学进度，我们的课时就只有这么多，在教材之外还要把这些东西都补充进来，该如何安排？此外，我们还需要大量及多样的书，要推动阅读如果没有书是根本无法进行的。不单是学校图书馆，每间教室都需要进行充实。而怎么样将阅读跟课程建立起关联，适切地将教阅读与教课文结合起来，也是必须思考的问题。更重要的是，教师的教学方式必须做调整，教课文和教阅读是不太一样的，所以我们的教学方法要调整。但是要调整教师的教学方法，其实是一个相当困难的工程。这些是台湾在面对阅读教学改变时所遇到的困难，这些困难有的可以克服，有的很难克服，我们仍在努力当中。

四、"教课文"和"教阅读"的差异

再回到一开始所提出的问题：到底"教课文"和"教阅读"有什么不同？我从几个角度略做整理，提供给各位老师参酌。从这样一些对应的关系里，我们或许就可以为如何融合课文教学及阅读教学找到一些可行的出路了。这两者不应该是两极化的，不应该是绝对对立的，而是可以相辅相成的。

（一）"教课文"与"教阅读"的目的是不同的

教课文的主要目的是获得知识，牢记知识，准备考试。可是教阅读我们更关心的是满足个人的兴趣，解决生活的问题，形成阅读的品位和策略，所以学习目的是不同的。而从教学的观点来看，课文教学是为了培养学生听说读写的能力，强调语文知识的正确性。可是从阅读教学的观点来看，我们的目标是要培养孩子独立阅读、批判思考的能力。

（二）"教课文"与"教阅读"的教学方法不同

课文教学，教师的主导性很强。教师讲解、纠正、批改，也就是说知识掌握在教师手上，学生是跟着教师去学的。教师定出学习的目标和标准。阅读教学，学生的主导性强，课堂上会鼓励学生提问、讨论。在这次的活动里，也看到了很多教师鼓励学生提问，但是我觉得好像有一点虚应故事的味道。教师并没有教学生怎么提问，以及如何处理问题。学龄前的孩子不用教他们怎么提问，他们不断地在问问题。可是进到小学后，我们要教孩子怎样提出一个好问题，大家可以在这些策略中多做出一些展开。教阅读我们会鼓励孩子提问，根据问题进行讨论，我们会根据不同的策略让孩子去做练习。提供给他们一些方法，让孩子能够找到最适合他的方法，来帮助他读懂文章，而且读懂这篇文章之后能够建构自己的意义。

（三）"教课文"和"教阅读"在读物的性质上也有所不同

教课文是以范文为主，一篇一篇地教。这些文章都经过了专家的修改调整以及审查，所以在结构和手法上都比较单纯一致。教阅读我们希望孩子去读真正的读物，是以书本为单位，一本一本地读。当然我们也会读报纸，也会读杂志，里面也是一篇一篇的，但读物是完整的，保有作者个人的风格，所以在立论观点以及结构、情节上，具有相当的差异。在教学时，也许每个学生读的书不同，但是可以针对相同的议题一起学习。

（四）"教课文"和"教阅读"的阅读方式不同

课文的阅读比较强调独自朗读，要求字正腔圆。大陆这一方面做得非常好。在课文教学中，较关注作者或文本的意义。但是在教阅读的课上，我们比较注重个人默读。同时也会要求学生练习各种形态的阅读，例如略读、浏览、跳读、精读等。在阅读中注重个人对文本的理解，注重人与人、书与书、书与人之间的联系。

（五）"教课文"和"教阅读"在评价内容和方法上是不同的

一般课文教学评价的内容主要是相关的知识技能，题目会扣紧课文来出，这些问题多半是有标准答案的。可是如果是对阅读能力的评测，应关注的是各种不同层次的理解，会重视学生的批判与反思，也会以不同的文章作为出题的范围。

以上针对"教课文"以及"教阅读"的差异，提出了一些粗浅的看法。相信通过这样的对比，诸位老师已能发现两者可相融合的可能途径与做法了。

下面我们再来讲一下到底什么是阅读策略。

五、何为"阅读策略"

在此大概地介绍几种常用的阅读策略。

第一种是**预测**。所谓的预测，并非没有线索、没有证据地胡乱猜测，而是从已知的线索去推测将要发生的事情。预测的重点不是对与错，预测是否准确事后就会有分晓。为什么要采取这样一种策略呢？因为通过预测文本能帮助学生投入文本阅读当中，通过预测也能发挥学生的想象力。在阅读中进行预测，学生可以从接下来的信息中知道自己的预测是否准确。他可以学习如何更精准地掌握各种不明显的、隐晦的信息。

另外一个策略是**联结**。所谓的联结，是指在阅读过程中文本所呈现出来的信息，是不是让我们想起了已经知道或者曾经历过的事物。联结可以分为三种：第一种是文本与读者自身的联结，就是文本唤起读者过去的一些经验。第二种是文本与文本的联结，经由文本唤起读者曾阅读过的其他文本。第三种是文本与生活的联结，是借由文本唤起读者关于相关社会或生活上的类似经验。阅读时适当地使用联结策略，将使读者更能吸收文中的信息。

我们再来看**提问**这个策略，阅读时自我提问其实是一个帮助理解的有效方法。提问有不同的需要，有时候是为了寻找信息，有时候是为了做研究，有时候是为了加深理解，所以我们会提出不同的问题。问题有不同的层面，如这个字到底怎么念，这个词到底是什么意思，这是一些基本的问题。我们希望孩子能够跳过这些基本问题，逐渐向高层次的问题发展，也就是分析性、综合性、探究性的问题。提问可以帮助我们澄清思想，帮助我们寻求理解，刺激我们进一步研究。诸位老师，我们在课堂中常向学生提问，这些问题其实是已经有答案的，所以这样的问题并不是一个好的问题，我们要问一些老师自己都不知道答案的问题，我觉得这样教师才会全心全意和同学一起探讨问题，一起来学习。

在这次的活动里，我也看到很多的老师通过图画来帮助学生理解。所谓**图像化**策略，也就是说阅读时把文本的内容化成脑海中的一个图像。有些孩子擅长用图像来思考，所以图像化对某些孩子来讲也许是一个很好的学习管道。学生可以利用这种方式，将文字转化为一种图像，帮助他理解与记忆。通过这样的管道可以让文本变得更具体、更生动，读者身处这样一个图像故事里，更能够投入到故事的内容中去。

最后一个是**推论**。推论是利用文本的线索和已有的背景知识，对文本没有明显表达出来的内容做出一些假设。推论可以帮助我们脱离文字表面的意思或是琐碎的细节，精确地掌握文章的主旨，领会字里行间的意义。

以上这些是一个好的阅读者在阅读时经常会使用到的策略。或许我们没法教会学生阅读的能力，但这些策略的教学与练习，将有助于学生发展他的阅读能力。

六、关于策略教学的建议

针对策略教学我想提出以下建议：第一，我觉得教师必须解除教材的魔咒，必须提供给孩子多元的文本；第二，当我们了解到"教课文"和"教阅读"的差异之后，我会建议各位老师，在课堂教学中将课文教学适度地向阅读教学倾斜；第三，在课堂教学中应进行不同目的、不同文本、不同方式的策略教学；第四，希望我们的课堂能够释放更多的空间，让学生去展示他的学习力，我们能够更关注学生的兴趣。不论我们教了孩子多少语文的相关知识技能，不论我们提供给他多少阅读策略，如果我们不让孩子真正去阅读，他还是学不到。所以希望各位老师多给孩子一些自由阅读的时间。另外，我想要特别提醒各位老师，课堂是学生的舞台不是教师的舞台，教师不要替代学生思考，不要替代学生练习，让孩子自己真正地去操作，也许他会犯错，但是因为犯错我们才知道哪些地方我们可以去帮助他。

以上是我个人对改善学生阅读能力的一些想法，提供给诸位老师做一个参考。综合以上观点，我想针对这项意义重大的活动，提出个人的一个小小建议：在我们对课文教学已经取得相当好的一个成绩之后，我们是不是应该更具开创性地、更具实效性地去思考，如何将这项活动带往一个更高的层次，为阅读教学打开更多扇窗。因此，我建议把活动的内涵定位为："阅读创新教学"观摩活动，让青年教师有更开阔的空间去思考阅读教学的各层意义与做法，为阅读教学注入更多的活水源头。

本篇文章为赵镜中先生2009年于全国第七届青年教师阅读教学观摩活动上的演说稿。

第二十章

台湾的儿童文学教学：
成绩与挑战

——从教材编选的观点切入

一、儿童文学进入教材的现象

1996 年台湾开启一纲多本的新时代，经过多年的淘汰后，目前主要的语文教材共三套（康轩版、南一版、翰林版）。以下就以这三套教材为对象，整理分析在这三套教材中儿童文学所占的比重，以及呈现的形式。

儿童文学在儿童阅读活动中无疑扮演着非常重要的角色，但是当儿童文学进入教材则出现了一些异化的现象。

台湾的小学教材传统上是采取编写的方式制作，也就是说教材中的课文都是新编写的，并非如大陆的教材采取局部改写（我的理解，可能不正确）。所以台湾教材中的课文形式，往往受限于语文教学的基本理念，例如低年级字别字数的限制，中高年级对文长、内涵的关切，影响所及课文往往文不成文，篇不成篇，我们戏称为教科书文体。这几年随着出版的发展，教育理念的逐步开放，教材里的课文开始逐渐多元化，但是基本的理念仍难突破。台湾的教材一般多以散文（记叙文）为主，这些散文我个人不认为可归类于儿童散文。我这里是以童话、故事（寓言）、小说、童诗为主要分析对象。（由于各版本课文每年均做些许调整，因此本统计可能与现行版本有出入。）

（一）六年教材总课数

康轩版：共 160 篇课文

南一版：共 158 篇课文

翰林版：共 160 篇课文

（二）各文类的课文篇目

1. 童话、故事类
《小雨蛙等信》（康二）；《巨人的花园》（康三）
《神笔马良》（康三）；《两兄弟》（南五）
《爱心树》（南五）；《最后一片叶子》（南六、翰六）
《女娲造人》（南五）；《笨鹅阿皮》（翰三）

2. 寓言
《等兔子的农夫》（康二）；《自作聪明的驴子》（康二）
《两个和尚》（康三）；《狐假虎威》（康六）
《井底的青蛙》（南一）；《乌鸦喝水》（南一）
《老虎和驴子》（南二）；《卖帽子的人》（南二）
《鹬蚌相争》（南六）；《小老鼠救狮子》（翰二）

3. 童诗
《我喜欢》（康四）
《我扶起了一棵小树》（南五）
《妈妈的镜子》（南六）

4. 小说
《大自然的规则》（南六），节录自《少年小树之歌》
《飞渡雪原》（南五），改写自《环游世界八十天》

5. 读书报告形式
《伊索寓言》（康四、翰五）；《汤姆历险记》（康六）

《小飞侠》（南五）；《小恩的秘密花园》（翰四）

《金银岛》（翰六）；《爱的教育》（翰六）

从以上分析可以看出，台湾教材对儿童文学最中意的是寓言故事。其中原因自有深意，即教训的功能。

其实各类儿童文学出现的比例都不高，《最后一片叶子》在南一版和翰林版均出现了，为唯一的特例。

教材中放入小说的另一种特别形式，就是用读书报告的方式带出小说。其中《伊索寓言》在康轩版和翰林版的教材中均以读书报告形式出现。

其实，儿童文学进入教材最大的问题在于改写，由于受限于长久以来对小学语文学习的一些理念影响，如认为孩子的语文学习必须从字词句开始，在教材的使用上更必须照顾到孩子的识字量、主题的适切性等问题，因此语文教育学者虽然知道童话、故事是孩子的最爱，但是当真正要使用到时（将故事编入教材中），多少都会对原作故事"上下其手"，重新调整安排。当代作家的作品因受著作权的保障，至少还可以行使同意权（有位台湾的知名儿童文学作家曾说，看着自己的作品被编辑委员修改、调整，宛若被凌迟般痛苦）。但是那些已经属于公共财产的世界名著，反倒是没有任何的发言权，任由出版公司宰割。

往往一则故事经改编后变得面目全非，失去了原作的文学味。以下举一个例子来说明。

二、两篇改写课文的比较

巨人的花园（康轩版）458 字

从前，有一个自私的巨人，他拥有一座大花园。园里种满了花草，小鸟在树上唱着美妙的歌。附近的孩子常常趁着巨人去旅游时，溜进花园里游玩。

有一天，巨人回来了，竟然发现小朋友在花园玩得很开心，他想："花园是我的，为什么要让别人进来玩呢？"于是，他筑起了一道高高的墙，把花园围起来。

孩子们望着高高的围墙，都觉得很奇怪：美丽的花园为什么围起来了呢？他们因为进不去，只好失望地走了。

冬天来了，园里的花谢了，小鸟也飞走了。花园里少了孩子的笑声，冬天显得特别漫长。等到第二年春天来时，花园里还是冷冷清清的。巨人天天盼着花园里干枯的树枝，赶快长出新芽，美丽的花儿快快开放。

一天早晨，巨人看见围墙上有个洞，孩子们一个个从洞口钻进花园。他们走过的地方，草绿了！跑过的地方，花开了！跳过的地方，小鸟飞来了！花园又热闹起来了。

巨人恍然大悟，说："我是多么愚笨哪！没有孩子的笑声，花园里还有什么快乐呢？"于是，巨人赶快把围墙拆掉，孩子们来到巨人身边，他们围着巨人唱着、跳着，高兴极了！这时百花盛开，鸟语花香，春天随着孩子们的笑声，又回到花园里来了。

巨人的花园（人教版）848字

从前，一个小村子里有座漂亮的花园。那里，春天鲜花盛开，夏天绿树成荫，秋天鲜果飘香，冬天白雪一片。村里的孩子都喜欢到那里玩。

花园的主人是个巨人，他外出旅行已有好久了。花园里常年洋溢着孩子们欢乐的笑声。

有一年秋天，巨人突然回来了。他见到孩子们在花园里玩耍，很生气："谁允许你们到这儿来玩的！都滚出去！"

孩子们吓坏了，四处逃散。

赶走孩子以后，巨人在花园周围砌起围墙，而且竖起一块"禁止入内"的告示牌。

不久，北风呼啸，隆冬来临，刺骨的寒风吹起雪花。巨人孤独地度过了漫长的严冬。春天终于来了，村子里又开出了美丽的鲜花，不时传来小鸟的欢叫。但不知为什么，巨人的花园里仍然是冬天，天天狂风大作，雪花飞舞。巨人裹着毯子，还瑟瑟发抖。他想："今年的春天为什么这么冷，这么荒凉呀……"

一天早晨，巨人被喧闹声吵醒了。他抬头望去，一缕阳光从窗外射进来，好几个月没见过这么明媚的阳光了。巨人激动地跑到花园里，他看到花园里草翠花开，有许多孩子在欢快地游戏，他们大概是从围墙的破损处钻进来的。孩子们的欢笑使花园增添了春意。可是巨人又发脾气了："好容易才盼来春天，你们又来胡闹。滚出去！"孩子们听到可怕的训斥，纷纷逃窜。与此同时，鲜花凋谢，树叶飘落，花园又被冰雪覆盖了。巨人不解地看看四周，突然发现桃树底下站着个小男孩。

"喂！你赶快滚出去！"巨人大声叱责。小男孩没有拔腿逃跑，却用他那会说话的眼睛凝视着巨人。不知怎么，巨人看着他的眼神，心里感到火辣辣的。这个小男孩在树下一伸手，桃树马上绽出绿芽，开出许多美丽的花朵。

"噢！是这么回事呀！"巨人终于明白，没有孩子的地方就没有春天。他不禁抱住了那个孩子："唤来寒冬的，是我那颗任性、冷酷的心啊！要不是你提醒，春天将永远被我赶走了。谢谢你！"

小男孩在巨人宽大的脸颊上亲了一下。巨人第一次感到了温暖和愉快。于是，他立刻拆除围墙，把花园给了孩子们。

从那以后，巨人的花园又成了孩子们的乐园。孩子们站在巨人的脚下，爬上巨人的肩膀，尽情地玩耍。巨人生活在漂亮的花园和孩子们中间，感到无比的幸福。

童话故事吸引孩子阅读，重要的因素在于故事情节的生动有趣，以及角色个性的分明。以下我们将从故事的角色塑造是否分明、情节铺排是否合理等观点，来看看两地对名著改编的适切性。

首先，在角色的塑造上，原著的篇名就叫作"自私的巨人"，但两个版本在改编后，均将篇名改成了较为中性的"巨人的花园"，似乎都想避开在篇名中就将主角定性的疑虑。但是在康轩版的课文中，文章一开始就点出了"有一个自私的巨人"，似乎又不是想避开对角色的定性问题。相对的，人教版在课题上避开了自私的问题后，在整篇故事叙述中，对"自私"一词完全不着一字。对主角个性描述上的这一点差异，对于之后的教学就可能会产生一定影响，特别是读者在对角色个性提炼时，往往会受到作者这些词语的影响。另外，角色的塑造除了作者直接定性外，一般故事还会通过角色的言谈举止及他人的观点来加以铺陈。但观之康轩版课文，或许是受限于字数的缘故，对于巨人的自私个性几乎完全没有着墨。此外，对于巨人的情绪转换也未着一词，故事中的巨人几乎是一个没有喜怒哀乐的纸人，例如文中关于巨人的几处描写——"竟然发现小朋友在花园玩得很开心，他想：'花园是我的，为什么要让别人进来玩呢？'于是，他筑起了一道高高的墙，把花园围起来"；"巨人天天盼着花园里干枯的树枝，赶快长出新芽"；"巨人看见围墙上有个洞，孩子们一个个从洞口钻进花园"——完全不带感情，只做客观陈述。相较起来，人教版的课文中对巨人的描绘就较为鲜活，有血有肉。例如："他见到孩子们在花园里玩耍，**很生气**"；"巨人**激动地**跑到花园里"；"巨人看着他的眼神，**心里感到火辣辣的**"；"小男孩在巨人宽大的脸颊上亲了一下。巨人**第一次感到了温暖和愉快**"。这些关于巨人的描述，让读者感受到的是一个活生生的巨人。

接着，在情节的安排上，原著故事大致扣着几个环节在发展，首先是巨人旅游回来发现孩子在院子里玩耍，生气地将孩子赶走，并筑起了高墙。接着冬去春来，但是巨人的花园仍然是狂风大作，雪花飞舞，巨人觉得很纳闷。有一天巨人被喧闹声吵醒了，发现花园里草翠花开，有许多孩子在欢快地游戏，巨人又发脾气了，又把孩子们赶出花园。可是说也奇怪，小孩们走了，花园又被冰雪覆盖。只有一个小男孩没被巨人吓走，小男孩在树下一伸手，桃树马上绽出绿芽，开出许多美丽的花朵。

至此巨人终于明白，没有孩子的地方就没有春天。于是，他立刻拆除围墙，把花园给了孩子们。

两个版本的课文改编，基本上都扣合原著精神来进行，但是关键是在有限的字数下该如何取舍故事里的相关事件，仍能保留故事的原味（试图保留故事原味，这点是笔者的猜测）。由于原著故事最后一段涉及敏感的宗教问题，两个版本不约而同地将此部分删除。而两个版本课文最大差异在于巨人幡然领悟过程的铺排，而这也是故事最精华、最吸引人的部分。康轩版省略了关键的小男孩角色，将巨人的悔悟仅透过简单的花园景色前后对照，就诉诸巨人的自我反思。这样的简化，不单使故事失去了情节的张力，同时也突显出角色个性在塑造上的不合理性——原本一个自私的人，可以很容易地转变个性成为一个仁慈、善良的人。人教版的课文则保留了这个神奇的小男孩的部分情节，使巨人的转变有迹可循，自然使故事的情节发展更为合理。一舍一留之间，故事的趣味与可读性便完全不同，编辑者可不慎乎？

本文完成于 2009 年。

第二十一章

从课文教学走向真正的
阅读教学

在一个信息快速流通的社会里，每个人必须不断地阅读以获取最新的信息，来适应日新月异的生活环境与工作挑战。阅读能力的强弱已成为影响个人自身发展的关键因素。一个善于阅读的人，不论是在知识的储备、智能的发展、新知的摄取上都会高人一等。因此阅读教学可说是基础语文教育中最重要的一环。

所谓阅读，指的是从书面文字资料获取意义的过程；而阅读教学则是指学生在教师的指导下，从阅读各类书面文字资料的实作中，逐步发展阅读能力的过程与活动。在课堂的阅读教学中帮助学生建立起阅读的策略，提升学生阅读的能力，比教会学生了解一篇课文的内容更重要。学生习得了阅读的策略和技巧，对巩固他们的阅读习惯，进而发展成一生的阅读兴趣是有关键性影响的。

然而让我们忧心的是，在现行语文课堂中的课文教学，是否真的能促进学生阅读能力的发展？是否还是为了考试，只是让孩子熟练、积累了更多的语文知识、技能，但对真正地提升孩子的阅读能力并无帮助（这可从中国台湾地区参加2006PIRLS调查的结果得到一些启示）？

我们可以简要地回顾一下目前课堂里所进行的课文教学模式。现在一般课堂中语文教学主要着重于语文知识、技能的练习，多半是拆解式、分布式的学习，重点在于学生能熟记这些语文知识、技能。课堂中课文教学的固定流程与内容大致如下：

（1）课前预习（预习生字新词的形、音、义）；

（2）概览课文；

（3）生字新词教学（笔顺笔画、词义解释、造词造句练习）；

（4）课文深究（分为内容深究和形式深究，一般多以教师提问、全班讨论方式进行）；

（5）习作指导（出版公司配合教材课文出版的学生练习本）；

（6）仿作练习（结合写作教学）。

这一套行之多年目前大多数学校仍在进行的课文教学模式，是架构在 20 世纪初期和中期行为主义理论和阅读工学理论之上的。这些理论认为，阅读虽然是一种整体能力，但这种能力是可以分解成许多更小的技能（如认字、识词、句式掌握、篇章组织、理解等）的。当把这些分项的技能拆开来，一个一个教给学生后，就能提高学生的阅读能力。这种观点的假设是：每一分项的技能是可教的，也是可学的，而所有这些分项技能的相加总和即等于阅读能力。因此，学习阅读就是学习一套分层级、分顺序的分项技能，从而形成阅读能力。学生一旦掌握了这些技能，就能熟练地阅读文章。从这一观点来看，读者是被动地接受文章里的信息，意义存在于文章本身，读者的目的是再现这些意义。

这样一套阅读教学观点，主导了语文教学相当长的一段时间，直到 20 世纪 70 年代以后新的读写理论（例如：读写萌发、社会互动、语言心理学、全语言等）逐渐萌芽，才为阅读教学提供了新的理论框架。这种观点强调阅读的交互作用特征和理解的建构特征。针对阅读过程的研究发现，读者在阅读时会运用不同的语言线索从文本中主动建构意义。这些线索包含字音、字形、语句结构、语意、语用等。在阅读中，读者持续地与这些线索系统互动，并统整这些不同的线索。

读者通过尝试、预测、测试及确认的策略来达成他们的目标——从文本中建构意义。

这样的理论认为，所有的读者不论是初学者或是熟练者，都会运用其脑海里已具有的经验、知识，结合所读文本提供的线索以及阅读情境的暗示来建构文章的意义。按照这一观点，即使是初学的人，如果向他们提供足够的所读文章的背景知识，他们也能熟练地阅读。相反的，即使是熟练的读者，面对一篇艰难晦涩的文章，也会像初学的读者一样读不懂。因此，读者的两个重要特征——读者进行阅读时能有效地调动背景知识与读者用来促进理解的策略，形成为新阅读观的重要因素。

在这样的理论支持下，阅读教学开始有了转变：

1. 由"教教材"转向"用教材教"

"教教材"是配合教材来设定教学目标，进行教学设计，重视的是单篇文章的深入理解。"用教材教"则是先设定需要教什么（教学目标），然后寻找合适的教材来配合教学。因此教师的教学能不受教材的限制，真正考虑到学生学习阅读的需求。

2. 由重视识字教学转向理解教学

随着对阅读理论的批判，教师开始思考：语文教学的目标是什么？阅读教学的重点在哪儿？于是传统上将阅读简化为认字识词的教学观点受到了挑战，逐步走向了以理解能力与批判能力为主的阅读教学模式。

3. 由精熟学习转向策略学习

配合阅读教学的重点转移，以往教学占了大部分时间的字词教学、篇章结构教学等重视知识获得的精熟教学模式，也开始调整为重视学习者的自主性学习，重视建构知识的策略性学习。教师放声思考、学生实作、分享讨论成为课堂中经常性的活动。

4. 由单文教学转向群文阅读

随着图书出版量及学生阅读量的增加，教师开始尝试群文的阅读教学活动，结合教材及课外读物，针对相同的议题，进行多文本的阅读教学。

5. 由讲授教学转向合作学习

传统教学以教师讲授为主，但阅读经验是无法由他人替代的，阅读策略的学习虽需要教师的指导，但更重要的是学生必须真正去操作、应用，才能内化为自身的技能，所以课堂教学逐渐地开始转向以学生为主的课堂，小组合作、分组讨论、分享对话等读书会形式的学习，成为课堂教学的主要方式。

至此，课堂中的阅读教学呈现两种样态：一是维持传统，以教材为核心的课文教学模式，重视知识、技能的精熟学习。

一是关注阅读能力的培养，学习阅读方法的阅读策略教学模式。而两者的差异主要表现在：

（1）教学目的不同。

课文教学目的在于培养学生听、说、读、写的语文能力，让他们掌握正确的语文知识。阅读教学则注重培养学生独立阅读的能力，让学生能够运用阅读解决生活中的问题，拥有批判思考的能力。

（2）教学的方法不同。

从教学方法来看，课文教学教师的主导性强，课堂以教师讲解、批改、订正为主，学生跟着老师学，老师定出学习的目标和标准。阅读教学则将学习回归到学生身上，以学生为主导，鼓励学生提问、讨论。教师提供不同的策略、方法，帮助他们读懂文章、建构意义，最终希望发展学生的自学能力。

（3）阅读的方式不同。

课文教学较强调逐字地阅读、朗读和美读，在乎文本的意义，充分挖掘、掌握作者在文章中主要阐述的观点和意义。而在阅读教学上，通常以默读为主，采取多种阅读方式：跳读、浏览、略读，有时也会反复地精读，有时会采取探究的态度阅读。重视个人对阅读的理解，重视文与文、书与书、书与人之间的联结。

（4）在读物的性质上有所不同。

课文教学是以范文为主，一篇一篇地教。这些文章都经过专家的修改调整以及审查，所以在结构和手法上都比较单纯一致。阅读教学会希望孩子去读真正的读物，是以书本为单位，一本一本地读。读物是完整的，保有作者个人的风格，所以在立论观点以及结构、情节上，具有相当的差异。在教学时，也许每个学生读的书不同，但是可以针对相同的议题一起学习。

（5）评价的内容和方法不同。

一般课文教学评价的内容主要是相关的知识、技能，题目会扣紧课文来出，这些问题多半是有标准答案的。可是如果是对阅读能力的评测，应关注的是各种不同层次的理解，会重视学生的批判与反思，也会以不同的文章作为出题的范围。

就以上观点来说，课文教学似乎较难摆脱"教"的魔咒。例如：无论是面对哪一种类型的文章，扫除生难字词永远是排在阅读活动的首要位置（美其名曰积累词汇量）。然而从阅读的观点来看，生难字词只是阅读过程中可能面对的难题之一，而字词的学习、积累，也必须放在真实的阅读中才有效果。

课文教学重点是扣紧课文的，是希望经由老师的教学，带领学生掌握并领会文章所提供的学习内涵（文章的相关知识与内容）。至于阅读教学的课堂，会回归到学生的主导性上——鼓励孩子提问，根据孩子关心的问题进行讨论。同时，提供不同的策略让孩子去做练习，让他能够找到最合适自己的方法，来帮助他读懂某篇文章，并建构自己的意义。教学时，关心的是学生作为一个阅读者，他在真实的阅读过程中，应该练习掌握哪些技巧、策略，才会对提升他的阅读能力真的有帮助。因此教学设计主要是立足于一个阅读者的立场来思考的，例如：一位真正的阅读者，为了能掌握文本的内容，在阅读前会做什么来帮助自己更容易理解将要阅读的文本；进行阅读时，如何恰当地运用策略掌握文本的意涵，对文本进行赏析，或是以自己的观点回应文本；至于阅读后，则引导学生进行自我反思，如在这次的阅读活动中，采取（学习）了哪种策略来帮助理解。因此课堂教学的重点，不仅是让学生读懂作品的内容，学会文本中的相关语文知识，更重要的是希望学生学到怎么读懂一篇文章，怎么去欣赏一篇文章。

相较起来，阅读策略教学比课文教学具有更大的优越性，阅读能力是整体性的，阅读是读者的原有知识和文章的信息相互作用而建构出意义的过程。熟练的读者会运用他们的原有知识和灵活的策略去建构文章意义，他们监控正在进行的理解，并在理解出现困难时改变策略，他们根据自己的知识水平选择、调整策略。因此，阅读是积极的过程。而阅读能力的发展，是读者形成阅读策略来理解文章的过程。

将语文课堂里的教学活动区分为"课文教学"和"阅读教学"，这样的区分可能会让习惯于教材教学的老师一头雾水：语文教学不就是通过课文来教学生听、说、读、写的知识、技能吗？为什么还要区分"教课文"和"教阅读"呢？教阅读不也是要通过文章来教学吗？

之所以要做如是的切割区分，实在是因为有鉴于目前海峡两岸的语文教学，大多时候还停留在以课文教学为主的模式上，较少以阅读理解为目标的教学设计，十分可惜。教师每天辛苦认真地备课、教学，学生也努力地学习，但如果教学目标、方法错误或出现偏差，那教师、学生所花费的苦心都白费了。更值得注意的是，面向 21 世纪——一个信息快速流通的世纪，当阅读已成为现代大众必备的基本能力时，如果我们的孩子阅读能力并未在基础教育阶段打下良好的基础，那么，未来的竞争力将大受考验。

台湾学者柯华葳（2001）归纳出一些成功的阅读理解教学原则，可以作为教师进行语文教学设计的重要参考依据。内容如下：

（1）教学目标以阅读理解为主；

（2）能将所学应用于生活中，可提高学生阅读兴趣；

（3）借由教师的示范，使学生看到促成阅读理解的能力及其应用的方式；

（4）教学须有弹性，并注重师生之间的对话；

（5）反复练习达到一个纯熟度，学生才会应用于实践。

笔者以为这些原则是教师们在进行教学设计时，必须念兹在兹的重要原则，也是让课文教学走向真正的阅读教学的必要途径。

2010 年发表于《小学语文教师》第 4 期。

■ 第二十二章

讨 论 教 学

讨论在语文教学中具有以下几种功能：

· 培养学生表达能力；
· 养成良好的平等意识；
· 发展学生思考能力（演绎、归纳、推论、类化……）；
· 学习与别人合作。

其中表达能力与思考能力，本就是语文教育中所强调的听、说、读、写、思考诸种技能中的一类，故讨论与语文教学有密切的关系。而平等意识与合作学习则是学习的基本态度与方法，只有建立起良好的学习态度与方法，学生才算真正学会学习。

但是，讨论教学在现行的课堂里却不常见，甚至有部分教师视讨论教学为畏途。究其缘由不外是：

· 不知如何带领讨论；
· 认为讨论会影响班级常规，容易混乱（特别是分组）；
· 对于讨论学习的成效持怀疑的态度。

不知如何带领讨论，实是现在教师的一大隐忧，问题的根源在于，教师在求学及养成教育的过程中缺乏类似的经验。或许市面上有关如何提问、讨论的书籍并不缺乏，但由于讨论是一种真实、带血带肉的有机活动，并非从书本上学些要领就能习得、掌握的，它必须实际操作、参与，才能真正体会出其中的奥妙与趣味。简单地说，讨论不同于聊天，它有目的、有共同的话题；当然，讨论也不是辩论，辩论只是求胜的工具，为了胜利，可以任意扭曲真理、歪曲事实；讨论也不是谈判，谈判的目的在于取得彼此可以接受的共同利益。

讨论是一种整理经验、交换心得、合作反省及共同找寻新观点的进路，所以教师在一个讨论团体里，必须放下身段，摆脱知识权威的角色，着重程序安排及讨论气氛的维系。因此提问的技巧、回应的方式并不是重点，只要让学生真正参与讨论团体的运作（包含讨论问题的提问，或进行讨论时保持善意、尊重每一位成员，以及不急切要求每次讨论必须形成某些共识、能解决某些问题等），在运作中能保持讨论的客观、中立及温暖、安全，即是一个成功的带领者。当然，教师对问题的敏感及好奇主动的态度，都会潜在地影响学生，而教师在讨论过程中表现出的善意、尊重、聆听、沟通、讲理等态度，也都会是一种良好的示范。

但要在课堂中进行讨论教学，老师们通常会担心过程中容易混乱，影响班级常规秩序。之所以会有这样的认知，其实肇因于我们忽略了生活常规（例如：不大声说话、上课不吃零食、上课不可以走动……）和学习常规（例如：轮流说话、按指示做事……）可以是有所不同的。以讨论教学来说，讨论当然要说话，这时对说话的常规要求，就必须适度地搁置，而改以学习常规的要求来看待。所以，讨论时发出一些稍大的音量是可以接受的。再者，学生也许需要走动以彼此交换意见，这也是讨论时常有的现象。因此面对"讨论会引起班级混乱、影响常规秩序"这样的争议时，其实，可能先要关心与厘清的是学生是真的在进行讨论（所谓乱中有序），还是在开玩笑、打闹？

如果是前者，或许我们可以多一些包容；如果是后者，那就需要注意了。

而对于讨论教学成效的疑虑，则是快餐文化及强调记忆教学的习惯性思考。教学上有一句流行的话是这样说的，"赶进度是最大的恶"。话虽然是这样说了，但大多数老师还是受制于所谓的进度，希望学生一教就会，好赶快教下一课。抱持这样的态度，当然会对于讨论教学这种需要时间反应、对话、澄清而又不强制达成共识的教学感到忧心（学习是否要达成共识？知识的建构真是靠共识得来的吗？）。

确实，讨论也许在具体知识的习得上帮助不大。但经由讨论带动学生深入去思考问题、交换彼此的心得，对学生一生的学习（包含态度、方法）将有莫大的帮助，只是这样的帮助，也许不是立即显现的，我们需要一些耐心。

此外，讨论时机也是教师较难掌握的。现行的语文科教学活动中，使用到"讨论教学"大多是在进行所谓"内容深究"时。而所进行的方式，通常是由教师从课文中提出一些问题由学生回答，美其名曰"讨论"，其实只是师生问答。有时候问题相当封闭，必须从课文中找出标准答案；有时候也会出现一些较开放的问题，可以由学生各抒己见。但基本上还是教师问学生答，答题的学生并不关心其他同学听不听得懂，他说话的对象只限于老师一个人。所以，表面上看起来好像很精彩，学生争相发言，实则，学生之间并无对话（甚至师生之间亦无）。之所以会有如此现象，原因有二：

（1）教师习惯性地认为，阅读所获致的理解是全体一致的，提问只是帮助学生掌握一致性的理解内容。

（2）教师往往误以为问答就是讨论，以为容许学生各自表述就是一种开放态度，至于通过讨论可以学习到什么新的观点，并不是关心的重点。

其实，不管是小组讨论方式抑或全班讨论方式，在语文教学中都可以随机地采用，课文深究时固然可以采用，其他如字词概念的理解、课文赏析、写作教学等教学活动也可以采用讨论的方式进行。重要的是，老师不主控整个讨论或成为主要的提问者，讨论的话题必须是学生关心的或有兴趣的，在讨论时一定要注意对谈性及合理性，即学生彼此之间要产生对话，交谈的对象不应只限于老师，同侪间可互相要求进一步澄清。在陈述意见时，也要说明理由，并要求一致性、合理性。如果能做到这些，对话、讨论才有可能进行，学生也才能发展出分享、合作及负责的态度。

2010 年发表于《小语汇》第 20 期。

第二十三章

自主学习在阅读教学中的应用

一、学会学习

现代教育目标愈来愈倾向于人的能力提高和全面素质的增强。资讯化时代，人们要处理大量信息，适应迅速变化的环境，在学校接受的教育已不可能受用终身。未来的社会是一个继续学习、必须终身受教育、不断自我发展才能适应生存的社会，而终身教育又要求人们能够培养可以独立于教师和课堂的自主学习能力。

在终身教育体制逐渐确立后，基础教育也应做出相应的变革。在教育的目标上，基础教育将不再把知识的传授作为主要任务，而是把发展学生的能力、教会学生学习，尤其是独立学习的能力，作为首要目标，为学生的继续学习和终身学习奠定基础。

二、学会学习的基础——自主学习与阅读

迈入 21 世纪，学校教育应开拓出什么样的新方向，才能顺应时代的挑战与需求呢？学校应充分认识到终身学习的重要性。新时代的民众不仅需要知识，更需要与知识变化相适应的学习方法，发挥人的自主探索能力。因此，培养学生自主学习能力就成为中小学教育发展的必然选择。自主学习从根本上确立了学生的主体地位，强调培育学生强烈的学习动机和兴趣，从而进行主动、自觉、自愿的学习，实现教学最优化。

此外，在一个信息快速流通的社会里，每个人必须不断地阅读，以获取最新的信息，来适应日新月异的生活环境与工作挑战。阅读能力的强弱已成为影响个人自身发展的关键因素。

因此阅读能力的强化也成为现代教育重要的课题，教学生学会阅读也成为学校教育最重要的工作之一。

所谓阅读，指的是从书面文字资料获取意义的过程。而阅读教学则是指学生在教师的指导下，从阅读中逐步发展阅读能力的过程与活动。提升学生阅读的能力，比教会学生了解一篇课文的内容更重要。教师在课堂中应帮助学生建立起阅读的策略，学生习得了阅读的策略和技巧，对巩固阅读习惯，发展成一生的阅读兴趣与能力，具有关键性的影响。然而现行的语文课文教学，是真的能促进学生阅读能力的发展，还是为了考试，只是让孩子熟练、积累更多的语文知识、技能，但对真正提升孩子的阅读能力并无帮助？

目前课堂里所进行的阅读教学主要着重语文知识、技能的练习，所采用的多半是拆解式、分布式的学习，重点在学生能熟记这些语文知识、技能。课堂中课文教学的固定流程与内容大致为：

（1）课前预习（预习生字新词的形、音、义）；

（2）概览课文；

（3）生字新词教学（笔顺笔画、词义解释、造词造句练习）；

（4）课文深究（分为内容深究和形式深究，一般多以教师提问、全班讨论方式进行）；

（5）习作指导（出版公司配合教材课文出版的学生练习本）；

（6）仿作练习（结合写作教学）。

这一套行之多年，目前仍在大多数学校使用的阅读教学模式，是架构在 20 世纪初期和中期行为主义理论和阅读工学理论之上的。这些理论认为，阅读虽然是一种整体能力，但这种能力是可以分解成许多更小的技能（如认字、识词、句式掌握、篇章组织、理解等）的。学习阅读就是学习一套分层级、分顺序的分项技能，从而形成阅读能力。学生一旦掌握了这些技能，就能熟练地阅读文章。

从这一观点来看，读者只是被动地接受文章里的信息，然而意义存在于文章本身，读者的目的是再现这些意义。而关乎学习成效的学习者动机、自我监控、主动性与自主性等能力，在教学过程中几乎完全被忽略了——课程是学校、教师设计的，教材是学校选定的，学习方式也是教师安排的，学生在整个学习过程中几乎是一个旁观者、被设计者。长此以往，就算学生短期内学得了某些知识技能，但也并未能发展出终身学习、独立学习的意愿和能力。

因此，如何将学会学习（自主学习）与学会阅读在课堂教学中进行适当的融合，一方面让学生学会阅读，掌握阅读的方法与策略，另一方面借此培养出学生积极主动的自主学习能力，是本研究所关心的课题。

三、关于自主学习的探讨

新时代的民众不仅需要日新月异的知识本身，更需要与知识变化相适应的学习方法。他们需要认识到学习的重要性以及趣味性，了解人因学习而充实的特点。因此，传统的被动式学习，或在他人指示下的依赖性学习，都将被"自主性学习"所取代。

（一）自主学习的界定与性质

自主学习（autonomous learning）是当今教育研究的一个重要主题。不论是在课程或教学领域，乃至学习领域都被视为重要的议题。作为一种学习能力，自主学习不仅有利于提高学生的在校学习成绩，而且是其终身学习和毕生发展的基础。

什么是自主学习？美国自主学习研究的著名专家齐莫曼（Zimmerman，1995）归纳出自主学习的三个特征：

（1）强调后设认知、动机和行为等自我调节策略的运用；

（2）强调自主学习是一种自我决定的反馈循环过程，认为自主学习者能够监控自己的学习方法或策略效果，并根据这些反馈调整自己的学习活动；

（3）强调自主学习者知道何时、如何使用某种特定的学习策略，或者做出合适的反应（Zimmerman，Martinez-Pons，1986）。

美国的宾特里奇（Pintrich，2000）教授也给自主学习下了一个相似的定义。他认为：自主学习是一种主动的、建构性的学习过程，在这个过程中，学生首先为自己确定学习目标，然后监视、调节、控制由目标和情境特征所引导、约束的认知、动机和行为。自主学习活动在学生的个体、环境和总体的成就中起中介作用。

巴里斯和艾里斯（Paris & Ayres, 2001）认为，自主学习具有七个显著的特点：

（1）学生选择自己的学习目标，并朝目标努力。

（2）学生给自己设置有挑战性的目标，发挥自己的学习潜能，追求成功也能容忍失败。

（3）学生知道如何使用课堂中的学习资源、做计划、分配时间、寻求他人的帮助以及评价自己的学习表现。

（4）学生能够很好地与他人进行合作学习。

（5）学生重视意义的建构，深刻地理解学习内容的意义，并注重学习中的创造性。

（6）学生具有较高的学习自信心和自我责任感，很少将自己遇到的学习困难归咎于他人。

（7）学生根据预定的学习标准和时间，自己管理学习进程，评价学习表现。

综合上述观点，可以把自主学习的特征概括为：它是一种自我导向、自我激励、自我监控的学习。具体地说，它具有以下几个方面的特征（庞维国, 2005）：

（1）学习者参与制定对自己有意义的学习目标、学习进度和设计评价指标。

（2）学习者积极拓展各种思维策略和学习策略，在发现问题、解决问题中掌握学习方法。

（3）学习者在学习过程中有情感投入，有内在动机的支持，能从学习中获得积极的情感体验。

（4）学习者在学习过程中对认知活动能够进行一定程度的自我监控，并适时对学习做出相应的调整。

（二）促进自主学习的因素

真正要在教室中落实自主学习，关键的动力及条件来自学习者的需求（也就是一般所谓的动机），以及教学现场的种种安排与规划。让孩子学会取得成功的手段和方法，掌握自主学习的技能，在学习上获得成就感（成功感），是自主学习的主要目标。

以下针对能促进自主学习的相关因素加以说明。

1. 学习者的需求

自主学习是一种主动的学习，是基于学生对学习的一种内在需要。它一方面表现为学习兴趣。兴趣有直接和间接之分，直接兴趣指向过程本身，间接兴趣指向活动结果。学生有了直接学习兴趣，学习活动对他来说就不是一种负担。另一方面表现为学习责任。学生如果不能清醒地意识到学习跟自己的生活、生命、成长和发展的关系，就不能自觉地担负起学习的责任，也就谈不上是一种真正的自主学习了。

一般说来，发现这种内在需求可分为两个阶段：首先，找出学习者的需求是什么；其次，把需求转化为具体的目标。如果学习者难以独立决定他们的需求，教师可提供一定的指导，并提供达到这些目标可采用的方法。

2. 学习者的选择

"自主性"的核心概念之一即选择。学习者的自主选择是自主学习的关键。允许学生选择并组织自己的题目，并让其他学生监控整个过程，在学习上能产生积极的效果。所谓"学习者的选择"是指对学习过程做出决定，包括确定目标、规定内容和进度、选择方法和过程、监控过程、评估结果。学习者可以根据他们的需求、兴趣和进度，调整学习目标、内容和方法。赋予学习者选择的权利，才能激发学习者的积极性和创造性，才能创造自主学习的空间。但并不是每个学习者都能做出正确的选择，必要时教师可给予一定的支持。

3. 教师支持

提倡自主学习，意味着对学习做出决定的责任将转向学习者。那么，教师是否将失去他们的权威？事实上，教师扮演极重要的角色，应当承担起鹰架的作用。自主学习可分为不同程度的自主阶段。当学生未达到完全自主的程度时，教师的支持与协助对促进学习者的自主性是必要的。如何平衡学习者的自主性和教师的控制，便成了问题的关键。过多的帮助可能会扼杀学习者的自主性，完全放任也会导致学习的低效率，这也是我们在培养学生自主性时应当注意的一面。

4. 小组支持 / 同学支持

学习的方式可以是多样的，学习的对象也不限于老师。小组支持可使学生不再依赖教师，而是与其他成员一起交流、协商、合作，共同解决问题。交流、协商和合作都是促进学习者自主性的重要因素。小组活动并不意味着所有组员同时学习同等水平的同一种技能。小组可针对学习的对象、资料的搜集、解决问题的方法展开讨论，进行对话；学习者还可与同学分享成功的学习策略。

5. 自我评估

学习者评估自己学习效果的能力，也是学习的一项重要技能。对尚未达到完全自主学习的学习者来说，加强其"对自身所学的内容不断地进行反思，或者监控自己的学习过程"是一项主要的学习目标。与此同时，自我评估将使学习者对学习责任更加敏感，有利于自主学习能力的培养。

简言之，如果学生能够做到以下这些，那么他的学习就是自主的：在学习活动之前，自己能够确定学习目标、制订学习计划、做好具体的学习准备；在学习活动中，能够对学习进展、学习方法做出自我监控和自我调节；在学习活动后，能够对学习结果进行自我检查和自我评价。

四、关于阅读教学的探讨

（一）阅读能力的发展

阅读能力的形成是一个从低阶到高阶的线性发展过程。有效的阅读指导，可以逐步提高学生的阅读能力。从口头语言到书面语言，乔尔（Chall, 1996）将阅读能力的发展分成六个阶段，通过它，学生就能发展为成熟的、高效率的读者。

第一阶段，称为初期阅读阶段，培养学生的基本阅读技能和对阅读过程的了解。他们也将了解到语言和声音之间的联系，并培养对声音的感知。在此阶段，阅读者了解到印刷文本代表着语言，而且还是故事信息的载体。

第二阶段，开始正式的阅读教学，注重培养学生对"音—形对应关系"的理解，并构建译码能力和提高理解的准确性。在此阶段，学生学会朗读文章和理解书面文本。

第三阶段，培养学生译码的自动性——乔尔称之为"文本的分解"（1996）。在此阶段，学生逐步学会运用正确的断词、断句、抑扬顿挫和语调来朗读。学生的注意力也从单词的译码转移到对短语、句群的理解。学生应该在这一阶段提高阅读的流利程度和辨字能力。对于大多数学生来说，第三阶段标志着他们从阅读叙事文（学会阅读）向处理信息更多的说明文（通过阅读学习）的转变。

第四阶段是一个过渡期，在这一阶段，学生应表现出相当水准的自发性、流畅性和理解能力，能理解篇幅更长且内容更加复杂的文章，并大量接触说明文。

具有第五阶段的阅读能力的学生，开始对文章做出批判性评价、注释和比较——换言之，他们成为具有独立思考能力的读者。

第六阶段，也就是发展阅读技能的最后阶段，达到这一阶段水平的学生，能够处理和分析包含多种观点的文章，针对观点以及过往的阅读经验发表自己的看法并做出评价。促使学生成功地达到这一水准就是我们教学的最终目标。

（二）阅读能力的培养

阅读能力是线性发展的，而非"一次性"整体形成的，是从低向高一层层建立起来的（Tankersley，2005）。阅读能力培养中的一大关键是学会把已有的知识和所学的新知识联系起来。结合阅读能力的发展观点，阅读能力的培养也可从低层到高阶循序做起。

1. 准备阶段

课堂必须变成一个吸引人的地方，让学生想参与教师所提供的教学活动。教师的任务是要寻找有意义的、提高学习自主性的材料。在课堂上让学生有一些可选择的材料进行阅读，这样有助于增强学生的学习动机。教师可以推荐他们阅读"高趣味、低难度、少词汇"的书，例如可预测书。此外，杂志、网络、漫画都可以成为有阅读困难学生的阅读资源。

2. 译码（认字识词）

我们每个人都有四种不同的词汇：听力词汇、口语词汇、阅读词汇和写作词汇。首先形成的是听力词汇，接着是口语词汇，之后是阅读词汇，最后是写作词汇。每种词汇的数量都是因人而异的。根据研究，很多学生每年都会增加大约 2000 到 3000 个阅读词汇，即每天约增加 6 到 8 个新单词（Anderson & Nagy，1992）。每天只需阅读 10 分钟，每年就可以掌握约 1000 个新词（Cunningham & Stanovich，1998）。而口语词汇量越大，就越容易理解单词在文中的含义。

很多阅读能力不佳的学生，掌握了相对较多的听力词汇，因为听力是他们接收信息的主要途径，但并没有因而扩大他们的阅读词汇量和写作词汇量。因此教师应该把建立这四种词汇的任务摆在首位。

不少教师只会重复地把新词教给学生并让他们抄写，另一种惯用的教学方法，是提供一系列词汇让学生查字典并造句。这两种模式都不足以帮助学生巩固词汇，并区分所学词汇的各层含义。有研究指出，学生运用词典意义造出的句子中，有60%是没有任何实际意义的（McKeown，1993）。

如果要学生内化所学词汇，就必须帮助他们弄清楚词汇的含义，并熟悉各个层面的语义，让词汇和学生的实际生活"紧密联系"起来。纳吉（Nagy，1988）提出：有效的词汇教学必须具有实际生活意义。也就是说，这些词汇必须经常接触并反复使用。让学生广泛地阅读各类文章，来接触有趣的新词汇，是扩充词汇的最佳方法之一，其实，25%至50%的单词是在随意学习中和有意识的语境推断中得到和积累的（Anderson & Nagy，1991；Nagy，Anderson，& Herman，1987）。而了解词汇最有效的方法就是帮助学生通过查找上下文、结合以前所获得的背景知识及单词隐含的概念来建立多个联系（Stahl，1999）。读者具备充足的词汇才能在阅读时不假思索就理解文字材料。

3. 阅读流利度

阅读流利度是指在正确理解文本和恰当划分句群的基础上，能够准确、流畅、感情丰富地快速阅读文章的能力。阅读流利能力分为两种：朗读流利性和默读流利性。朗读流利性指能处理好韵律、节奏、高低音、停顿、感情等特征。默读流利性是指在独自无声阅读时，能在完全自动地理解字面意思的基础上，将注意力集中于对文章的理解，从而获得默读流利能力。

赫希（Hirsch, 2003）告诉我们："孩子们往往要花上好几年时间进行解码练习，之后其书面阅读速度才能达到听力理解的速度。"从学着去朗读到理解文章，朗读流利的程度是阅读能力过渡的标志。

要想成为熟练的朗读者，学生必须聆听熟练朗读者示范如何流畅地朗读并能进行模仿。教师应该每天——即使只有5至10分钟——坚持为学生示范流利的、富有感情的大声朗读。通过朗读训练、课堂讨论，学生就能发展流利的朗读能力。

另外，我们必须教导学生，了解文章的目的和类型有助于决定阅读的速度。要求学生用各种不同的速度练习阅读——从略读到精读——从而让他们了解每种速度的要求。

4. 理解

阅读理解是与书面语言进行交流和互动，并提取和形成一定意义的过程。阅读由三个元素组成：读者、文章以及阅读活动或其目的（Snow, 2002）。读者的阅读动机、自身的知识和经验使他们逐渐获得深层次的理解。阅读能力强的读者阅读都带有一定目的并能运用他们的背景知识和已有的经验来帮助理解文章。如果读者熟悉文章的体裁和写作风格，就能更好地理解文章。例如：大多数孩子知道童话故事以"从前"来开头，以"结局"来结尾。了解了这种特点，读者就可以预料到文章接下来将如何展开。

对于阅读能力不佳的学生，梅尔策、史密斯和克拉克（Meltzer, Smith, & Clark, 2001）认为必须教会他们在阅读时掌握后设监控和自我提问的技能。为了使学生能更好地理解文章，教师可进行放声思考，说出思维的过程，让学生知道我们是如何运用思维和阅读策略，对文章进行理解的。

提高阅读能力的大部分教学，就是帮助学生明白思考和理解是阅读的本质。为了发展这种能力，学生必须掌握两个方面的技能：一方面是后设监控的技能，这一技能能帮助学生将大脑中储存的相关信息和当时阅读的思维、理解联系起来；另一方面是由各种基本的阅读技巧组合起来的技能，通过这一技能学生可以理解阅读材料的组织构成和具体细节。此两种技能可帮助学生根据文本及其篇章组织构建起自己的理解模式。

5. 高层次读写能力：评价、综合、释义

读写能力教学的根本目的是培养学生能运用评价、综合、分析和解释的能力来处理文章。学生理解原文，就是运用背景知识来分析综合信息，然后对文章内容提出他们的观点。阅读能力强的学生不但能够理解文章的字面意思，而且能把握文字背后的隐藏意义。文章主题的背景知识越少，就越需要通过字里行间的含义去把握文章的意思。基恩和齐默尔曼（Keene & Zimmermann, 1997）认为下面七大理解策略是提高学生阅读技能的必要途径：

（1）确定重要性；
（2）将已知和未知的联系起来；

（3）综合；

（4）推断；

（5）提出问题；

（6）创造感官形象；

（7）检测意义。

所有这些策略都必须详细地一一教给学生。学生掌握了这七大策略，便能运用高水平的阅读能力去解读文本。

学生对文章的高层次理解通常包括：解释文章目的或观点，辨别文章的主题和关键成分，针对故事的某些方面分享他们与作者的观点，分析人物的性格特点和行为特征，懂得创造和推断，学会记录自己的想法观点，能比较事物的相同点和不同点，运用创造性思维发展新的概念。

五、以自主学习促进阅读教学的改革

从上述对阅读教学的探讨可知，阅读教学的课堂应回归到学生的主导性上——鼓励孩子提问，根据孩子关心的问题进行课程设计。同时，提供不同的策略让孩子做练习，找到最适合的方法来帮助他读懂文章。教学时，关心的是学生作为一个阅读者，应该练习掌握哪些技巧、策略，才能真正提升阅读能力。因此教学设计主要是从一个阅读者的立场来思考的，例如：一位真正的阅读者，在阅读前、阅读中、阅读后，分别采取（学习）了哪种策略来帮助理解。课堂教学的重点，不仅是让学生读懂作品的内容，学会文本中的相关语文知识，更重要的是希望学生能学到怎么读懂及欣赏一篇文章。

凡此种种的阅读教学都指向一个核心的价值——自主、主动、有意义、监控，而这恰恰也是自主学习的特征。因此，将自主学习的精神带入阅读教学中，是如此的自然与必要。

缺乏动机往往是阅读教学中教师经常面临的问题，因此阅读的课堂必须变成一个吸引人的地方，让学生想参与我们所提供的教学活动。教师的任务是要寻找有意义的、能帮助学生提高学习自主性的材料，以增强阅读动机。学生必须先清楚能从中学到什么东西，才能把自己的兴趣拓展到极限。教师必须帮助他们学会以阅读作为桥梁，学到更多关系自身的东西。

因此，必须让阅读能力不佳的学生多接触各种风格和体裁的文章，包括新闻、杂志、小说和网页。让学生掌握不同风格和不同体裁的文章特点，有助于学生更好地预测文章发展的思路和手法。鼓励学生大声朗读和引导学生边想边说的做法，也将对他们大有助益。

当我们把从阅读和自主学习得来的方法运用到教学中时，课程的学习效果就完全不一样了。在新的教学模式中，我们会：

· 设计一些导读活动，以激活背景知识，确立目的，并且提出一些问题来激发求知欲。
· 让学生阅读的时候，运用一些比较活泼的阅读方法，比如两人讨论、交换意见和澄清自己的观点等。
· 向学生展示我们的思维过程，并让学生把他们的思维过程表现出来。

· 设计一些能激发学生运用高级思维模式的活动。

· 认真研究课程标准的要求，从而挑选最必要的内容进行教学。

此外，教师亦当为学生（阅读者）设置一个自主的学习环境，包含：

（1）多样化的教材。

如果我们打算激发学生的兴趣，就不能把课本当作主要的信息来源。如果我们所提供的信息与社会的话题联系更加紧密，让学生有选择的余地，这样的学习将会更加深刻，更具有现实意义。

（2）学生选择。

在课堂上让学生至少有一些可选择的材料进行阅读，这样有助于增强学生的学习动机。能吸引孩子阅读的书，多半是文本精短且内容又与生活相关的。学生阅读得越多，其阅读能力就提高得越快。

（3）设置能满足所有学生需要的课堂。

对阅读能力不佳的学生来说，最好的课堂环境是一个可以让他们大胆地与教师、同学们一起思考，并分享自己想法和疑问的课堂。课堂的重心应不限于阅读本身，而在于对阅读中所学内容的理解和建构自己知识的过程。

（4）组织阅读讨论小组。

组织阅读小组，进行任务分工，让每位学生扮演不同的角色以便能积极参与。例如：组长（组织并确保所有组员都参与讨论）、讨论向导（在必要时提出具有开放性的问

题以促进讨论）、权威人士（在文中找出有趣的、难懂的
或者重要的部分读给组员听）、联络员（促进故事与自身
生活之间的联系）、词汇搜集员（搜集重要的、不熟悉的、
有趣的单词）等等。

六、自主学习的阅读教学案例

在此提供几则教学案例，这些案例试图将自主学习的精神
融入阅读教学中。为确认这些案例在设计与实施上是否反映了
自主学习的精神，研究过程中以下列原则作为评估的准则：

（1）自主性原则。教师应根据学生需要和课程的内涵
选择教学内容。关注学生的主体意识，让学生有更多的机
会去活动、体验乃至创造。

（2）差异性原则。受教育者之间是存在个体差异的，
应当按照这种差异因材施教，使其能在自己原有的基础上
得到发展。

（3）师生合作原则。教学是统一教师的教和学生的学，
教学过程是师生交往、积极互动、共同发展的过程。

（4）整体发展原则。要把课堂教学与学生身心素质各
方面看作一个相互联系的发展整体，使课堂教学与社会、
家庭、学生生活形成一个整体。

（5）反思性原则。教学中，教师要具备反思的意识，
不断地反思自己的指导行为。

案例1：生字的学习和记忆（设计者：范姜翠玉）

带孩子学生字时，总是希望他们能有字群的概念，并了解字形和字义之间的关系，当然更希望通过这份了解，能帮助他们记字和辨字。怎么教呢？

在教新的生字时，我会请孩子先想一想：这个字是怎么组合的？有没有熟悉的部件？这两个问题从孩子开始学生字时，就是每次必问的问题，所以对他们来说，联结学过的熟悉字形，是容易的事，但也因为这个练习，让他们现在除了联系部件外，还会说出整个字的关联。例如：教"猜"这个字，孩子们会发现有"狗"字的犬字边，还有"青"色的青。学过的"请"和"静"，他们也提出来了。我会趁势带着他们一起搜集更多有"青"这个部件的字，如清、菁、倩。然后，邀请孩子想一想：为什么"清"字是水字边？为什么"请"字是言字边？除此之外，当遇上复杂组合的字，我会试着编出字谜或歌谣帮助孩子记忆，例如"听"字："耳朵长长我姓王，今年14岁，一心想读书。"[1]孩子听完就说，老师好好记哦！在教下一个生字时，他们会很主动地编故事，例如"猜"字，他们会说："青色的狗。"他们还发展出看着字形编故事的本领，也就是说字形看起来像什么，就有了一个怎么记字的故事。这样的教学有个有趣的发现：

· 孩子对生字有了更多惊喜的发现，原来汉字有这么有趣的变化。

---

[1] 编者注：根据"听"的繁体字"聽"设计。

- 他们会跟我说这个字还可以怎么变，可以加火字边吗？可以加金字边吗？可以加女字边吗？

- 当我说某某人，那个字要写汉字（例如要写汉字"静"），而当他说老师我们还没学过时，同学们会说：老师教"猜"这个字的时候就讲过啦！喜欢孩子的这些表现，因为看到孩子的主动，看到孩子愿意拓展方法。

【教学行为解读】

在这堂课的教学中，教师做了什么？

- 提高学生对记忆目的性和自觉性的认识。记忆是人脑的功能，脑越用越灵光，如果每天记忆一定数量的材料，日积月累，持之以恒，既能丰富知识经验，又可锻炼记忆能力。

- 培养学生多渠道协同记忆的习惯。联系已知与未知来帮助记忆，让学生不惧怕笔画较多的生字，这比单纯用看或听，记忆的效果要好得多。

- 持续使用关键问题，示范不同的记忆策略，帮助学生建立学习的习惯和能力。

案例2：克服生难字词、读文言文的策略（设计者：范姜翠玉）

流程：

（1）老师将"臣本布衣，躬耕于南阳，苟全性命于乱世，不求闻达于诸侯。先帝不以臣卑鄙，猥自枉屈，三顾臣于草庐之中，谘臣以当世之事，由是感激，遂许先帝以驱驰。后值倾覆，受任于败军之际，奉命于危难之间，尔来二十有一年矣。先帝知臣谨慎，故临崩寄臣以大事也。"一段抄写在黑板上。

（2）请孩子读上述段落，找出可能懂得意思的句子，谈谈是怎么猜的。

（3）示范如何用策略来猜语意。

- 重读句子，找可能提供线索的想法与字词。
- 把难倒你之前的两三个句子读一遍，找出跟字义有关的线索。
- 把难倒你之后的两三个句子读一遍，找出跟字义有关的线索。
- 找出该字的部首偏旁，思索其意义。
- 是否在其他情境或书中看过、听过那个字。
- 想想此时的情节，看看是否能提供一些字义的线索。

刚开始，孩子很快发现"三顾臣于草庐之中"是指刘备三顾茅庐，这里很明显是因熟悉故事情节而得来的推论。接下来，我再请他们看看这一段里，他们可能猜到意思的句子有哪些，他们提到的是"先帝知臣谨慎"，他们觉得这句很简单，光看字面就可以理解，也就是"先帝知道我很谨慎"。于是我接着请他们猜下一句"故临崩寄臣以大事也"是什么意思，在他们的语言经验里，对于皇帝的逝世他们清楚那个词语是"驾崩"。所以，"临崩"的"崩"应该就是指"驾崩"，而"临崩"的"临"有"面临"的意思，而"面临驾崩"也就是"临终"的意思。

而后他们又想起，刘备在白帝城临终之际曾托付诸葛亮要辅佐刘禅，如果无法辅佐可以取而代之以光复汉室的这一段情节，所以整个拼凑起来就是"刘备在临终时将光复汉室的责任托付给我诸葛亮"。

顺着孩子运用情节来猜测词义的策略，我选择先和孩子谈谈"后值倾覆，受任于败军之际，奉命于危难之间"这一句，此时，就换我放声思考了："后值倾覆"里的"倾覆"从字面上的意思来想，"倾"我常听到的是"倾倒"，而"覆"我听过的是"覆巢之下无完卵"，而且"覆"有"覆盖"的意思，照这么看，被倾倒、覆盖好像不是一件好事，应该是遇到挫折，看看后面的句子有出现"败军""危难"这两个词语，我的推想应该没有错，可是到底"败军之际、危难之间"指的又是什么呢？我想先看看《三国演义》这本书的目录，看看孔明出现后，刘备遇到哪些挫折。找到了，刘备曾败在曹军手下，带着老百姓逃亡，后来还被曹军追杀，幸好孔明早已安排关羽和刘琦来接应，才能获救。可是那时，刘备已经没有其他地方可以发展了，于是孔明出了主意，让刘备答应鲁肃的请求，到江东走一遭，结果在赤壁之战中大败曹军，奠定了三国鼎立的基础。所以，"败军之际，危难之间"应该是指这一段。但"受任""奉命"又是什么意思呢？我听过的有"接受""任务""责任"，如果说是"接受责任"怪怪的，我们不会这样用，那么应该是"接受任务"了，而"奉命"我猜"命"应该是指"命令"，因为我常听到的是"奉某某人的命令"，虽然"命"有"命运"的意思，但放在这里怪怪的。

当我放声思考结束后，我请学生回想我刚刚是如何进行推测的，学生指出：

· 用故事的情节。
· 在什么时候看过这个字，它会怎么被使用，把它放到句中看看哪一种用法比较合适。
· 读读后面的句子来判断。

而后，我邀请他们一起利用刚刚找到的方法，来推测这一段里其他的句意。在这个过程里，我们又找到一些不同的策略，在段意理解之后，我们一起回顾使用的策略。

【教学行为解读】

在这堂课的教学中，教师做了什么？

· 教师示范了阅读时常用的理解策略，包含：认字的策略——运用上下文猜测；理解的策略——利用逻辑关系及先备知识来帮助理解；应用的策略——联系其他信息与文本的关系；等等。
· 教师采用放声思考的教学策略，让学生了解好的阅读者在阅读过程中，遇到困难时会积极地采用各种策略，克服困难以获得理解。
· 让学生尝试练习，并带领学生归纳整理课堂中所练习的各种方法或策略，以形成完整的学习概念。

案例3：知识性文本的阅读（设计者：赵镜中）

教学年级：五年级

教学材料：鲸

教学目标：

（1）利用"KWL 表"[1] 联结文本与学生的经验、知识。

（2）学生练习带着问题阅读信息性文章。

（3）利用小标题整理信息。

（4）鼓励学生发言，参与讨论，提出自己的看法。

教学过程：

导入：阅读《听那鲸鱼在唱歌》，引发学生对鲸鱼的好奇，导入教学。

这是一则故事，充满了文学想象之美。接下来的学习则是很严谨的信息性阅读（informational reading），帮助我们对鲸有更深刻、更正确的认识。

（1）阅读前：我知道什么？

利用 KWL 表来整理自己的想法，为读文章做准备。

先让大家回想自己的旧经验，知道哪些关于鲸的知识，填写在工作单上（关于鲸我知道……）。然后请学生轮流说出个

---

[1]　编者注：美国学者唐娜·奥格尔（Donna Ogle）在 1986 年提出的一种用于英语教学的表格，后作为一种有效的阅读策略被广泛应用。该表格主要由三部分构成：K（what I know），在阅读前，对阅读材料的相关主题内容"我知道些什么"；W（what I want to know），通过阅读，"我想知道什么"；L（what I have learned），阅读后，"我学到了什么"。

人所知的关于"鲸"的知识，其他同学注意倾听，鼓励互相质疑与好奇，顺便检核自己所知是否是正确的。

经过初步的交流分享后，提出问题：关于鲸你想知道什么？将你的好奇写在工作单上（我想知道……）。小组成员互相交换工作单，分享彼此的问题，并且考虑下述事项：

· 小组有共同的问题吗？
· 看到一些自己也想问的问题吗？
· 把问题分类。

（2）阅读文章——边读边想问题。

①发下文章，请学生快速浏览一遍。浏览时，在可能与自己的问题有关的段落旁做上记号。

②找到答案了吗？请学生找出跟自己提问相关的部分，再读一遍。读的时候，将重点信息加上底线或是用荧光笔标示出来。

提示：学生标示的不一定是"答案"，可能只是"相关资料"。文本的信息可能没有直接回答学生的提问，大多时候，学生所求的答案是从文本的信息推论出来的，而这也正是练习从阅读中做推论的时机。

③邀请一组学生说一说：哪些问题文章中直接回答了？哪些问题还需要想一想，或需要更多的信息帮助？

④将所得到的答案或信息，填到工作单中（我学到了……）。

⑤小组同学聊一聊，检查一下有没有原本以为知道，但却是错误的认识。

（3）知识性文章的阅读。

①注意关键句，通常关键句会在第一句，也可能在最后一句。

②还要注意细节，包含所提供的数据或例子。

③注意区辨事实与意见，区分作者的观点和专家的观点，
并分析判断其正确性。

（4）信息整理——为文章写小标题。

再读一次文章，这次阅读重点在于为段落写小标题。看看
这个段落主要在介绍或说明关于鲸的哪些信息，用简单的语句
概括，例如：鲸的大小。

提示：经过整理后，就可以清楚掌握文章提供了哪些信息。

（5）统整与反思。

①这次的阅读，从文章中我学到了什么？

②关于鲸，我还想知道什么？要如何去寻找这方面的信息？

③关于知识性的文章，我知道如何阅读了吗？

提示：活动中，学生练习了以下的阅读策略：

· 建立阅读目的——有意识地阅读；

· 配合目标和提问，选择阅读内容；

· 边读边想：思考问题、回想已知、思索新知。

【教学行为解读】

在这堂课的教学中，教师做了什么？

· 带领学生以有目的性的方式来阅读知识性文本。相较于
叙述性文本，知识性文本的概念密度一般来说都比较高，
因此阅读起来有一定的难度，如果一口气就想把文本所
提供的信息全部掌握，对阅读者来说是相当大的挑战。

- 通过发现关键句、注意细节、区辨事实与意见以及概括段意等方法帮助学生读懂信息、整理信息。
- 让学生进行自我评估以及同侪评估，对自己的学习做反思以及后设监控。关注学生如何读懂知识性文章，获取意义。

案例4: 自主探究的语文课堂（设计者: 范姜翠玉）

1. 课程目的

为了让孩子具备足够的能力面对将来的学习，这次的课程我希望带孩子经验一趟自主学习和知识探索的历程，在这个过程中，孩子们将会学习查资料及阅读知识性文本的方法，还会探索不同于叙述性文类的写作方式。此外，在探索的过程中，我也会鼓励孩子分享自己拥有的知识，让他们以拥有知识为荣，且允许他们自己建构知识。

2. 课程进行模式

为了让孩子能清楚所学，在课程进行中，只要是学习新的策略，我都会通过放声思考或全班共做的方式先行示范，接下来请孩子们小组练习，练习后向全班分享个人的学习经验，最后才是独立作业。而这样的模式可以帮助孩子熟悉所学的技能，确保每个人都能成功。

3. 课程进行步骤

在安排课程进行步骤时，我会先衡量在探究过程中应有哪些步骤，在这些步骤中哪些是孩子最需要协助的。根据这样的考量，规划出以下的步骤：

（1）选一种动物作为研究的对象。

先让小组决定要练习的研究对象，之后我再选一个他们没有选的动物，作为我放声思考或全班共做时的研究对象。

（2）利用主题网记录已知。

我先带着全班针对我选择的动物画主题网，在画主题网时，邀请每个孩子就这个话题贡献已知，我的工作则是记录他们所发表的内容。记录时，如果出现相关的信息，我也会带着他们做分类，把相关的内容写在同一个区块。在全班共做后，接着请孩子小组练习，针对小组所选择的动物画主题网。

（3）搜集、阅读资料，并将新的信息记录在主题网上。在这个阶段，有两个关注点：

· 孩子能否找到合适的资料？

我会留意孩子在搜集资料时的表现，如果孩子有困难，我会进行找资料的迷你课程，搜集孩子们使用的策略，再补上我可以提供的，这些策略都会写在海报纸上，并张贴在教室中，让孩子们在遇到困难时可以参考。

· 如何阅读知识性的文类？

在这里主要是介绍知识性文类在呈现时的特色以及"阅读—重述—继续往下读或重读"的策略。前者帮助孩子很快地找到需要阅读的段落；后者让孩子练习自我监控，在阅读时不时停下来用自己的话重述读过的资料，并评估自己是否理解，记得多少。

（4）提供目录供孩子检视主题网上的资料是否充足，并继续阅读、记录。

由于是二年级的课，提供目录可以帮助孩子检视自己的阅读角度是否多元。如果是中、高年级学生的课，老师可以和学生一起发展目录，也可以交给孩子自行发展。

（5）针对目录提供的角度，开始写章节内容。

孩子们要先将主题网上的资料依目录提供的角度做分类，接下来将同一类的信息串写成一段文字。当然如果主题网上有非目录上的资料，孩子也可以增加新的目录。此外，还要提醒孩子画插图时要注意图文的搭配。

（6）修改和校稿。

修改关注的是"叙写的是事实还是意见？""是否表达清楚？"，而校稿时要注意"字写对了吗？""注音拼对了吗？"。工作的方式则是两人一组，彼此互为工作伙伴。

（7）写"作者的话""作者简介"，画蝴蝶页，取书名。

我希望孩子视自己的作品为真实的出版品，因此，只要是真实出版品会有的内容，我都会带着孩子写作。进行时，考量到这些对孩子都是新经验，所以我会举例，让孩子通过范例思考可以叙写的方式与内容。

（8）庆祝所学。

以新书发布会的形式，邀请师长、学长／姐、学弟／妹参加，一同庆祝研究的成果。为了让孩子在发布会上有精彩的演出，如何做好口头报告，就是我要带着孩子探索的话题。因此，我会和孩子讨论口头报告时要注意的事项，需要细节澄清的部分则邀请孩子举例说明，之后再让孩子根据搜集到的事项练习口头报告，最后才是正式登场。

4. 课程进行中的观察与省思

（1）利用主题网记录、检视自己的背景经验。

①邀请孩子思考合适的工具。

就像运动员在比赛前会用一段时间暖身、做心理准备一样，一个自主探究的学习者在学习前，也该采取步骤做好"暖身"和"心理准备"。此时，视觉图像——"主题网"是一个可以使用的工具。

而在自主探究的过程中，"判断""评估"是一个必需的思考活动，即使小如选择适合的视觉图像，也是孩子可以探究的契机。因此，我选择用提问的方式让孩子思考、练习探究。

②鼓励孩子思考。

在共做主题网时，分类信息也是孩子在探究过程中需运用的思考技能，于是，每当学生提出一条信息时，我都会询问："这个跟哪一个信息有关呢？"找到信息间的关联后，将同类的信息放在同一个区块记录下来。

③从对话中确认孩子对学习目标的掌握。

知识性的读写课程不论是阅读或是写作，都要留意"事实"与"意见"的区辨，老师可以掌握任何时机，也可以当作一堂迷你课程指导孩子，而我所做的就是当时机出现时把握它，适时提醒孩子。

此外，在上述的课堂对话中，我还发现即使是低年级的孩子，当讨论是课堂常用的学习方式时，他们也可以扮演好学习促进者的角色。

（2）分享知识——如何找资料。

在孩子分头找资料时，我观察到如果书名没直接写出该动物的名称，有些孩子就无法判断哪些书中有他所需的资料。于是，在孩子工作告一个段落后，我进行"找资料"的迷你课程。首先，我邀请孩子分享他们找资料的方法。

当孩子提到"特征"时，我希望孩子能通过举例的方式，帮助其他同学明白"特征"包含哪些向度，于是我邀请通过"判断特征"这个策略而找到资料的同学，分享他们找资料时的思考。

自主探究不是一趟孤独无助的旅程，同侪可以是共同解决问题的伙伴，而老师要做的是创造、发掘任何可以让孩子有所贡献的机会。而这种机会的掌握正标举着：我们视孩子为知识的拥有者，他们也以拥有知识为荣。

（3）示范知识性文本的阅读策略。

在这次的课程中，我想为孩子示范的是知识性文本的阅读策略，以及信息分类的方式。因此，在课程进行中我会运用放声思考的方式，让孩子知道我决定阅读的内容以及信息分类的标准。

除了前述的教学目标，在这段课堂对话中，我也看出孩子在学习中展现的主动性，这种主动性正是学习的可贵之处，它不是填鸭式教学可以比拟的。我喜欢这一段的教学，觉得自己真的有带给学生一些可以带着走的能力。

（4）修改与校稿。

当大部分的孩子已经依目录将主题网上的资料写进书里，接下来要做的就是修改。首先，我向孩子们说明修改时的关注点，我提了两个注意事项：

· 我说的是事实还是意见？
· 我说清楚了吗？

我要求他们两人一组，互相读自己的作品给对方听。读的人要如实读，也就是我口读我写；而听的人则要注意对方说的是否是事实，有没有说不清楚的地方。在确认学生清楚目标后，我即请他们开始工作。

很讶异地发现，大部分的孩子都乐于接受同学的想法，或许他们知道同学的提醒是源于一种善意，是为了让彼此的作品更臻完美，而非鸡蛋里挑骨头。由于在草稿阶段的焦点是内容的叙写，因此错别字是被允许的，然而到了出版阶段，错别字即成了要被关注的对象，于是我请孩子们注意：

· 会写的汉字都写了吗？

· 注音或汉字都写对了吗？

孩子们可以先自行校稿再请伙伴帮忙。从孩子们的表现中，我看见孩子视自己为成功的知识性文本的作者，他们在意自己的表现，也关注读者的需求，而这种对作品的认知，正是促使他们更加投入的动力，也是课堂里最需要鼓励的。

【教学行为解读】

在这堂课的教学中，教师做了什么？

· 在自主的课堂中，要求转变教师的角色——从知识的传授者转变为知识的引导者。在充分实现学生学习主体作用的同时，也必须充分发挥教师的引导作用。引导的特点是一种启迪，是一种激励。所谓引导，即带领、启发和诱导。

- 经过这一次自主探究式的学习课程，相信大多数的学生都已经知道研究的步骤和方法，也知道在阅读知识性文章时应注意哪些事项。更重要的是，经过合作探索，学生不再害怕学习，也不再会觉得学习就是彼此竞争。
- 这次课程的结构设计有以下特点：是自主性的、探索性的，以学生的兴趣为导向；是鼓励性的，经由合作的过程，指导学生如何在更加复杂的、未结构化的情境中探究；是情境化的，让学生在情境中进行真实的能力挑战。
- 允许学生有自己的学习风格、倾向及态度。在自主探究过程中，学生需要不断前进，这需要有不断的驱动力，兴趣与好奇是驱动力的重要来源。

七、结论

　　阅读是一项基本技能，阅读能力的习得，对学生在社会及经济上的影响将非常深远。学会阅读，掌握高水平的读写能力，也就是学会了学习。有阅读困难的学生特别怕上学，他们往往缺乏主动性，而且经常对自己的阅读能力没有信心。长久以来，我们的阅读教学过度重视语法结构的分析，使学生失去了学习阅读的兴趣与动力。阅读的本质其实在于对文章意义的理解，因此阅读能力的提升，并不是传统意义上的认字识词，而是综合性的语言能力的不断运用和积累。因此，教师所设计的教学活动都是为了激发学生的阅读兴趣，培养他们的自信心。

　　阅读在生活上会发生作用，正是因为人需要了解新事物。在学校里的阅读教学，也应让学生为了自己的生活和学习的需要而使用阅读。但现行学校的阅读教学似乎脱离了这样的基本需求，而倾向于以专家系统规划设计的课程与学习方式来进行教学。这样的学习生态环境，可能呈现出种种不利学习发展的现象。

事实上，每位学生都有某方面的兴趣和求知欲，以及热衷于它的"动力"。要调动孩子的"学习动力"，首先，应该承认和尊重孩子的这种"动力"。其次，要抓住孩子本人似有非有的"学习动力"的机会，试着承认他的这种"动力"而鼓励他。孩子的"动力"在被承认和鼓励的情况下，孩子就会愿意试一试。因此要不失时机地鼓励和表扬他。自主学习如此，阅读教学亦是如此。

自主学习强调的自我导向、自我激励、自我监控的学习，在这方面确实可以给阅读教学带来一种新的气象。而一个人的自主性、想象力、创造力要最大限度地释放和发挥，一个安全、宽松的教育环境是最基本的前提。对这种氛围的营造，教师无疑起着十分关键的作用。教师在设定教学目标时，应当将教学目标划分为几个层次，使学生能够根据自己的特点进行选择，同时在教学过程中，教师应该给予学生适当的帮助。

当然，如何让孩子的学习获得成功，也是重要的工作。要让孩子学会取得成功的手段和方法，掌握自主学习的技能，并且能亲身体验成功的喜悦。如果孩子能依靠自己的能力进行自主学习的话，那每个孩子都会爱好学习的。

本文完成于 2010 年。

第二十四章

对话学习与学习对话

一、对话的兴起

随着全球化、信息化时代的来临，"对话"逐渐成为现代人一种基本的生活态度与方式。从全球事务到社会上人与人之间的关系，从政治领域到文化领域，甚至人与自然、人与机器的互动关系，"对话"已经成为人们所共同追求的一种状态，同时也成为人们达成目标的一种有效策略。

人类是社会性动物，人与人之间需要交流，人与人之间也渴望沟通，这是人类生命存在的一项基本诉求。人需要说出自己的心声，同时也想知道别人心中在想些什么；人希望听别人说话，也希望被别人倾听。当人脱离了交流与沟通时，就会感到孤独与寂寞，甚至失去生存的意义。因此，让相对立的双方能够平等地对话，不仅仅在思想上已为人们所普遍接受，并且在制度上也开始获得某种保障。"对话"已成为一种时代精神，一种解决问题的手段，也逐渐成为人们的一种生存方式。

虽然"对话"已经是一个日常应用频繁的概念，但是到底什么是对话，什么是真正的对话，对话应当遵循什么样的原则，怎样才能有效地开展对话，又有哪些因素妨碍了对话的开展和运用，人们似乎并无统一的认识与结论。对这些问题的理解也从不同的角度和层次来进行。

在日常语言中，用来表达说话的词汇非常丰富，譬如交谈、谈话、对话、协商、谈判、讨论、争论、辩论、说服、劝告、商量、聊天、对谈、闲谈、会谈等等，这些词汇代表着说话者的不同目的、动机与意图，反映了说话者之间不同的人际关系，也预示着言谈所可能形成的结果。当我们在与人说话时，关于言谈的目的、动机、意图与期望，就会在有形或无形之中主导言谈的行为，从而决定言谈的类型。

"对话"是诸多言谈类型之一。就其外显形式来说，是人际交流和沟通的一种形式。从字面意义来解释，"对"的本义乃是"应答"，"两者相对、面对"。"话"作为名词指"言语"，作为动词则指"说、谈"。"对话"指的是"两个或两个以上人之间的谈话"，或"双方或多方之间接触或会谈"。因此一般理解的"对话"，应是指用言语进行交流的过程。

但这种字面意义上的理解似过于宽泛，并不能揭示"对话"的深层内涵与本质。戴维·伯姆（D. Bohm，1996）有如下说法：

对话并不仅仅局限于两人之间，它可以在任何数量的人之中进行。甚至就一个人来说，只要他抱持对话的思维与精髓，也可以与自己进行对话。这样来理解对话，就意味着对话仿佛是一种流淌于人们之间的意义溪流，它使所有对话者都能够参与和分享这一意义之溪，并因此能够在群体中萌生新的理解和共识。在对话进行之初，这些理解和共识并不存在。这是那种富于创造性的理解和共识，是某种能被所有人参与和分享的意义，它能起到一种类似"胶水"或"水泥"的作用，从而把人和社会黏结起来。

对话有其独特的精髓。而从广义的角度讲，对话更涉及人类存在的基本哲学命题，涉及人类的历史与文明。

二、教室中的对话

当人们发现社会和个体的对话精神与教育之间存在着内在关联的时候，学校教育也受到此精神影响，一种新的教育形态——对话的课堂也应运而生。

其实，课堂里的对话本就存在。教室是单位人口密度相当高的场域，在教室里时时出现各种自发性的言谈对话其实是很自然的。

但由于教室中所有说话的时机和内容大部分是由教师一人主控的，教室中的言谈因而常显现为一种贫乏、单调的独白。教师可在任何时间对任何人说话，他们可以填补任何的沉默时刻，打断任何一位说话者，可以在教室里任何一个地方，以任何程度的音量和音调对学生说话，而且没人有权利反对。因此形成一种教室中的独白现象。

吊诡的是，课堂是必须由一组"演员"参与所构成的演出，但这些参与者中只有一个人——教师知道要怎么演，所以他身兼导演和主要演员两种角色。

教师对待课堂中同步发生的同学间的互动的态度，是鼓励、示范、容许或禁止，将影响到课堂学习的整体氛围，也影响到学生对知识与学习的看法。

教师对教室互动进行高度控制，其主要考虑的原因如下。

1. 对学习的信念

教师对学生是否能通过对话进行学习，感到疑虑。对大多数的教师而言，他们并没有在对话中接受教育，因此，他们的学生也没有机会体验真实的对话，并负起参与对话应有的责任。另外，传统以教师为中心的教学模式，也深深地影响着教师。

2. 对教室文化的认知

传统教学过程赋予教师在知识与权威上的优势，给教师带来稳定和安全感。教师的行为决定着学生的行为，学生的行为只能是一种被限定和被允许的结果。就如同杜威说的，传统教育是一种"静听"的教育，学生只是教学的旁观者和接受者，而不是主动的参与者。

3. 对课堂对话的定义不明确

如前所述，"对话"虽然是一个日常应用频繁的概念，但教师对如何展开课堂中的对话，进而通过对话促进学生的学习并不熟悉。教师常以为课堂问答就是一种对话学习。

4. 对秩序管理技巧的迷茫

课堂秩序常是教师要求的，固然课堂需有良好的秩序，学生才能进行学习。但守秩序与参与学习之间的界限如何拿捏，常让教师陷入一种迷茫。

三、从独白到对话

传统讲授式的教学是一种告诉学生该怎么、要怎么的教学模式，或者说是一种教导式的教学。对话则不同，它是借着提问、回答以及对回答的争论来进行的教学。

对话作为一种教育原则，从简单的意义来讲，强调的是师生的平等交流与知识共建。从深层的意义来讲，它挑战我们关于师生关系、知识本质以及学习本质等方面的思维成见、定见与主观认定。所谓课堂中的对话，指的是"教育者与受教育者在相互尊重、信任、平等的基础上，以语言等符号为文本而进行的精神上的双向交流、沟通与理解"。

对话与交谈相似，但却有其差异。交谈的双方轮流讲和听，但所谈的事情并不会因采用这种方法而取得多少进展。交谈时双方是在一种亲密合作的氛围中交流想法和感情。

交谈比对话更随意一些，自然一些，能让交谈持续进行下去，才是重要的事。交谈能继续下去，就有希望达成共识，形成多种意见交谈——未经预演的智力冒险。交谈为人们表达意见、开辟视野以及碰撞想法提供更重要的机会。交谈的效果达到最佳的要件是：在严肃与嬉闹之间保持一种适度的紧张——"在嬉闹中带点严肃，而严肃的结果只是一场游戏"。

对话则是参与者为了快速解决他们共同面临的问题，因而将彼此视作合作者来共同研究、探讨的行为。对话过程中，一种观点常会引出另一种相反的观点。而后，一种观点可能推翻前一观点，也可能被前一观点推翻。换言之，对话比交谈更集中于探寻、加深对问题的理解，因而显得更具探究性。

进一步分析这些不同的对话形式，发现它们至少可以被归结为以下几种不同类型：

一种是以"聊"为目的。聊乃是闲谈，东拉西扯，海阔天空，没有明确的目的性，也不追求任何结果，大家只是为说话而说话，或为发泄而说话。"聊"字的本义是耳鸣。聊的结果，不过徒增耳旁的嗡嗡之声而已。

一种是以"辩"为特征。辩的目的是要证明我对你错，要让我的观点在讨论中取胜或至少占上风，最终实现我赢你输的结果。虽说真理越辩越明，但通常我们的辩，都在证明我的真理是对的，而你的真理是错的。但是，如果我们每个人都坚信真理是在自己手中呢？

一种是以"商"为特点。商的目的是不管我对你错，或是你对我错，大家互相做点妥协，各自做点让步，彼此搞点折中，你接受我的部分观点，我接受你的部分意见，最终达成一个一致的结果，让双方都满意。至于究竟谁对的成分多，谁错的成分多，究竟互相妥协的是不是真理，就不管它了。

但是除了上述三种类型之外，还存在着另外一种不同性质的对话，我们可以简单地把它称之为"谈"。谈的本质在于它关心真正的真理所在，绝不对真理做任何的折中和妥协。它不在乎谁输谁赢，也不关心谈话是否一定要达到某个结果，它追求的是平等、自由、公正地进行交流和沟通。谈话者之间互相尊重彼此的人格、观点和观念，能够形成充分的友谊感和信任。每个人都认真地倾听他人的意见和想法，每个人也都能彻底地表达出他内心深处最真实的想法和看法，然后让不同的观点和意见之间彼此碰撞、激荡、交融，从而让真理脱颖而出。如果要为"谈"找出一个目的或动机的话，那么"谈"的意图就是为了实现最自由、最彻底、最无拘无束的交流和沟通，在谈话过程中去探索和发现真知与灼见。如果也要为"谈"确定一个结果的话，它期待的结果是所有人都从中受益，实现双赢、共赢、一应俱赢。

到底什么是对话？什么是真正的对话？对话的目的是什么？对话应当遵循什么样的原则？对话一定涉及两人以上的交谈，在交谈过程中两人的关系如何？不外乎上下、对等、交错等模式。例如以访谈来说明：访谈可以说是上下式结构的典型案例。受访者处于上位，采访者处于下位。因为采访者知道的不如受访者多，这样往往就是受访者讲得多，采访者听得多。师生之间、生生之间在某方面、某话题、某一点上也常会存在知识面的广狭、认知水平的高低等等。在这样的境况下进行对话，多知者、识高者便会多言说，以使少知者、识低者因倾听而受益，从而拓宽视野、提高水平。少知者会通过提问、赞同、反对等方式与多知者进行互动。就语文教学而言，困难的因素不是知与不知的问题，而是知的多与少、深与浅的问题。

一般而言，学生之间在学识等方面会有大致相同的背景与水平，他们之间展开的对话往往是对等交互式对话。但这也不排除教师与学生之间在某方面出现对等交互式对话。因为教师的观点可能只是众多观点中的一种，或者是占主流的观点，即使如此，学生其他的观点也应与教师的观点居于同等重要的位置。

我们也可以把所有的对话都理解为视域融合式。没有所谓的上下、对等、交错，只有一种方式，即视域融合。对话者之间所具有的是差异，是各不相同的视域。对话以一种视域融合的结构方式存在。你不断进入我的视域，我不断进入你的视域，对话者之间不断进入对方的视野，互相弥补，最后达到共同视域。由于他人视域的进入，个人在对话中得到了提升。

其实，教学正是这样一种教学相长的过程。用上述三种方式来理解对话，比较直接，但显得简单且有些呆板，从视域融合角度来理解对话则比较圆融，可以避免一些不必要的纠缠。

四、教学对话与对话教学

对教学而言，任何一种结构都可能是必要的，无所谓好坏之分。应该根据不同的教学任务、教学要求采取不同的对话结构，并及时调整对话结构。如果不能及时调整对话结构，就会出现对话障碍，不利于教学的进行。

对话是一种相对比较简单的活动。参加对话人数通常在15 人到 40 人之间（伯姆对人数的建议不是固定的）。大家自愿参加，围坐成一个圆圈。首先要就对话的过程与实质，进行一些必要的解释和说明，接下来考虑大家如何把对话进行下去。由于事先不需要设定任何议程，大家需要花些时间来确定一个（或多个）合适的对话主题。在这个过程中可能会遇到一些障碍或挫折。因此在对话的早期阶段，可以通过辅导员来推动对话的进行。

对话的进程很少是直线型的，不像从点甲到点乙那样简单，相反，典型的对话通常是循环式的和递回式的，其进展总是出人意料的。在对话中人们会经历挫折、厌倦、枯燥、无聊、激动与焦灼，周而复始，无休无止。对话的参与者只有认真地、长期地坚持开展对话，才能发现对话本身的潜力和创造力——亦即暴露人类深层意识结构的能力。在对话中一个人需要付出巨大的注意力来留心自身的思维假定和反应倾向，以及它们对自己所产生的微妙影响，同时还要感知并认识到整个对话群体中所出现的类似问题。

（一）教学对话的一般特征

在课堂中不论是采取何种教学方式，都会频繁出现"说话—倾听"的现象，如果仔细分析这类对话，我们就能发现一些特点，这些特点为教学过程的质量提供了重要的评判依据。

1. 有多少时间说话，谁在说话

英国一个经典研究发现，教学中有三分之二的时间是用在说话上的，而三分之二的话是由教师说出来的（Galton et al.，1980）。相信在我们的教学现场调查，也将得到近似的资料。

2. 说话的对象是谁

根据研究，教师大约有80%的时间用来进行师生间的谈话，其中56%的时间是和个别学生，15%的时间是和全班学生，7%的时间是和小组（Galton et al.，1980）。除了沟通的人数问题外，还必须考虑：教师的时间是怎样分配给各个学生的？是怎样分配给女生和男生的？是怎样分配给不同能力或不同学习需要的学生的？研究显示，男生往往受到教师更多的关注（有积极的也有消极的）。

3. 说些什么

在小学里，教师绝大部分的说话时间通常都用于监督教学过程，而不是用来讨论教学的实质内容。事实上，只有很少时间是花在问问题上，让学生凭借问题解决的能力自己进行思考。一般而言，教师的话语多半是为了让教学活动顺利进行和便于管理，很少是让学生参与到具有挑战性的讨论中来。

教师应当思考以上这些现象所反映的意义：可能会对学生产生什么样的影响？学生对学习活动和自己在学习过程中的角色扮演有什么样的认识？学生可能会获得什么样的学习态度？可能会开展什么样的学习活动？

（二）学习对话

学习对话是课堂交流的一种形式，对话是在信任和尊重基础上建立的交流过程，可以提高学生的思维和学习能力。学习对话和普通课堂讨论不一样，它更强调交换彼此的意见，而不是寻找正确答案。辩论也不一样，因为它是合作性质而不是竞争性质的。

对话不仅挑战学生的思维，培养他们的表达能力，还可以培养学生的合作技能，鼓励学生尊重彼此的观点和看法，激励学生寻求新知识。学习对话使学生能够在课堂上听到自己的声音。无论学生的知识、理解以及看法如何，他们都能参与到对话中。

教师可以在全班开展学习对话，也可以把班级分成两个小组：一组进行对话，另一组观察并提出反馈意见。先将观察组和对话组的学生进行一一配对。观察组的学生要关注对话组里同学的举动，然后记录下来，并在对话结束后把记录交给自己的伙伴。下一次对话活动时，观察组和对话组互换角色。

1. 学生对话指导

学生需要了解什么是有效学习对话的必备环境，和学生一起讨论下面的一些要求，告诉他们这些都是在对话时要遵守的行为准则。在对话结束后，可以根据它做简单总结。

（1）承认人们看待事物的角度是多种多样的，往往不只有一个正确答案，应以开放心态对待其他人的想法和观点。

（2）倾听。理解事物的最好方式就是认真地边听边想。

（3）根据事实思考问题。有的时候可以用自己的经历来考虑问题。

（4）如果你不理解就应该问清楚。（"请告诉我更多关于……""你说的是什么意思……"）

（5）平等对待每一个人，让每个人都有时间和机会参与对话。

（6）关注对话，而不是关注自己的立场或观点是什么。你的角色不是去说服其他人，你的角色是分享你的想法。有的时候，需要认同其他不同的观点。

（7）学习对话的唯一目的是和老师、同学分享你对问题的看法。

（8）不需要达成一致意见或取得一致结论，你要做的是加深你对问题的理解。

2. 推动学习对话的开展

教师在学习对话中的角色是推动者，他要使学生不断地进行对话。下面是推动学生开展对话的指导事项：

（1）安排10分钟时间开展一般性的学习对话。如果对话主题内容丰富或学生对主题内容比较熟悉，可以把时间延长至20分钟。

（2）决定学生要讨论的具体内容是什么。为了开展对话，学生应当对主题有一定的了解。根据主题要求，你可以要求学生回顾课堂笔记，重读课文，或参考其他资料。记住对话的重点是想法、价值、主题、观点，而不是得出正确答案。

（3）选一个能引起学生好奇和积极思考的开场白式问题，引导学生参与到对话中。

（4）给学生一段思考时间再要求他们回答，不要操之过急。

（5）为了方便学生理解，可以把问题再用其他方式说一遍。

（6）要求学生清晰详细地回答问题，鼓励他们不断地修正。

（7）要求学生用理由和事实来支持他们的想法。

（8）鼓励学生考虑问题要严密，通过引导或重述问题的方式帮助学生进行严密思维。

（9）鼓励学生积极倾听和发言，用直接问问题的方式，邀请那些没有参与对话的学生和其他人一起讨论问题。

（10）接受所有人的答案，不做判断。

（11）如果学生感到无趣，那么可以提出新的问题促使他们继续开展对话。

（12）帮助学生理解各个想法之间的关系，把学生的对话内容组织在一起。

（13）鼓励学生讨论不同的看法，但不主张他们争论。对话不是辩论，它的目的是分享，不是取得一致意见。

但现行课堂中，常出现以下几种假对话的形式：

（1）掩盖真实意图的对话。

学生方面，由于在教师权威压力下，学生不敢、不愿表达自己的真实意图，这就很容易说言不由衷的话，导致课堂上发出的声音"失真"，也可能存在学生为了讨好教师或为了使自己获益而掩盖真实意图的情况。教师方面则有为了树立自己的权威而掩盖真实意图，和为了鼓励学生而掩盖自己真实意图的情形。例如，本来学生做得不好教师却说好，给学生造成一种"真好"的假象。

上"爱迪生"这篇课文时，老师为了活跃气氛，便问学生："你们最崇拜的是谁？"

学生纷纷举起了手，有的说崇拜球星，有的说崇拜歌星，有的说崇拜神探……

学生交流结束后，老师反问："你们猜，我最崇拜谁？"

话音刚落，学生异口同声地说："老师崇拜爱迪生。"（本课课文主角）

一听这么整齐的回答，所有的听课教师顿时爆发出一阵哄笑。

（2）游离主题的对话。

游离主题的对话有主观游离与客观游离两种情况。主观游离是在明知效果的情况下继续进行貌似对话实为假对话的对话。客观游离则是在不明不白的情况下，谈着谈着扯远了，游离了主题。在对话中也会出现声东击西、"顾左右而言他"的对话（这与有意识的主题转移不一样）。不论何种原因，游离了主题的对话最终将成为一种假对话。

（3）不具实质的对话。

不具实质的对话就是一种无效对话，是指在一些常识上绕来绕去，徒具问答的对话形式，实质上根本不解决问题的对话。

师问：这篇文章是写谁的？

生答：是写花木兰的。

师问：你怎么知道的？

生答：题目就是花木兰。

师问：这个故事发生在什么时候？

生答：南北朝。

师问：你怎么知道？

生答：课文第一句就是这么写的。

（4）独白式对话。

课堂教学中，教师早有预定答案，却以对话形式来与学生进行对话。不论对话的结果是什么，最后唯一的正确答案是教师手中的答案。教师用自己的标准答案（有时其实也不是教师的观点，这一点更是教师的可悲之处）否定了学生的答案，并要求或强制学生接受他的答案。

（5）自说自话、互不碰撞的对话。

表面上对话双方有来有往，好像讨论、争论、辩论得很激烈，但实际上却是各说各话，互不理睬，双方只坚持自己的立场，只想说服对方，让对方认同自己的观点，而不试图去理解对方。

3. 回应

回应能使我们对别人所说的话表达自己的兴趣、见解和感情。如果做出的回应是循循善诱的、与人为善的，那么说者就愿意提供更多的信息，解释清楚自己的想法，或改变自己的想法。用于回应的技巧分为两类：一种为应和法（应和他人的语言和非语言信息）；一种为释义和探询法（使自己的回应起作用）。

（1）应和法（应和他人的语言和非语言信息）。

应和行为打开了沟通的通道，可以使人进行更多的对话。听者可以通过以下各项应和，来表示和说者"英雄所见略同"：

· 身体方位（比如，完全面对、前倾或后仰）。
· 目光接触（虽然并非所有的文化都认可直接的目光接触）。
· 面部表情。
· 手势。
· 音调和语速。

通过应和说者的姿势、手势、语音、语速，或结合这几者的方式，表达出听者是从说者的观点来听取信息的。

（2）释义和探询法（使自己的回应起作用）。

听者通过这两种方式回应，巧妙地将其用于一个相互信任的环境中，可以引导对话达到更深刻的层面。

①释义法。

释义法是一项高明的技能，听者用不同的方式重提所听到的信息，使说者知道对方听到了并在乎他说过的话。释义法使说者一直处于交谈的中心，表示对说者的一种深切敬重。听者要仔细倾听他人的讲话，不要任意打断别人的话（可是我们多数人往往这样做），这样的回应才能形成一种相互信任与和谐的气氛。

当使用释义法时，请记住要应和说者的肢体语言、语速和语调。如果发现说者带着某种强烈的情绪，在使用释义法时，也可以同样带着这种情绪。只有理解了别人试图表达的意思，才能与别人进行有意义的互动。

②探询法。

暂停片刻和释义之后，该是进行更深入交谈的时候了。要激发说者更深入地思考某个问题，可借用以下方法获取更多信息：

· 引人作答的探询法。这种方法，需要的回答绝不只是简短地应一声"是"或"不是"。通常含有"什么"的问句，可以引出更多的信息。

- 获取更多信息的探询法。当说者说出自己的看法时，常常遗漏某些重要的信息，不是说者忘了提及这些信息，就是认为听者可以自行填补这些空白。这时，可以请说者更详尽、更具体、改换些措辞谈谈已说过的事，从而对说者的情感、看法或思维过程了解更多。

- 鼓励的探询法。指的是预先假定说者知道或能想出解决难题的办法，从而激励说者提升自己的潜能。这种探询法促使说者提高自己的认知程度，增强自我的责任感。

- 弄清想法和信念的探询法。这种方法能帮助说者以一种不伤自尊心的方式，看到自己思维中的不合理之处。要转变一个人的信念或想法，不是一蹴而就的，只有在建立了一个互相信任的环境，并能以温和方式提出尖锐的问题之后，一个人才愿意重新思考自己的想法。没有这种深刻的自我反省，思想上也不会有什么变化。

本文完成于 2010 年。

第二十五章

教会学生阅读

——全国第八届青年教师阅读教学观摩活动观课反思与建议

一、瞻前先顾后

感谢全国小语会以及崔老师的盛情邀约，让我有机会再次出席这次活动，并受嘱评课，略述自己观课后的心得感悟。由于在台湾观摩教师现场教学的机会较少，因此对于如何评课确实经验不足，如有不周处，还请大家见谅。

我参与此盛会已有三届，回首这五年来，深深地感受到这项活动对大陆一线教师语文教学上的启迪以及影响，而个人也将此经验带回台湾与教师分享，期待下一届也能邀请台湾老师参与观摩。

犹记得几年前第一次出席本活动（第六届，太原），深深地受到震撼，这么多的精英以及来自各省市的教师、教研员齐聚一堂评课论教，可谓盛况空前。在大会闭幕式上的报告中，我提出了六组对照的"课堂教学模式"，作为观课总结以及个人在思考课堂教学上的反思。这六组对照模式如下：

（1）单一模式 vs 多元模式
（2）教教材 vs 用教材教
（3）教师舞台 vs 学生舞台
（4）内容（知识）导向 vs 学会学习
（5）价值输入 vs 批判思考
（6）个人学习 vs 小组合作

及至第七届活动在南昌举行，个人结合了台湾地区经验（参与 PIRLS）以及国际阅读教学的趋势，提出了"提升阅读力的教与学"作为观课回应，指出了阅读教学上较为欠缺的

"阅读策略"教学。这些阅读策略包括：预测（Predicting）、联结（Making Connections）、提问（Questioning）、图像化（Visualizing）、推论（Inferring）、找出重点（Determining Importance）、统整（Synthesizing）、监控理解（Monitoring Comprehension）等。寄望通过以能力为导向的教学，平衡传统过度着重知识导向教学的偏误。

在以上两层论述的基础上，此次活动个人将从"教会学生阅读"这个角度，较全面地来谈谈阅读教学以及观课后的一些反思与建议。

我们都知道，阅读能力的强弱已成为影响个人自身发展的关键因素，而提升学生的阅读能力，比教会学生了解一篇课文的内容更为重要。关键就在于：如何在基础教育阶段教会学生阅读。

二、教语文与教阅读

在谈论这一问题前，我想先厘清自己的一个困惑：本活动的名称为"青年教师阅读教学观摩活动"，因此关注的焦点应是课堂中的阅读教学，然而从这几届的观摩课来看，真正聚焦于阅读教学的课例非常少，各位执教老师所设计的教学倒比较像一般的语文教学课。这样的说法也许会让很多教师困惑——语文教学本就包含了听、说、读、写等语文活动形式，因此语文课也就等同于阅读课，教语文也就是在教阅读。这样的看法确有其传统上的意义，但在现代的环境中，阅读似已超越语文课程，成为所有学习的共同工具。因此，主办单位（全国小语会）似有必要对此加以厘清：阅读教学是就语文课程中的阅读而言，还是跳出语文课程纯就提升学生阅读能力的教学而言。此中虽涉及教材文章的问题，但就算仍是使用语文教材的课文进行教学，仍不妨碍"纯就提升学生阅读能力的教学"，反倒是可以促使教师在进行教学设计时，能更有创意地采取多元的方式来思考如何教阅读。

实则，教语文与教阅读确有其区别，以下略述之。

（1）教学目的不同。

语文教学：

· 培养听说读写能力；

· 强调语文知识的习得。

阅读教学：

· 培养独立阅读的能力；

· 练习批判和思维的能力；

· 形成阅读的品位和策略。

（2）教学方法不同。

语文教学：

· 教师的主导性强；

· 教师讲解、纠正、批改；

· 教师定出学习目标和标准；

· 反复精熟练习。

阅读教学：

· 学生的主导性强；

· 鼓励学生提问、讨论；

· 提供不同的策略练习；

· 发展学生自学的能力。

（3）阅读方式不同。

语文教学：

· 强调逐字阅读、朗读和美读；

· 注重语音标准、字正腔圆；

· 关注作者或文本的意义。

阅读教学：

· 以个人默读为主；

· 边读边思考；

· 采行多种阅读方式，如浏览、略读、精读、探究；

· 注重个人对内容的理解，重视文与文、书与书、书
  与人之间的联结。

就此看来，两者确实是有差别的。再者，个人的另一个困惑，我想同时也是很多观课老师共同的困惑：为什么两天半的观摩课看下来，感觉这么多堂课的课型都那么相似？为什么会如此呢？本届活动的一项重要目标不就是在鼓励教学创新吗？创新在哪里呢？诸位作课教师是不愿、不敢，还是不会呢？个人以为这可能与上述问题——"教阅读还是教语文"未能明确厘清有一定的内在关联。

然而，姑不论是教语文还是教阅读，诸位作课教师在课堂上所展现的专业与敬业，仍给我留下深刻印象。特别是每位教师本身的教学基本素养之优，对教材解读之深入与透彻，都让

个人深深感佩，也是台湾教师所必须学习师法的。另外，每位教师在课堂中所展现的教学热忱，更是感染了孩子，让课堂充满了对学习的热烈期待。

三、观课的视角

接下来，我将从阅读教学的角度，针对此次各位教师所呈现的观摩课，提出一些个人的观点，与众多的观课教师一起反思。

首先，说一说我自己是如何观课的，个人在阅读教学过程中所关注的焦点有哪些。试说明如下：

（1）教师是否激活了学生的背景知识，确立了目的，并且提出一些问题来激发学生的求知欲。

（2）是否让学生在阅读的时候，运用一些比较活泼的阅读方法，比如两人讨论、交换意见和澄清自己的观点等。

（3）是否向学生展示教师的思维过程，并让学生把他们的思维过程表现出来。

（4）设计一些能激发学生运用高级思维能力的活动。

（5）认真研究教材从而挑选最必要的内容进行教学。

之所以在阅读教学中会关注以上问题，实则是个人以为阅读的核心在理解。理解过程一般包括：

（1）设定阅读目标（非教学目标）。

阅读必须被看作有用的、有趣的工具，学生必须先清楚从中能学到什么东西后，才能把自己的阅读兴趣拓展到极限。如果希望提升学生的阅读能力，教师就必须站在读者的立场来思考，与学生共同设定每次阅读的目标。

（2）把自己所知的知识和经验用到文章中。

阅读其实是一个交易的过程，就好像到便利商店买东西一样，如果你带的钱越多，你就越有可能买到更多的东西。阅读能力强的读者都带有一定目的并能运用他们的背景知识和已有的经验理解文章。只有将所阅读的材料和我们的背景知识联系起来，我们才能够理解。

（3）阅读中、阅读后，利用策略和技巧建构意义。

优秀的读者与能力差的读者，其区别在于当理解受挫时各自的处理方式截然不同。一位好的阅读者在面对阅读困难时，知道如何去解决，知道尝试用不同的方法或策略去读懂文章，理解文章的意涵，而不会一遇到文章读不懂时就放弃。教导学生掌握自我监控阅读理解的技能，帮助他们学会运用各种阅读策略，如激活背景知识，利用结构关系图表，重读和在阅读前、阅读中做推测等策略，是阅读教学的重点。

（4）识别作者的目的，分辨事实与意见（观点）。

阅读绝不是一个被动接受信息的活动，而是一个主动建构意义的过程。因此在阅读过程中，读者必须不断地对文本、对作者的意图进行批判性的思考。而"区辨事实与意见"在阅读信息性文章时特别重要，否则就容易被作者所误导。

（5）得出符合逻辑的结论（或是心得感悟）。

阅读理解是与书面语言进行交流和互动，并提取和形成一定意义的过程。我们必须帮助学生认识到阅读作为桥梁的作用，这有助于他们学习到更多的知识。阅读的重心应不限于阅读本身，而应在于对阅读中所学内容的理解和建构自己知识的过程。

四、值得反思的问题

在这次的观摩课中，作课教师精彩的教学，确实为所有观课教师带来了许多工作上的启发，但也仍然存在一些值得深入探讨的问题：

教师提问往往只是为了确定学生是否理解，鲜少追问。课堂中教师提了许多问题，大部分的时候学生都能作答，当学生回答了该问题后，教师就以为全班同学都理解了，欠缺请回答的同学说说自己是如何理解的追问。而当学生无法作答时，教师也很少向学生示范回答这些问题的理解方法。

大部分的课堂多以教师提问为主要的教学方式，但教师提问的问题，层次多属字面或是文本理解的问题，较少批判性、创造性、应用性的问题，非常可惜。

感情朗读仍然是教师习惯的课文教学方式，但是教师似乎并未清楚分辨读准字音、读通句子、读流利、带感情朗读、边读边想这些活动间有何区别，它们各自的目标为何。所谓流利阅读是指在正确地理解文本和恰当地划分句群的基础上，能够准确地、流畅地、感情丰富地快速阅读文章的能力。而流利阅读能力分为两种——朗读的流利性和默读的流利性，因此有必要适度地区分其操作时的功能与目的。

教案中所列出的教学目标明显欠缺高层次的阅读目标。其实想提醒与会的教师，一般说来，学生能力水平明显地高于教师的预估，因此在设计教学时，可以将高层次的阅读目标带进来。有不少堂课，很清楚地显现出学生已经理解了，但教师仍然在原地打转反复诵读，殊为可惜。

课堂中，师生互动多（多为一问一答），生生互动少，欠缺小组合作学习。其间或有小组讨论的活动，但多徒具形式，并未真正展现合作学习的精义。

将古文教学安排在五年级是一种新的尝试，但综观几堂古文教学，教师似乎过度依赖注释与翻译。让学生理解词汇的方法有很多，根据研究，最有效的办法还是帮助学生通过查找上下文、结合以前所获得的背景知识及字词隐含的概念来建立多个联系。因此，如何利用学生对白话文的熟悉度，帮助学生联系古文，应该是教师值得去探索的教学方式。

五、批判性继承与创造性诠释

以上是个人对这次参与盛会的一点心得与感想，不揣浅陋就教于大家。最后我想提出这样一个观点：以"批判性继承与创造性诠释"作为探讨语文教学何去何从的一个思考点。阅读教学观摩活动已进行了八届，似乎也面临一些瓶颈，因此在预备会议上崔老师提出了"吃准目标、夯实教学、注重实效、积极创新"的改革目标，这方向是清晰的、正确的，需要一线的教师拿出勇气来，摆脱一些过往教学的习性，除了批判性地承继优良传统外，同时更需要拿出智慧，创造性地重新诠释阅读教学。

2010 年发表于《小语汇》第 22 期，2011 年 1 月上旬发表于《小学语文教学·会刊》第 1 期。

参考书目 [1]

中文

丁凡（译）（1999），D. Greenberg 著。自主学习：化主动性为创造力建构多元社会的瑟谷教育理念。台北：远流出版事业股份有限公司。

朱作仁（编）（1987）。教学辞典。江西：江西教育出版社。

何文胜（1997）。中国语文科目标为本课程教科书编选体系评议与重构。发表于"九七国际语文教育研讨会"。香港。

李振昌（译）（2001），C. Leadbeater 著。知识经济大趋势。台北：时报文化出版企业股份有限公司。

李连珠（2000）。全语言与幼稚园实施全语言之探讨。载于 K-12 语文教育与统整性课程国际学术研讨会论文，142-147。台东：台东师范学院。

李连珠（译）（1998），K. Goodman 著。全语言的"全"，全在哪里？台北：信谊基金出版社。

---

[1]　编者注：部分参考书目从略。

吴敏而（2001）。通识教育与儿童文学。载于杜明城、林文宝（编），儿童文学、阅读与通识教育论文集，35-44。台东：台东师范学院。

谷瑞勉（译）（1999），L. E. Berk & A. Winsler 著。鹰架儿童的学习：维高斯基与幼儿教育。台北：心理出版社。

谷瑞勉（译）（2004），L. B. Gambrell 等著。鲜活的讨论：培养专注的阅读。台北：心理出版社。

余应源（编）（1996）。语文教育学。江西：江西教育出版社。

林心茹（译）（2000），B. J. Zimmerman, S. Bonner & R. Kovach 著。自律学习。台北：远流出版事业股份有限公司。

林彩岫（1990）。学校科层组织里的教师专业自主性。现代教育，20，83-90。

洪月女（译）（1998），K. Goodman 著。谈阅读。台北：心理出版社。

施仲谋（1996）。语文能力测试与比较。北京：语文出版社。

姜添辉（2002）。九年一贯课程政策影响教师专业自主权之研究。教育研究集刊，48（2），157-197。

柯华葳（2001）。老师的态度是青少年问题的关键：对青少年问题及防治对策专题研究的回应。应用心理研究，12，8-10。

秦梦群（1988）。教育行政理论与应用。台北：五南图书出版有限公司。

郭秋勋（1994）。教育事业的发展。载于叶学志（编），教育概论，456-486。台北：正中书局。

张必隐（1992）。阅读心理学。北京：北京师范大学出版社。

张春兴（1989）。张氏心理学辞典。台北：东华书局。

张鸿苓（编）（1993）。语文教育学。北京：北京师范大学出版社。

陈奎熹（1980）。教育社会学。台北：三民书局。

曾祥芹（编）（1995）。文章学与语文教育学。上海：上海教育出版社。

黄武雄（1997）。台湾教育的重建：面对当前教育的结构性问题（二版）。台北：远流出版事业股份有限公司。

黄瑞琴（1993）。幼儿的语文经验。台北：五南图书出版有限公司。

彭富源（1998）。教师专业自主分析——符合台湾现况的诠释与建议。研习资讯，15（2），66-80。

杨茂秀（译）（1996），A. Lobel 著。明锣移山。台北：远流出版事业股份有限公司。

齐思贤（译）（2000），L. C. Thurow 著。知识经济时代。台北：时报文化出版企业有限公司。

刘春荣（1998）。教师专业自主。教育资料集刊，23，25-38。

刘凤芯（译）（2000），P. Nodelman 著。阅读儿童文学的乐趣。台北：天卫文化图书有限公司。

刘锡麒等（译）（2000），S. L. Yelon 著。教学原理。台北：学富文化事业有限公司。

蔡敏玲、陈正乾（译）（1997），L. S. Vygotsky 著。社会中的心智：高层次心理过程的发展。台北：心理出版社。

联合国教科文组织（编）（1996）。教育——财富蕴藏其中：国际二十一世纪教育委员会报告。北京：教育科学出版社。

谢雄龙（2005）。小学口语文际教学导引。上海：上海教育出版社。

戴宝云（编）（1993）。小学语文教育学。浙江：浙江教育出版社。

钟启泉（编）（1993）。现代学科教育学论析。陕西：陕西人民教育出版社。

庞维国（2005）。自主学习：学与教的原理与策略。上海：华东师范大学出版社。

英文

Anderson, R. C., & Nagy, W. E. (1991). Word meanings. In R. Barr, M. Kamil, P. Mosenthal, G. P. D. Pearson (Eds.), *Handbook of reading research* (vol. 2, pp. 690-724). New York: Longman.

Anderson, R. C., & Nagy, W. E . (1992) . The vocabulary conundrum. *American Educator*, *16* (4), 4-18, 44-47.

Asking, B. (1991). Structural and organizational contexts of the teaching profession. Paper presented in the Annual Meeting of the American Education Research Association (ERIC No. ED 355353).

Baldridge, J. V. (1978). Environmental pressure, professional autonomy, and coping strategies in academic organizations. (ERIC No. ED 062244).

Bohm, D (1996). *On dialogue*. London; New York: Routledge.

Bromley, K. (1993). *Journaling: engagements in reading, writing, and teaching*. New York: Scholastic.

Chall, J. S. (1996). *Stages of reading development*, 2nd ed. Fort Worth, TX: Harcourt-Brace.

Conley, S. C., Schmidle, T., & Shedd, J. B. (1988). Teacher Participation in the management of school systems. *Teacher College Record, 90* (2), 259-280.

Cunningham, A. E., & Stanovich, K. E. (1998). What reading does to the mind. *American Educator, 22* (1), 8-15.

Davis, K., & Moore, W. E. (1966). Some principles of stratification. In R. Bendix and M. Lipset (Eds.), *Class, status, and power*. London: Routledge & Kegan Paul.

Densmore, K. (1987) . Professionalism, proletarianization and teacher work. In T. S. Popkewitz (Ed.), *Critical studies in teacher education*. London: Falmer.

Dewey, J., & Bentley, A. F. (1949). *Knowing and the known*. Boston, MA: Beacon Hill.

DeYoung, A. J. (1986) . Educational "excellence" versus teacher "professionalism" : Towards some conceptual clarity. *The Urban Review, 18* (1), 71-84.

Edelsky, C., Altwerger, B., & Flores, B. (1991). *Whole language: What's the difference?* Portsmouth, NH: Heinemann.

Feir, R. E. (1985). The structure of school: Teachers and authority. Paper presented at the Annual Meeting of the American Educational Research Association. Chicago: IL.

Flood, J., and Lapp, D. (1991). Reading comprehension instruction. In J. Flood, et al. (Eds.), *Handbook of research on teaching the English language arts*. New York: MacMillan.

Friedson, E. (1973). Dominant professions, bureaucracy and client services. In W. R. Rosengren, & M. Lefton (Eds.), *Organizations and clients: Essays in the sociology of service*. Columbus, Ohio: Merrill.

Gagne, R. M. (1985). *The conditions of learning and theory of instruction*. New York: Holt, Rinehart & Winston.

Galton, M., Simon, B., & Croll, P. (1980). *Inside primary schools*. London: Routledge.

Gnecco, D. R. (1983). *The perceptions of autonomy and job satisfaction among elementary teachers in southern Maine*. Unpublished doctoral dissertation, George Peabody College for Teachers, Vanderbilt University.

Goodman, K. S. (1982). Reading: A psycholinguistic guessing game. In K. S. Goodman, *Language and literacy* (vol. 1) (pp. 33-43). Boston, MA: Routledge & Kegan Paul.

Goodman, K. S. (1994). Reading, writing, and written texts : A transactional sociopsycholinguistic view. In R. B. Ruddell, M. R. Ruddell, & H. Singer (Eds.), *Theoretical models and processes of reading* (4ᵗʰed., pp. 1057-1092). Newark, DE: IRA.

Goodman, K. S. (1996a). *On reading*. Portsmouth, NH:Heinemann.

Goodman, K. S. (1996b). On whole language. Speech at the Conference of Whole Language Education, Taipei, Taiwan Provincial Institute for Elementary School Teachers Inservice Education.

Goodman, Y. M., Watson, D. J., & Burke, C. L. (1987). *Reading miscue inventory: Alternative procedures*. Katonah, New York: Richard C. Owen.

Grolnick, W. S., & Ryan, R. M. (1987). Autonomy in children's learning: An experimental and individual difference investigation. *Journal of Personality and Social Psychology, 52* (5), 890-898.

Hanson, E. M. (1990). *Educational administration and organizational behavior* (3rded.). Boston, MA : Allyn and Bacon.

Hendley, H. H. (1983). *Perceived teacher autonomy and situation characteristics of school organizational level and principal' s managerial philosophy*. Unpublished doctoral dissertation, The University of Georgia.

Hirsch, E. D., Jr. (2003, Spring). Reading comprehension requires knowledge of words and the world. *American Educator*, 10-29.

Keene, E., & Zimmermann, S. (1997). *Mosaic of thought : Teaching comprehension in a reader' s workshop*. Portsmouth, NH : Heinemann.

Lieberman, M. (1957). *Education as a profession.* Englewood Cliffs, NJ : Prentice-Hall.

McCarthy, T. (1997). *Teaching literary elements.* New York : Scholastic.

McKeown, M. G. (1993). Creating effective definitions for young word learners. *Reading Research Quarterly, 28,* 16-31.

Meltzer, J., Smith, N. C., & Clark, H. (2001). *Adolescent literary resources : Linking the research and practice.* Providence, RI : Brown University.

Mezirow, J. & Associates (2000). *Learning as transformation : Critical perspectives on a theory in progress.* San Francisco : Jossey Bass.

Nagy, W. E. (1988). *Teaching vocabulary to improve reading comprehension.* Newark, DE : IRA.

Nagy, W. E., Anderson, R. C., & Herman, P. A. (1987). Learning word meanings from context during normal reading. *American Educational Research Journal, 24,* 237-270.

Packard, J. (1976). *The norm of teacher autonomy/equality : measurement & finding.* Oregon University, Eugene. Center for Educational Policy and Management. (ERIC No. ED 143135).

Paris, S. G. & Ayres (2001). Classroom applications of research on self-regulated learning. *Educational Psychologist, 36* (3), 89-113.

Pintrich, P. R. (2000). The role of goal orientation in self-regulated learning. In M. Boekaerts, P. R. Pintrich, & M. Zeidner (Eds.), *Handbook of self-regulation* (pp. 452-501). New York, NY : Academic Press.

Raelin, J. A. (1989). How to give your teachers autonomy without losing control. *Executive Educator, 11* (2), 19-20.

Rosenblatt, L. M. (1978). *The reader, the text, the poem : the transactional theory of the literary work.* Carnondale, IL : Southern Illinois University Press.

Rosenblatt, L. M. (1989). Writing and reading : The transactional theory. In J. M. Mason (Ed.), *Reading and writing connections* (pp. 153-176). Needham Heights, MA : Allyn and Bacon.

Rumelhart, D. E. (1984). Understanding understanding. In J. Flood (Ed.), *Understanding reading comprehension* (pp. 1-20). Newark : IRA.

Samuels, J. J. (1970). Infringement of teachers' autonomy. *Urban Education, 5,* 152-171.

Short, K. G. (1991). Making connections across literature and life. In K. E. Holland, R. A. Hungerford, & S. B. Ernst (Eds.), *Journeying : Children responding to literature.* Portsmouth, NH : Heinemann.

Short, K. G., & Kauffman, G. (1995). "So what do I do?" The role of the teacher in literature circles. In N. L. Roser, & M. G. Martinez (Eds.), *Book talk and beyond* (pp. 140-149). Newark :

IRA.

Snow, C. E. (2002). *Reading for understanding : Toward an R & D program in reading comprehension.* Santa Monica, CA : Rand Corporation.

Stahl, S. A. (1999). *Vocabulary development.* Cambridge, MA : Brookline Books.

Tankersley, K. (2005). *Literacy strategies for grade 4-12 : Reinforcing the threads of reading.* Alexandria, VA : Association for Supervision and Curriculum Development.

Tarlow, E. (1998). *Teaching story elements with favorite books.* New York : Scholastic.

Vygotsky, L. S. (1986). *Thought and language.* Cambridge, MA : MIT Press.

Weaver, C. (1990). *Understanding whole language : From principles to practice.* Portsmouth, NH : Heinemann.

Zimmerman, B. J. (1995). Self-regulation involves more than metacognition : A social cognitive perspective. *Educational Psychologist, 29,* 217-221.

Zimmerman, B. J., & Martinez-Pons, M. (1986). Development of a structured interview for assessing student use of self-regulated learning strategies. *American Educational Research Journal, 23,* 614-628.

出版后记

去年某天，收到了北京的现代教育出版社赵晖老师的联系信息，希望购买赵镜中先生所著《提升阅读力的教与学：赵镜中先生语文教学论集》一书的版权。这一下子把我拉到 12 年前，过去的记忆，一一浮上心头。在处理这部书的版权过程中，也把相关老师的记忆，都拉回 12 年前。

赵镜中老师这部书是我刚到万卷楼不久所出版的著作。当时本书的主编、台湾小学语文教育学会的理事长吴敏而来找我商谈这部书稿的出版事宜，我颇感惊讶。一方面，我与吴敏而老师素不相识；另一方面，我也不认识赵镜中先生；再一方面，当时我正衔命调整万卷楼的编辑部出版方向，语文教学的书并不是我们出版的重点。基于上述几项原因，对于吴老师的来访，我感到很纳闷。后来，才知道是林文宝老师介绍过来的。

阿宝老师，是我到万卷楼报到的第一天第一位见面的学者。当时，他正与董事长兼总编辑陈满铭教授在办公室谈事。总经理领我进去与董事长见面——我久闻阿宝老师大名，但从未见过面——看到他的第一眼，有点惊讶！他理着平头，穿着钓鱼背心，搭着短裤，外加一双夹脚拖。这就是知名的儿童文学研究者林文宝教授吗？他瞄了我一眼，很随性地打了个招呼。

当时，时间已经接近中午，董事长邀约午餐，我也因此有机会与阿宝老师一起吃了顿饭。因为用餐的关系，气氛融洽，阿宝老师丝毫没有大学者的架子，操着一口夹杂方言的口音，亲切又温暖。彼此的关系，很快也就拉近了。之后，我们也有了较多的联系。既然是阿宝老师介绍过来的书稿，当然也就义不容辞了。

为什么是"义不容辞"呢？这里涉及两个原因：第一，出版的时间很着急，因为赵镜中老师过世，吴敏而老师接任台湾小学语文教育学会理事长职务，首要之务，便是将赵镜中老师的遗作整理出版。第二，当时万卷楼的出版重点，正打算从"语文教学"转型，改为"学术研究"。在这个当口，要回过头来重新出版"语文教学"著作，似乎不是一个好时机。

万卷楼的前身是杂志社，创刊的宗旨是"发扬中华文化，普及文史知识，辅助语文教学"，万卷楼成立后，出版语文教学类著作是编辑部的主要方向。但随着教科书开放，在"一纲多本"的推动下，教科书厂商如雨后春笋般出现。教师手册、教学用书，琳琅满目。教师不用再像过去一样，采购教学用书进行备课。因此，语文教学用书的销售，受到很大的冲击。为了改变这样的情形，公司开始推动出版方向的转型。

由于阿宝老师的加持，加上与吴敏而老师谈过后，对于赵镜中老师致力于海峡两岸小学语文教育的交流与推广之不遗余力，及吴老师等人在赵老师过世后协助整理著作的情谊，相当感动。因此，我们决定在既有的基础上，重新规划"语文教学丛书"的出版，而赵镜中老师的这本书，便成为万卷楼"语文教学丛书"书系的第一部著作。

既然是新规划的书系，自然要有别于过去的面貌。因此，我们邀请当时业界知名的设计师设计封面，并且重新安排版型，改变开本。目的是希望便于阅读，同时呈现语文教学的丰富和多样性，也希望带来一种清新的效果，象征学习的新希望。几经琢磨，终于将这部书的样貌展现出来。当时，吴敏而老师与编辑范姜翠玉老师除了编辑工作上的参与之外，对于这部书的整体规划，也提供了不少建议，十分感谢。

　　这部书即将完成，要签署授权书，公司才能正式出版。但赵镜中老师已经辞世，这部书的著作权归属的对象，应该是家属。但家属面对赵老师的辞世，已不愿再触动伤心往事。经过吴敏而老师的联系，家属仅告知，赵老师毕生都奉献给了台湾小学语文教育学会，他的著作如果要有一个归宿的话，应该归属小语会所有。在家属不愿签署任何文件的情况下，担任小语会理事长的吴敏而老师一肩承担下了相关责任，签署了出版授权。本书因此才得以正式出版，吴敏而老师不仅承担了主编的重任，也承担了一概的授权责任，可以说是功不可没。

　　本书在台湾出版后，大受欢迎，也重拾了我们对于"语文教学丛书"的信心。随着时间日益过去，这部著作的故事也逐渐从我们的记忆中淡去，但"语文教学丛书"却作为我们出版的主轴方向被保留了下来。

　　过了12年，北京的现代教育出版社打算采购这部书的版权，重新出版。这封来信，重拾了我们对这部书的记忆，但这部书过了版权期限，我们随即重启了联系工作。编辑部留存的资料，已经过了12年，当时出版社并未直接联系赵镜中老师的家属，自然没有联络方式。吴敏而老师已经退休，相关留存的联络方式早已全部失效。范姜翠玉老师，当时协助编辑工作，但也没留下联络方式。正一筹莫展的当下，我们想起当时引荐这部著作出版的媒人——阿宝老师。

我们联系了阿宝老师，寻求吴敏而老师的联系方式，并告知北京的现代教育出版社打算重新出版的消息。阿宝老师相当开心，告知了吴老师的手机。我们拨了好几次电话才联系上，但吴老师告诉我们，她不能签署授权，因为已卸任小语会理事长的职务。她请我们联系台湾小语会，给了我们秘书长赖玉连老师的联络方式。我们联系了赖老师，赖老师对过去的情况并不了解，只说小语会也无法授权，只能联系家属。赖老师联系后，家属仍然不愿再签署任何文件。在这样的过程中，我们感到相当挫折。

正当一筹莫展之际，阿宝老师来访，询问了这部书后续授权出版的情况。我们把这种特殊的情况，告诉阿宝老师。阿宝老师听完，只说了一句"我就是现任小语会的理事长，我来授权"。这世间，怎么会有这样巧合的事情！就这样，这部书的授权工作，终于得以完成。这部书，也正式进入了编辑的程序。

在本书编辑的过程中，赵晖老师负责与我们对接，一直陪伴着我们。同时，也提供了很多编辑企划的意见和想法，我们十分感谢。过程中，她提议邀请阿宝老师、吴敏而老师写序。但阿宝老师因为生病的关系，需要休养；吴敏而老师已过着退休生活，联系不易。后来，阿宝老师推荐邀请赵镜中老师的生前好友王林老师写序。王林老师是大陆儿童文学界的知名学者，过去曾在万卷楼出版著作，当时我正好是责任编辑。赵晖老师一联系，王林老师慨然同意，皆大欢喜。

由于本书的出版与授权的过程十分不易，赵晖老师鼓励我将这段故事写下来，做个记录。其实，这些都是我们分内之事，实在不足挂齿。但回想起赵镜中老师对台湾小语会的贡献，以及阿宝老师、吴敏而老师、范姜翠玉老师、赖玉连老师等人对赵镜中老师事情的热心奔走，情谊感人，特别撰文志之，以飨读者。出版付型在即，谨以此记向大力支持本书出版的现代教育出版社，特别是为本书呕心编辑策划的副总编辑王春霞老师致谢。并对每一位促成本书出版的师友们，表达诚挚的感谢与衷心的祝福。

万卷楼图书股份有限公司　总编辑　张晏瑞

谨志于 2023 年 10 月 23 日 清晨

著作权合同登记号 图字：01-2024-0242

图书在版编目 (CIP) 数据

提升阅读力的教与学 : 赵镜中先生语文教学论集 /
赵镜中著 ; 吴敏而主编 . -- 北京 : 现代教育出版社，
2024.3

ISBN 978-7-5106-9359-5

Ⅰ . ①提… Ⅱ . ①赵… ②吴… Ⅲ . ①语文课 − 教学
研究 − 中小学 − 文集 Ⅳ . ① G633.302-53

中国国家版本馆 CIP 数据核字 (2024) 第 024559 号

提升阅读力的教与学——赵镜中先生语文教学论集

著　　者	赵镜中	
主　　编	吴敏而	
选题策划	王春霞	
项目统筹	王晨宇	
责任编辑	王春霞　李维杰	
特邀编辑	赵　晖	
装帧设计	孙　初　申　祺	
出版发行	现代教育出版社	
地　　址	北京市东城区鼓楼外大街 26 号荣宝大厦三层	
邮政编码	100120	
电　　话	（010）64251036（编辑部）	
	（010）64256130（发行部）	
印　　刷	北京新华印刷有限公司	
开　　本	889 mm×1194 mm　1/32	
印　　张	14.5	
字　　数	370 千字	
版　　次	2024 年 3 月第 1 版	
印　　次	2024 年 3 月第 1 次印刷	
书　　号	ISBN 978-7-5106-9359-5	
定　　价	69.00 元	